U0128023

江西通史

——隋唐五代卷中冊

目錄

總序 002

導論 009

第一章｜政治經營與軍事鬥爭

第一節・隋朝對江西的短暫統治 034

一　兵定江西 034

二　行政江西 037

三　林士弘據豫章 043

第二節・唐朝江西政治與軍事 046

一　統一江西 046

二　吏政與治績 048

三　永王璘事件與江西 063

四　苛政與民變 069

五　黃巢義軍轉戰江西 077

六　地理形勢與唐代軍政 081

第三節・唐末江西地方豪強政治 088

一　地方豪強割據江西 088

二　地方豪強政治特色 100

第四節・楊吳南唐江西的政治與軍事 105

一　楊吳攻略江西 106

二　江西與南唐攻閩擊楚 114

三　江西人士與楊吳南唐政治 121

四　南唐江西農民鬥爭 131

五　李璟遷都南昌 136

六　南唐最後的支撐 139

第二章｜政區建置與人口增長

第一節・政區建置 146

一　隋代江西郡縣的省並 146

二　唐朝江西州縣的整理 149

三　江南西道的設立 154

四　楊吳、南唐時期的江西政區 157

五　影響江西州縣建置的因素 162

第二節・人口增長 172

一　隋與唐前期江西人口的狀況 173

二　安史之亂後北人遷贛潮流 176

三　唐末五代移民持續入贛 190

四　人口增長與江西社會 208

第三章 | 經濟繁榮與中部崛起

第一節・農業經濟的發展 224

一　農業生產環境的改善 224

二　水旱災害與水利興修 231

三　土地的廣泛墾殖 243

四　農業生產工具的改良 255

五　稻作農業的發達 260

六　經濟作物種植的普遍 267

七　林牧漁業的發展 283

第二節・特色手工業的蓬勃發展 291

一　陶瓷業的興盛 292

二　礦冶業及相關產業的繁榮 301

三　紡織業的進步 311

四　長江中游的造船業基地 315

五　建築業的發展 319

六　釀酒業的普遍 332

七　文化用品的製造 335

第三節・相對暢通的道路交通 338

一　水路交通的通暢 338

二　大庾嶺道的拓寬 343

三　驛路交通的發展 347

第四節・初步繁榮的商品經濟   358

一　商人與商品經濟   359

二　城市商品經濟的初步繁榮   369

三　農村集市的興旺   376

四　市鎮、場的興起   379

五　勞動力商品化的現象   381

六　江西經濟與經濟重心南移   384

第四章 ｜ 教育勃興與人文日新

第一節・文教勃興   392

一　州縣學的舉辦   392

二　鄉村學的普及   396

三　書院的興盛   398

四　山林修學   410

五　廬山國學   419

第二節・科舉與人才   423

一　科舉風氣漸濃   423

二　科舉人才輩出   429

三　科舉制下的士人生態   436

第三節・文學的復興與超越   443

一　外地文人引領風騷   443

二　「地多章名客」   452

三　區域文化中心的初步形成　473

第四節・書畫華彩　483

一　書畫藝術的起步　483

二　董源、巨然與山水畫　488

三　徐熙與花鳥畫　494

第五章｜佛法鼎盛與道教風流

第一節・佛教諸宗興起與傳播　508

一　隋佛教興國與江西佛教的發展　508

二　佛教各宗競相在江西弘傳　515

三　南禪贛地初興　521

第二節・洪州禪風　529

一　馬祖道一創洪州禪　529

二　洪州禪的弘傳　537

三　百丈懷海與《禪門規式》　542

四　五家分燈　553

五　佛教興盛與民眾信仰　567

第三節・道教實踐與發展　587

一　政治因素與江西道教興盛　587

二　廬山道教的繁盛　590

三　龍虎山道教的復興　600

四　西山淨明道的萌芽　606

五　麻姑山等地道跡　　617

六　洞天福地與江西道風　　624

第六章｜民俗新潮與民風流變

第一節・民生時俗　　632

一　衣食住行　　632

二　歲時節令　　649

三　婚喪嫁娶　　658

四　醫藥保健　　669

第二節・娛樂風行　　675

一　「尚歌舞」　　675

二　行酒令　　684

三　好體育　　686

第三節・民風流變　　694

一　「信巫鬼」與「重淫祀」　　694

二　占卜與「畜蠱」　　703

三　風水之風漸起　　707

四　從「少訟」到「好訟」　　712

後　記　　719

主要參考文獻　　723

第三章——

經濟繁榮與中部
崛起

隋唐五代時期，江西社會環境相對穩定，人口大幅度上升而勞動力充足，生產技術進步，經濟開發條件與秦漢六朝相比得到了極大的改善，農業、手工業、商業全面快速地發展，呈一派興盛景象。江西經濟在長江中下游地區迅速崛起，日漸縮小了與經濟發達地區的差距，奠定了作為唐以來中國經濟重心南移前沿地帶的地位。

第一節 ▶ 農業經濟的發展

江西地處長江中下游地區，屬亞熱帶氣候帶，平原、丘陵、山地交錯，江河湖泊縱橫。其水、熱、土等自然條件均較優越，自然物產豐富，適宜於糧食作物的種植和多種經濟作物的栽培，農業發展的前景廣闊。隋唐五代，隨著生產關係的調整、生產力水準的提高，江西水利建設、土地墾殖、糧食和經濟作物種植等，取得了令人矚目的成就，為本區經濟的全面進步奠定了良好的基礎。

一　農業生產環境的改善

在古代農業社會中，社會環境尤其是政治環境對經濟生產極其重要，有時甚至起主導作用。隋唐五代的統治者，總的說來，是重視發展經濟的，因時因地制定了許多促進經濟發展的政策與措施。

隋朝的賦役制度沿襲北朝而又有所變革。開皇二年（582年），頒行新的租調力役制：「租」即交納糧食，男丁每年交粟

米三石；「調」即交納布帛，或交納絹一匹、綿三兩或交納麻布五丈、麻三斤，單丁及僕隸減半；「力役」即丁男每年服徭役一個月。次年，隋文帝把成丁的年齡由十八歲提高到二十一歲，每年服役時間減至二十天，又將調絹一匹減為二丈。此外，隋朝開始施行「庸」法，即可納絹、布以代力役。開皇十年（590 年）規定，丁男五十歲免役收庸。賦役的相對減輕，使隋前期社會經濟得到較快的恢復並有相當的發展。但隋煬帝即位後，濫用民力民財，大大加重了對百姓的賦役剝削，最終使社會矛盾激化而皇朝覆滅。隋朝對江西的統治短暫，其租調力役在江西的具體實施情況，史料記載闕如，但這一改良的經濟制度，對江西產生了積極作用應是可能的。

唐建立後，統治者致力於穩定小農階層以鞏固國家政權。武德七年（624 年），朝廷頒布均田令，規定社會各階層可佔有數量不等的永業田和口分田，其中民戶十八歲以上、六十歲以下的男子受永業田二十畝、口分田八十畝；封爵貴族和五品以上官員所受永業田按品級不同為民丁的五倍至五百倍，有戰功的人依品次還受數量不等的勳田。這些大體上是北朝均田制的承襲，但又有明顯的區別。唐代取消了奴婢、婦人及耕牛受田，同時放寬了對買賣永業田、口分田的限制，更有利於社會經濟的發展。就目前史料，還難以確認唐代江西是否實行過均田制。不過，均田制是全國性的法令，在政令統一的唐前期，江西自不應例外。同

時，江西也有實施均田制的目的和條件[1]。首先，秦漢六朝以來，本區開發有限，土地資源相對充足，能滿足實施均田制的土地要求。其次，均田制著眼於把農民束縛在土地上，保證有足夠數量的受田農民承擔國家的賦役。唐代前期江西自耕農、半自耕農占著籍戶的絕大多數，是賦役的主要承擔者，這種狀況與均田制的實施是相合的。再次，本區實行了與均田制相適應的租庸調制。均田制是租庸調制的基礎，租庸調制是均田制下名稅丁而實稅田的完善稅制。

儘管如此，江西在生產方面與北方還是有很大差別。如北方主要是旱地，種植旱作物；而江西多水田，種植水稻。勞動強度不一，反映在種植面積上也不一樣。均田制所規定的授田標準大體上適用於北方，江西一個勞動力難以耕種近百畝水田。武則天時，彭澤縣令狄仁傑曾談道：「彭澤九縣百姓齊營水田……地狹山峻無田，百姓所營之田，一戶不過十畝五畝，准例常年縱得全熟，納官之外，半載無糧。」[2]以此推測，江西農民交丁租之外，若要維持全年糧食基本自給，一戶至少應有水田十數畝至二十餘畝，這個基本田畝數大約是北方的四分之一。在均田制和租庸調制下，江西自耕農大量存在，他們所占的土地雖然普遍低於北方，但其租庸調的負擔卻與北方不相上下。唐代包括江西在內的

1　參見陳榮華等：《江西經濟史》，江西人民出版社二〇〇四年版，第163-165頁。

2　《全唐文》卷一六九狄仁傑《乞免民租疏》。

廣大南方無推行均田制記載，與當時社會經濟的具體現狀以及南方經濟在當時全國所處地位相關。中唐以前，中國經濟重心在北方，國家財賦依賴於北方。隋朝實行的「大索貌閱」、「輸籍定樣」等制度，均是將重點放在財賦重地山東等黃河中下游地區，而對於南方地區基本維持原來的狀況。至於如隋平陳後「以江表初定，給複十年」之類的優待[3]，中原地區則闕如。在隋唐全面推行均田制的大背景下，儘管南方也可能實行了均田制，朝廷卻因其在社會經濟與國家財賦中所佔有的份額不高，並不十分重視。史書對其記載或缺或略，自在情理之中。待中唐以來南方經濟地位顯著時，均田制卻已是明日黃花。如此一來，自然也難見有南方推行均田制的記載。

唐代均田制具有抑制豪強兼併、促進生產發展的作用，同時也使一些無地或少地農民得到授田，以自耕農為主體的社會經濟有較大的發展。不過，唐代均田制在實行了數十年後，即開始瓦解而在安史之亂後最終放棄。當然，均田制瓦解並不表明自耕農消失，它只是表明國家從法律上承認土地私有，包括小農的土地，不再認為有國家可以收授用以「均田」的土地了。唐後期江西在自耕農之外增添了大量佃農，意味著土地佔有形態的變化與全國是同步的。均田制被更加實在更有利於經濟發展的土地私有制所取代，它使農民人身自由增多、勞動興趣增強；地主在土地的經營上也採取具有更多的靈活性和契約性的租佃制。這為傳統

農業經濟的進一步發展，開闢了廣闊道路。

與均田制相適應，唐代沿革北魏至隋的租調製，實行租庸調制。丁男（21-59 歲），每年交納粟米二石或稻米三斛作為租；交納絹或其他絲織品二丈、綿三兩，或交納布二丈五尺、麻三斤作為調；每年服徭役二十天、閏年加二天，若不服役，則每天折納絹三尺或布三尺七寸作為庸。如額外加役，超過十五天免調，超過三十天，租調全免。同隋代相比，唐代租調的數額有所減少，服徭役的天數相同，但正式規定可以以庸代役，這較隋代進步。江西與全國其他地區一樣，唐早中期實行的是租庸調制。如《舊唐書・柳渾傳》載，柳渾在唐德宗建中年間，「知江西租庸院事」。

隨著社會經濟的發展，土地私有制的強化，以及封建剝削的加重和農民的大量逃亡，唐代均田制難以持久維持。武則天統治時期，均田制已危機重重。安史之亂後，遭到了徹底破壞。唐皇朝為了解決財政危機，於建中元年（780 年）實行以財產多少為徵稅標準的兩稅法。緊接其後，「諸道津要都會之所，皆置吏，閱商人財貨，計錢每貫稅二十文」，又以建立常平倉為由，令「天下所出竹木茶漆，皆什一稅，充常平本錢」[4]。江西是竹木、茶生產的大區，自然是向政府交納這一新稅的重要地區。江西的交通運輸業、商業比較發達，而各種名目的商業雜稅沉重打擊了江西各州縣的商業貿易。兩稅法實行後新增的苛捐雜稅，還有江

4　《唐會要》卷八十四《雜稅》。

西特色的內容，如以「進奉」皇帝名義的「月進」[5]。這些都嚴重阻礙了江西經濟發展。不過，江西由於發展經濟的條件比較優越，統治本區的地方官僚也比較重視經濟發展，經濟發展仍然呈上升的勢頭。另一方面，安史之亂使唐朝從發展的巔峰上跌落，對於包括江西在內的江南地區，卻是社會經濟進一步發展的契機。安史之亂後，唐皇朝財賦逐漸依賴江南。《資治通鑑》卷二三七「唐憲宗元和二年（807 年）」條：「（唐廷）每歲賦稅倚辦止於浙江東西、宣歙、淮南、江西、鄂岳、福建、湖南八道四十九州，一百四十四萬戶。」時江西有八州二九點三萬餘戶，占提供賦稅戶的百分之二十點三，這既是剝削加重的表現，也是經濟發展的反映。

五代十國時期，中國政治陷於混亂，經濟陷於衰退，但某些割據政權的統治者為了維持生存與發展，比較重視經濟生產。統治江西的南唐政府著力調整土地關係，以促進農業經濟的恢復。昇元三年（939 年）詔書宣稱：近來干戈騷擾，土地荒蕪，衣糧缺乏，「民向風來歸者，授之土田，仍給復三歲」[6]。還規定每個丁壯墾田八十畝，賜錢二萬，五年之內不收租稅。《資治通鑑》卷二八二「後晉天福六年（941 年）」條：「及唐主即位，江、淮比年豐稔，兵食有餘。」江西經濟在這種相對良好的政治經濟環境下依然穩定地向前發展。

5　光緒《江西通志》卷一二六《裴冑傳》。
6　陸游：《南唐書》卷一《烈祖本紀》。

區域經濟開發，重要的是看該地區的經濟政策，不是單純看統一或分裂。恩格斯在《致康・施米特》的信中說：「國家權力對於經濟發展的反作用可能有三種：它可以沿著同一方向起作用，在這種情況下就會發展得比較快；它可以沿著相反方向起作用，在這種情況下，它在每個大民族中經過一定的時期就都要遭到崩潰；或者是它可以阻礙經濟發展沿著某些方向走，而推動它沿著另一種方向走，這第三種情況歸根到底還是歸結為前二種情況中一種。但是很明顯，在第二和第三種情況下，政治權力能給經濟發展造成巨大的損害，並能引起大量人力物力的浪費。」鄭學檬先生研究指出：歷史上社會經濟的發展，有兩種不平衡性，一種是空間上不平衡，亦即地區不平衡；一種是時間上的不平衡。前者對於經濟發展的影響在於「拖」，即落後地區拖了先進地區的後腿。後者對於經濟發展的影響在於因治亂相間造成治世的發展毀於亂世的破壞，有時是致命的破壞，釀成歷史的倒退、遲滯。補償亂世的破壞，唯靠統治階級人物大大小小的「中興」改革，為社會再生產活動提供條件，經過人民群眾的辛勤勞動，取得治世的繁榮[7]。唐安史之亂後到五代十國，江西地區的經濟環境得到了很大的改良，奠定了本區經濟發展與進步的社會基礎。

7　鄭學檬：《中國古代經濟重心南移和唐宋、江南經濟研究》，岳麓書社二〇〇三年版，第 252-253 頁。

二　水旱災害與水利興修

　　古代社會受生產力、自然力的嚴重限制，自然條件深刻作用於農業生產。江西農業生產的自然條件總的來說優越，但水旱災為主的自然災害也長期禍害本區。緣於隋、五代相關的資料極其有限，我們主要以唐代為例說明。

　　據《舊唐書》、《新唐書》、「五行志」、「本紀」等史籍記載，明確地記載唐代江西地區發生的自然災害有[8]：永徽元年（650年）六月，饒州「大雨」，引發水災，包括宣、歙、常等州在內「溺死者數百人」；開元二十七年（739年）三月，「袁、江等州水」；永貞元年（805年）冬十月，江、袁州發生旱災；元和三年（808年），江西發生旱災；元和七年（812年），「五月，饒、撫、虔、吉、信五州暴水，虔州尤甚，平地有深至四丈者」；元和九年（814年）秋，「江、撫、袁等州大水，害稼」；元和十一年（816年）六月，「饒州浮梁，樂平二縣暴雨，水，漂沒四千餘戶」、「溺死者一百七十人」；元和十五年（820年）秋，洪、吉、信等州發生水災；長慶三年（823年）秋，「洪州旱，螟蝗害稼八萬頃」；長慶四年（824年）十一月，吉州「水傷稼」；寶曆元年（825年）秋，江西旱災；大和四年（830年）夏，江西大水，「害稼」；大和八年（834年）秋，江西水災，「害稼」；

8　史料記載的有些水旱災害也可能在江西發生，如《新唐書・五行志》載：中和四年「江南大旱，饑，人相食」。唐代江南地區包括湖北東南部、湖南大部、江西全部、皖南、蘇南及太湖流域。

大和八年九月，「江西旱，無稼」。開成四年（839 年）「江西鼠害稼」。由上述可知，江西的自然災害以水旱災為主、發生相對頻繁。本區地處長江中游，屬亞熱帶季風氣候，春夏期間特別是夏曆六月至七月初的梅雨季節，降雨集中、雨量大，占全年降水量的一半左右。持續性大雨、暴雨是造成水潦的直接原因，加之丘陵低山分布廣泛，極易造成江湖氾濫，水災成行。另一方面，由於氣候因素的影響與作用，江西一年四季也可能出現旱災。一般說來，春季和初夏雨水充沛，旱災少風，且範圍窄、程度也較輕。夏曆六月以後梅雨結束，受副熱帶高氣壓控制，天氣晴熱少雨，常常出現伏旱或伏秋連旱。值得注意的是，唐代處歷史上的溫暖期，雖帶來了水、熱等有利於江西農業生產的自然氣候，但也往往加重水、旱災害。

水、旱災害頻仍，嚴重影響了江西的社會經濟發展與民眾生產生活。上引災害史料中，幾乎都提到，災情一旦發生，即極大地破壞了江西民眾的生命財產及其農業生產。此外，武周天授二年（691 年），彭澤縣令狄仁傑疏稱：「彭澤七縣，百姓齊營水田。臣方到縣，已是秋月。百姓囂囂，……皆云春夏以來，並無霖雨。救死不蘇，營佃失時，今已不可改種。……竊見彭澤地狹，山峻無田。百姓所營之田，一戶不過十畝、五畝，……今總不收，將何活路；自春徂夏，多莩亡者。」[9]元和年間白居易任江州司馬時，作《大水》詩云：「潯陽郊郭間，大水歲一至，闔

9　《全唐文》卷一六九狄仁傑《乞免民租疏》。

閻半飄蕩，城堞多傾墜。……工商徹屋去，牛馬登山避。況當率稅時，頗害農桑事。」元和末，袁州刺史韓愈發現當地有「典貼良人男女作奴婢驅使」之習俗，其原因之一就是「因水旱不熟」[10]。《舊唐書・李渤傳》載，長慶元年（822 年）李渤任江州刺史時，該州管田二一九七頃，當年大旱，一九〇〇頃失收。唐人筆記小說《宣室志》、「章全素」條：「（章全素）家於南昌，有沃田數百畝，屬年饑，流徙荊、江間。」

針對自然災害，封建政府歷來有比較系統的救濟政策與措施，唐政府的救災舉措大致包括：對災民立即給予賑給，解決眼前的生計；組織災民就食外地或移民寬鄉；給予災民一些物質援助，貸給種子等，扶持恢復生產；減輕或免除災區農民當年或從前積欠的租賦和徭役等。當時政府實行賑災措施有具體的原則規定：「水、旱、蟲、霜為災害，則有分數：十分損四以上免租，損六以上免租調，損七以上課役俱免，若桑麻損盡者各免調，若已役已輸者，聽免其來年。」[11]、「其凶荒則有社倉賑給，不足則徙民就諸州」；「歲不登，則以賑民，或貸為種子，則至秋而償。」[12]如天授二年（691 年），武則天因彭澤縣令狄仁傑之奏請，下令江州蠲免遭旱災的彭澤縣租稅。元和初年，江西連年大旱，於是放免江、饒等四州所欠供軍留州錢米。江西一些賢明的

10　《全唐文》卷五四九韓愈《應所在典貼民人男女等狀》。
11　《唐六典》卷三《戶部尚書》。
12　《新唐書》卷五十一《食貨志》。

地方官吏甚至用自身資財減災。《新唐書・王仲舒傳》載，長慶年間（821-824 年），江西觀察使王仲舒因水旱而民賦不入，遂「為出錢二千萬代之」。此外，一些地方人士也參與救災的行列，如唐高宗時，奉新鄉賢塗文師與弟斯正穿井濟旱、募捐濟貧。在當時社會防災能力不高的情況下，政府以及賢明官吏、地方人士的抗災救災行為，有利於保障社會生產力，維持民眾的生產生活。

江西民眾重視防洪抗旱，以抵禦自然災害。高安道人孫智諒，開元間至京師時，一些地區發生旱災，唐玄宗請其「夜醮祈雨」。孫氏被認為或自稱有所謂的求雨之神功，自然與他在江西生活的環境有關。張九齡《祭洪州城隍神文》記，開元十五年（727 年），洪州「淫雨不止，恐害嘉谷」，張氏因而以洪州刺史的身份，祈求城隍神停雨放晴，保護穀物生長。不過，神靈只能給人民以精神的安慰，實際上對抗水、旱等自然災害還得依靠人民自己努力，興修水利即是其基本的也是最主要的措施。

水利是農業的命脈，水利設施的完善與否對農業及國家財政收入有著難以估量的影響，因此興修水利便成為統治者重農、興農的重要措施。唐朝在興修水利、保證農業灌溉方面卓有建樹。中央的工部設有水部郎中和員外郎，「掌天下川瀆陂池之政令，以導達溝洫，堰決河渠，凡舟楫溉灌之利，咸總而舉之」[13]。這些官員監督水利灌溉，不允許與其爭利。此外，還有都水監的都

13　《舊唐書》卷四十七《職官志》。

水使者，具體掌河渠修理和灌溉事宜。每年農田灌溉時節，各州縣還特派官員一人督察，處理本地有關灌溉的各種問題並以此作為考核的內容。唐朝又頒布有法令《水部式》，收錄有灌溉管理的諸多法令條文，表明當時農田水利已規範化、制度化。江西的農田水利，唐時得到了較大規模的興修，這主要是因為當時江西農業開發逐漸廣泛、深入，在國家經濟中的地位日益上升。

江西地處長江中下游，水資源比較豐富。隋唐以前，本區農田主要依賴江河湖泊、山間溪水自流灌溉，少有水利工程的興修。特別是某些地區山峻水急，田畝多處高原坑穀之間，興修水利工程成本較高。當然，這種自然灌溉並不能滿足農業生產的需要，如撫州千金陂附近，「先是荒廢陂水不入，仰天雨積潦而漑之，苟旱暵不雨，苗則盡稿（槁），是臨汝、長寧、長樂三鄉之民固無望秋成，而輸王之稅，不減他戶，窮民焦號，無所控訴，至有鬻妻傭女，其苦甚矣」[14]。唐以來，隨著社會經濟的發展，配合土地大規模墾殖的需要，同時為減少和戰勝旱澇災害，江西人民陸續修築了一批水利工程。

受地理環境的作用與影響，江西水利建設重視堤防修築。唐代江西地區的堤防修築突出而普遍，特別是在鄱陽湖周圍的洪、江、饒諸州。

據史料記載，贛江上最早出現的防洪大堤，興建於永徽年間（650-655 年），位於洪州豐城縣境，「沿江十餘里，築堤防水護

14　《全唐文》卷八〇五柏虔冉《新創千金陂記》。

田」**15**，化害為利。元和年間，江西觀察使韋丹，在洪州南昌地區「築堤捍江，長十二里，竇以疏漲，凡為陂塘五百九十八所，溉田萬二千頃」**16**，同時兼備防洪、排澇之功能，「疏為斗門，以走潦水」**17**。在洪州建昌縣，有蕭氏於永泰初年（765 年）築澄陂；縣令何易於會昌六年（846 年）率民於縣南一里築堤捍水，獲灌溉之利。百姓感其德，編歌謠道：「我有父，何易於，昔無儲，今有餘。」**18**咸通三年（862 年），縣令孫永又在縣城西二里築了堤壩以防洪灌溉。

江州：潯陽城南有南湖，年久淤塞，汛期氾濫，浸吞田舍。長慶二年（822 年）刺史李渤倡議和主持疏導南湖，築堤穿過湖心，長三千五百尺；又立斗門蓄洩水勢，調節和控制水位，極大地方便了民眾的行旅和農田灌溉。潯陽人懷念李渤，因改南湖名為「甘棠」。大和三年（829 年）刺史韋珩於城東築秋水堤，會昌二年（842 年）刺史張又新於城西築斷洪堤，以窒水害。在都昌縣，咸通元年（860 年）縣令陳可夫於城南一里築陳令塘，以阻潦水。

饒州：鄱陽湖縣東有邵父堤，又東北三裡有李公堤，是建中元年（780 年）刺史李複率民所興築，以捍江水。大約在元和末、寶曆初，刺史馬植又築馬公塘，修築土湖，獲致水利。

15　光緒《江西通志》卷六十三《水利》。
16　《新唐書》卷一九七《韋丹傳》。
17　《韓昌黎集》卷二十五《韋公蔡志銘》。
18　《全唐詩》卷八七四引「建呂民歌」。

撫州：武德五年（622 年），撫州刺史周法猛在臨川縣東南建述陂，引渠灌田二百餘頃。周法猛正史中不見其名，但因建造述陂，人民感激他，在陂上為他立廟，至明清時期仍祭祀不絕。唐代撫州的水利工程修建，以位於撫州城東南的千金陂為代表。早在唐以前，撫河上游的汝水，經流城郊西七八里處，因崖多石

·顏真卿像

阻，流速減緩而江面寬闊，形成一個小湖，叫瑤湖。瑤湖至孔家渡一帶地勢平坦，土質疏鬆，中唐時一次春水暴漲，在瑤湖稍北地段衝開一個決口，形成一條支港，徑流二百多里，至蕭公渡才匯進主流。由於支港地勢稍低且平，河水絕大部分都走支港，主流卻涸淺可步。上元年間（674-676 年），百姓在州刺史的帶領下於支港埠築華陂，以遏河水，令其進入主流。華陂是千金陂的前身。由於當時生產力落後，以致工程屢廢屢修。大曆三年（768 年），顏真卿任撫州刺史，他在原陂的基礎上繼續加以督修，建土塍陂，尋亦廢塞。唐德宗貞元中，戴叔倫任撫州刺史（785-787 年），在眾多支港上築了數十處堤壩節制水流，因地制宜，用以進行灌溉，其中最著名的水利工程就是在土塍陂的基礎上修建了冷泉陂。民眾感激，冠以「戴湖」之名。戴氏所修冷泉陂雖然花費了大量的人力物力，品質也較好，然而二十多年又被沖毀，陂水不能入田灌溉，附近土地逐漸荒蕪。大和中（827-

835 年），刺史杜佑對冷泉陂進行維修，但未最後完成，工程最終殘破不堪。其後數任刺史先後設想興修，亦無成。咸通九年（868 年）八月，新任撫州刺史李某（名字不詳，或說是李渤）乘船順汝水逆流而上視察郊野。當他到達瑤湖一帶時，看到大片良田無人耕作，便向鄉民詢問原因。老農鄒稜就將原幾任官員創建華陂，督修土塍，繼築冷泉都一一作了介紹。李某感慨：「焉有沃壤如此，而不富於民邪。」於是他立即組織人員，研究施工方案，聚集民工，出安民告示。數日後就鑿開冷泉陂故基，將文昌橋至南洲浦上口約九七〇丈所有沉沙一概排除。其後又在故基上橫截汝水，南北築陂一二五丈，於次年夏天竣工。當時的撫州兵曹參軍柏虔冉記其事，稱千金陂完成以後，不僅「通舟楫之利，利於窮民」，而且「灌注原田，新舊共百有餘頃，自茲田無荒者，民悉力而開耕」[19]。此外，南豐縣，開元中（713-741年），崇仁人游茂洪為縣令，於都劇河下創築陂塘，反覆九次，終於建成，因名九陂，灌田四千畝[20]。又築孤蘭陂、桑田陂、博陵陂、鄱陽陂，灌田也很多。又鑿石渠，灌溉田地。這些水利工程，極有利於農業生產。

袁州山多田少，不少耕地是開山荒而成，若不講究水利，農作自必受災歉之苦。袁州六朝即築有宜春陂。唐中期，袁州就州治宜春城開始了新的水利工程建設。宜春城瀕臨秀江，城內地勢

19　《全唐文》卷八〇五柏虔冉《新創千金陂記》。

20　光緒《江西通志》卷六十三《水利》，《嘉慶一統志》作「四千餘頃」。

高出水面數丈，居民背負江水而汲取艱難，又難以築堰使秀江水位升流入城中，歷來水災頻發。元和四年（809 年），刺史李將順視察地形，知南山水可築堰引流，乃督民鑿渠引水。其水自宜春城西南六十里的清瀝江而來，江源出仰山，流過城西十五里的丫山。山下有藥浮陂，此處即為李渠渠口。渠口分為兩派，正派為沙陂，在城西五里，灌田兩萬畝；支派為官陂，在城西南十里，灌田亦為兩萬畝。李將順又令人在城內開深溝，穿過閭巷，既解決了城中缺水、火災難救的積弊，又便利了交通運輸。為紀念刺史李將順之德政，人們將水渠命名為「李渠」。李渠開鑿後，歷代都有疏浚維修，使其長久發揮溉田、載舟、防火的效益。明朝人賦詩稱頌曰：「十里疏通田有利，九宮浸灌火無災。」清光緒三年（1877 年）進行了最後一次疏浚。新中國成立以後，宜春城整治下水道時，發現千多年的古老渠溝河床，仍有八九尺寬，河深近兩米。可見當日工程之浩大，恩澤後人之久遠。此外，袁州前刺史鄭望夫築成望夫堰；袁州所轄的萍鄉縣亦修成水利工程西陂。

另外，江西境內許多便於灌溉的自然水源也在唐代得到開發利用，信州上饒覆船山泉水，饒州餘干興業水、樂平福泉；洪州分寧鶴源水等[21]，這些用以農田灌溉的自然水源都多少經過了人工改造。

21　《太平寰宇記》卷一〇七信州「上饒」條，饒州「餘干縣」條、「樂平縣」條；同書卷一〇六洪州「分寧縣」條。

唐代江西的水利工程空間分布，體現出兩個特點：一是全區北重南輕；二是湖區內的分布集中於州治縣邑周遭。重北輕南的現象，集中於以彭蠡湖區四周的洪、江、饒、撫四州，其中撫州又偏重於北部的臨川，其他袁、吉、虔三州合計唯有三項。洪、江、饒三州均位於贛水下游、江西地區北部，加上信州上饒與撫州臨川，乃呈北勝南之況。這裡有長江、彭蠡湖，又是贛江等河流的下游所在，必須防洪洩洪，故興修的水利工程必然會多些。而水利工程朝湖區集中的現象，與當時彭蠡湖擴張密切相關。因彭蠡湖擴張，影響到湖泊蓄洪洩洪功能，連帶贛水、修水、鄱水水位也受到影響。洪、江、饒三州的水利工程大都與彭蠡湖直接相關。撫州雖未與彭蠡湖直接相連，其水利工程乃因盱水主河道湮塞、支流漫溢而建，盱水注入贛水下游，或與彭蠡湖仍間接相關。贛南屬於贛水中上游，受彭蠡湖擴張影響應不如下游嚴重。本地又多森林，水土保持較佳，在吉、虔等許多州縣內，自然灌溉條件較好，水害問題也不突出，故水利工程較少。就目前所見虔州地區唯一水利工程史料，為《太平廣記》卷四六七《葉朗之》所記：建中元年（780 年），南康縣人葉朗之使家奴守田，其田「下流有烏陂」。這也在一定程度上反映出贛南農業經濟開發的程度較低。湖區水利工程集中於州治縣邑，此現象或受限於史料。以實際狀況推測，興建水利工程的可能性與需要的人數成正比，在一地戶口增加到相當程度時，政府才考慮興建。州治縣邑所在地資源豐富，人口聚集較他處多，是發展的常理。

江西的水利工程絕大多數集中於唐中後期。此時就全國或長江中下游地區而言，治水活動的總數，江西地區遙遙領先，水利

工程創新率也最高。當時長江中下游地區，興辦水利工程四次以上的州，湖南湖北二區分別只有一個，而江西卻有四個。安史之亂前蘇南浙江有十一個縣興修水利，江西幾乎沒有，極端懸殊。安史之亂後，蘇南浙江加強開發，十五個縣建設水利工程，而江西有七個縣建設了水利工程，雖尚落後，但情況已大大改善。僅從水利看，江西的農業經濟迅速趨向於南方經濟發達地區。

　　水利工程建設需要地方相當的人力物力與財力。江西水利工程的修建者仍是官府，間或有官雇民建。舉辦水利工程既是農業社會的傳統，也是政府的重要職能之一，所需的勞動力和經費雖取之於民，但政府也有組織的功勞。《新唐書·韋丹傳》稱洪州觀察使韋丹「為民去害興利若嗜欲」，在任期間「計口受俸，委蛇於官，罷八州冗食者，收其財」，其中一部分經費即用於興修水利。當時地方官用財政經費興修水利時，還採取類似後世「以工代賑」的辦法。如長慶中江州刺史李渤募民修南湖堤時，「厚其錢傭，以飽餓人」[22]。地方政府興辦水利的職能還表現在水利工程的維修和規定用水法規上。戴叔倫任撫州刺史時，因「民歲爭灌溉」，用水矛盾極大，於是下車伊始「為作均水法」[23]。「均水法」為漢代南陽太守邵信臣故事，內容大致是開通溝瀆，以廣灌溉，又立石於田畔約定平均用水，禁止紛爭。這種地方水利法規對於水利工程保修及合理用水有一定的積極作用，並含有抑制

22　《全唐文》卷六三七李翱《江州南湖堤銘》。
23　《新唐書》卷一五四《戴叔倫傳》。

地方豪強壟斷水利的意義。這一時期的江西地方官吏重視興修水利，除了傳統農本思想外，根本原因在於當時江西已是皇朝賦稅重心所在，官吏為了完成定額兩稅的徵收，以維持政府的運作和保全自己，必須大力加強農田水利的基本建設。另外，水利事業主要由地方政府主辦，地方「循吏」的熱心固然重要，但更重要的還是取決於地方財政的盈虧。中唐以來，江西能興建大量的水利工程，說明其經濟實力已趨雄厚。

五代時期，群雄爭霸峙立，「各興水利，自至豐足」[24]。吳與南唐政府都十分重視農田水利建設，針對江南地域多河流、湖泊的情況，大量修建堤堰和閘門，旱則運水種田，澇則運水出田。江西是吳、南唐經濟建設的重要地區，故在唐代原有的水利設施得到妥善維護和利用外，還開鑿了一些新的陂塘。如後唐天成年間（926-930 年），周矩於泰和縣百丈灘築槎灘陂，開渠三十六支，灌田二五〇〇〇頃[25]。南唐時又於龍泉縣西築成北澳陂，「溉糧千石」[26]。齊王李景達鎮臨川，開鑿南湖，「延長數百畝，資灌溉之利」[27]。南唐大將盧絳屯兵武寧時，築靡源陂，灌田萬餘畝。一九八九年，江西考古隊在九江岷山鄉柱嶺樹曹窪溝水庫的溢洪道側斷崖上發現了一塊「九江縣南唐水利計工題

24　《范文正公集‧政府奏議》卷上《答手詔條陳十事》。

25　劉祥善《泰和縣槎灘陂歷史文物考察》，載《江西水利志通訊》一九八九年第二期。

26　乾隆《吉安府志》卷三《山川‧陂塘》。

27　光緒《江西通志》卷六十三《水利》。

刻」，反映了一千年前農民用集體的力量修建水利工程的事實。
起自乾德元年（963年）冬，終至翌年春夏，用工二千八百個，
費時約五個月。這些水利工程，有力地保障了當地的農業生產。

　　唐五代江西大規模興修水利乃是農業興旺發達的表現，不僅
大大增強了本區抵禦水旱災害的能力，而且對本區土地墾殖與灌
溉農業的發展有著極為重要的意義。江西地區在唐中期以來成為
農業發達地區與水利事業的興旺密不可分。

三　土地的廣泛墾殖

　　中古時代，在一些農業經濟較發達地區，耕地不足的問題凸
顯，已開始了通過提高單位面積產量集約化經營。然而受生產力
水準的限制，集約化經營並不容易，土地問題終究不能根本解
決。唐五代農業生產的發展主要還是依賴開闢新的土地，或者依
靠新的生產工具和技術利用此前無法利用的土地。史稱開元，天
寶之際土地墾殖達到高潮，「耕者益力，四海之內，高山絕壑，
耒耜亦滿」[28]。但這主要是黃河流域，當時南方的淺山丘陵尚未
進入全面墾闢的高潮，遑論高山絕壑？至於最具南方特點的水網
湖澤地帶，耒耜不至之處更多。若就長江流域而言，中游地區的
土地墾闢在六朝時不如下游，因而入唐以後開發潛力更現雄厚，
開發效果也十分顯著。

　　江西土地墾殖首先表現在河湖水澤地區洲渚的開闢。江西的

洪州、江州、饒州屬於環鄱陽湖地區，所以這些堤塘湖的開築，實際上也是鄱陽湖區開發的一部分。堤塘湖水利工程服務於圩田（湖田）的開墾。圩田又稱圍田，即農民在低窪的地區四周築起堅固的圩岸，將河、湖的水隔開。圩岸之內有河渠，多餘的水可以通過管道排泄出去。圩岸上有門閘，旱天引水灌田，雨天閉閘防澇。這一創舉解決了江西一些地方土地肥沃但地勢低窪的矛盾。鄱陽湖畔低地極易圍墾成圩田。「登亭望湖水，水縮湖底出」；「流注隨地勢，窪坳無定質」[29]，所以鄱陽湖區圩田建設自然漸為官民所重視。元和三年（808年）南昌縣建成富有圩[30]，此為江西開發湖田首次見於文獻記載。江州位於鄱陽湖北部，是湖與長江的介面處。今九江市東北江中有一個歷史上著名的桑落洲，唐代尚在江中，但因泥沙沖積而正逐步靠攏北岸成陸地。胡玢《桑落洲》詩云：「莫問桑田事，但看桑落洲。數家新住處，昔日大江流。古岸崩欲盡，平沙長未休。」可見隨著桑落洲的發育，開墾者亦接踵而來。這些洲渚灘塗多為沖積層土壤，濕潤而肥沃，且臨江靠湖，水源方便，故特宜種稻。所謂「渚田牛路熟」[31]；「日暮渚田微雨後，鷺鷥閑暇稻花香」[32]；「江水灌稻田，饑年稻亦熟」[33]就是寫照，這也從一個側面反映出圩田開墾

---

29 《全唐詩》卷四三〇白居易《湖亭晚望殘水》。

30 雍正《江西通志》卷十五《水利》。

31 《全唐詩》卷五一〇張祜《江西道中作》。

32 《全唐詩》卷六七六鄭谷《野步》。

33 《全唐詩》卷五八五劉駕《江村》。

的成績。饒州轄境為鄱、信二江流域，位於鄱陽湖東南隅，亦為唐時江西的一個頗為發達的農業區。鄱陽的水利對沿湖地區開發的作用自不待言。

墾殖丘陵山地是江西土地開發的重要方面。《唐國史補》卷上稱：元結於「天寶之亂，自汝濆大率鄰里，南投襄漢，保全者千餘家」，後又「舉族」南奔江西瀼溪，當地人民把瀼溪北濱的一塊閑地贈給元結，「許之及子孫」[34]。元結宗族自然要在這塊土地上耕墾自給。隨著外來人口的增多，中唐以來江西的丘陵山區土地漸次得到墾殖。眾所周知，當時平原肥沃之鄉多早已開發，且多為封建地主兼併，後遷入的流民客戶或當地缺少土地者，大多數只得到山多田少的貧瘠山區開荒種地。時人「十畝山田近石涵」、「老農家貧在山住，耕種山田三四畝」、「山田春雨犁」、「祠掩荒山下，田開野荻中」、「舊郭多新室，閑坡盡辟田」等詩句[35]，正反映了包括江西在內的江南一帶客戶開發山區的一般情景。江西某些地區的宗教信仰在一定程度上也反映出當地開墾山地的情形。《全唐文》卷八七一朱恂《仰山廟記》記載了一個據說發生於唐永徽二年（651 年）的故事：「昔有徐璠，自蕪城歸宜春，繫舟於彭蠡之岸。忽有人附載，自稱曰蕭氏，居於仰山之陰，石橋之右。逮及茲鄉，告別而去，約於石橋。應期而

34　《全唐詩》卷二四一元結《與瀼溪鄰里》。
35　分別見《全唐詩》卷五二六杜牧《秋晚懷茅山石涵村舍》、卷三八二張籍《野老歌》、卷六七一唐彥謙《第三談》、卷二七六盧綸《送陳明府赴萍鄉》、卷二七〇戎顯《贈宜陽張使君》。

至，璠因訴以無產，思十畝之田以給其家。彼乃信舍之間，驟發大水，漂蕩陵谷，出田五頃。璠即驚駭，他日再往其處，潛覘其形，睹之乃二龍也。方悟其非人也，即仰山之神矣。」唐前期，袁州經濟迅速發展，人口戶數從貞觀十三年（639 年）的四六三六增至開元二十九年（741 年）的二九二九一，淨增六倍多，增長速度之快為江西諸州之冠。袁州「田少山多」[36]，無法滿足經濟的發展與人口日益增加的要求。因而袁州仰山神以龍神的身份為徐璠「劈山為田」的傳說，正反映了當時袁州廣大農民對田地的渴望，同時折射出當地民眾在仰山開墾田地的事實。唐中期以來，政府為了發展農業經濟、安頓缺田少地的民眾，積極引導這些民眾墾荒辟田。史載，「李兼貞元元年自鄂嶽移鎮江西，屬淮西亂後，編戶蕩析，兼至撫之，三年歸者增藉五千人」[37]。元和五年（810 年），于季文為洪州武寧縣令，「在官清慎，遏強撫弱，頃歲逋逃者複業數千戶，政聲洋溢」[38]。唐敬宗（825-826 年在位）《優恤客戶敕》稱，「野首如有願於所在編附籍帳者，宜令州縣優恤，給與閑地，二周年不得差遣」[39]。權德輿《裴倩神道碑》記大曆中，裴倩任信州刺史，「復其庸亡五千家，辟其農耕二萬畝」。唐文宗在位時，發現不少逃戶在吉州開墾水陸田

36　嘉靖《袁州府志》卷十二《藝文》附鄭自成《勸農文》。

37　雍正《江西通志》卷五十七引「林志」。

38　《唐故洪州都督武寧縣令於府君墓誌銘並序》，周紹良主編《唐代墓誌彙編》，上海古籍出版社一九九二年版，第 2002 頁。

39　《全唐文》卷六十八唐敬宗《優恤客戶敕》。

四百頃。唐僖宗末年，劉汾寓居弋陽歸仁鄉，買田施捨佛僧，結果買得位於樂平縣「崇山峻嶺之間，人境寥絕」的山田八百餘畝[40]，足見那時江西有些地方的墾種範圍已到山區深處。這些鼓勵墾荒闢田的優惠政策和施政以及移民的自我生產，直接促進了江西山區的土地開墾。要指出的是，江西丘陵山區雖不乏興修水利設施或利用山泉溪流的自然水源種植水稻者，但因前者難以為功，後者不可多得，所以多採用火耕山地陸種餘田的撂荒制耕作方法，作物多為麥、豆、粟等旱作。唐代江、虔、吉等州山丘，均有較多的火耕餘田。此外，江西地區的土地墾殖還表現在鄉村邊際土地的利用，特別是江西北部等土地緊缺、開發程度較深的地區。《太平廣記》卷二九四稱豫章盧松村人羅根生在村側墾荒種植瓜果。同書卷六七六說豫章界有一個棲息鱔魚的汙池，旁邊的土地若有人耕種必遭禍殃，但還是有人冒此不韙而租耕之。

人口增長引起的土地不足，是本區土地墾殖的基本原因。如武則天垂拱四年（688 年），在「山峻無田」的江州彭澤地區，「百姓齊營水田，一戶不過十畝五畝」[41]。中唐以後全國人戶銳減，江西的一些州縣卻有較大幅度的增長，土地不足的現象未嘗緩和。同是江州，長慶時墾田面積二一九七頃，以稍前的元和戶一七九五四戶計，戶均土地不過十二點三畝[42]。以當時的單位面

40　《全唐文》卷七九三劉汾《大赦庵記》。
41　《全唐文》卷一六九狄仁傑《乞免民租疏》。
42　《舊唐書》卷一七一《李渤傳》、《元和郡縣圖志》卷二十八「江州」條。

積產量，這些土地「准例常年縱得全熟，納官之外半載無糧」，若遇災害更難存濟[43]。江州本來土地有限，鄱陽湖水面在唐代的擴展也可能使當地土地不足的情況有所加劇，因此江州或許是一個極端的例子，但它畢竟反映了當時本區人地比例關係變化的趨勢。土地集約化經營固然不失為解決問題的途徑，但更現實的則是開墾土地，向丘陵山區和洲渚湖澤要田。好在本區土地墾闢的條件較優越，六朝時期南來北人發起的占田固澤運動主要以長江下游為中心，中游相對不如，故唐代本區尚待開墾的淺山丘陵甚多，洲渚湖澤的開發潛力更大，從而為上述火耕畬田蔓延於山區丘陵，水稻耕種遍布於洲渚水澤提供了自然基礎。

人口的增長固然是江西地區土地墾殖的主要原因，但絕非全部原因。當時一部分農民本來只擁有十分有限的土地，一般水田地區不過十畝五畝。《舊唐書‧李渤傳》記，長慶元年（821 年）李渤任江州刺史時，該州管田二一九七頃。按《元和郡縣誌》卷二十八記江州開元時二一八六五戶，元和時一七九四五戶。准此計算，開元時戶均墾田十畝半，元和時為十二畝半。可知江州戶均墾田數，與州內山峻少田的彭澤縣相若，顯示州內可墾田地不夠多。當然，平均數並不等於現實均平。皮日休《惑雷刑》記：「彭澤縣鄉曰黃花，有農戶曰逢氏，田甚廣。己牛不能備耕，嘗倣他牛以兼其力……得他牛，則晝役夕歸，箠耕於烈景，苔耨於晦冥，未嘗一夕容其殆忽。」此逢氏擁有的田地，絕不止是八

43　《全唐文》卷一六九狄仁傑《乞免民租疏》。

畝、十畝。租牛耕地，役使極重，這自是階級對抗社會側面的真實反映。但是土地有限則是基本事實。農民對於這有限的土地，有時還迫於賦役苛重或天災人禍而不得不忍痛拋棄，離鄉背井逃亡他處，或者被迫出賣或者為人兼併。狄仁傑上疏稱戶均不過五畝十畝的江州地區，由於乾旱歉收，「見在黃老草萊度日……多荸亡者，檢有籍曆，大半除名」[44]，而國家的賦稅並未因此減免。長慶二年（822 年），江州旱災損之田三分之二，政府仍在迫征三十六年前逃戶逋欠的租稅。既逃者已矣，如此苛征，未逃者也難免一逃。於是一方面逃亡到深山野澤的人民將土地墾殖推進深入到山丘水澤，另一方面他們家鄉的良田拋棄成荒。一方面政府通過均田法規、賦稅政策優待等鼓勵人民居住、耕墾空荒較多的寬鄉；另一方面政府通過繁苛的賦役促使人民被迫離開土地，新開墾的土地亦因之被人民重新拋棄。一方面由於土地墾闢是地方官晉升的重要條件之一，往往比較積極地招募和組織流民墾荒，另一方面又由於賦役徵集是地方官吏治績更重要的標準，於是他們一隻手在招募墾荒，另一隻手又在把農民趕出土地。上述基於封建生產方式內部的矛盾使唐代長江中游地區的土地墾殖表現出不同的原因，不同的組織方式，不同的規模與作用，以及或集約或粗放的不同墾殖方式，它根源於不同的土地佔有及其經營形式。

在江西地區墾殖活動中，有多種形式，但主要是私人墾殖。

44　《全唐文》卷一六九狄仁傑《乞免民租疏》。

荒地和逃戶拋荒的所有權屬於封建國家，一般小農多限於開墾村舍邊際土地，以補苴生計。另外則是遠離家鄉逃到人跡罕至的深山廣澤中墾耕自給。這些離鄉背井的人民耕墾生息歷有年所，使許多荒山野澤得到墾闢。唐文宗大和中，吉州赤石、徐莊山寨的起義農民被鎮壓後，官府獲得「水、陸田四百頃，牛、馬等四百七十餘頭」[45]。被稱為「洞賊」、「洞蠻」的人們是逃竄在吉州山丘間，從事水田、旱地種植。顯示境內仍有不少隱匿戶口，正積極努力拓荒為生。但這些深入山區的農民畢竟不能如桃花源的人們那樣長期外在於封建國家的統治，每當其墾殖取得成效，生產有所發展之時，國家便在該地增設縣邑，將他們編入戶籍。撫州南豐縣因為人民開墾，使山谷重深之處「田地豐饒」，故置縣以治[46]。

在土地墾殖活動中，地主官僚表現得十分活躍，許多大地產者從中誕生。創辦桂岩書院的幸南容，號稱「江南一時閥閱稱顯者以公家為最」[47]。按照唐朝的規定，一個國子監祭酒可得到二千五百畝永業田和九百畝職分田。雖然開元十年（722年）唐玄宗收回外官的職分田，中唐以後均田制被廢除，但土地的兼併日益加劇，土地佔有有過之而不及。幸氏之洪城就是一個大莊園：祠宇、古 ，依山臨溪；瀑布、泉流，落澗穿谷，「凝眸回顧，山

45　《冊府元龜》卷六九四《牧守部・武功》。
46　《太平寰宇記》卷一一二撫州「南豐縣」條。
47　柳宗元：《唐故開國祭酒文貞公墓誌銘》，收錄於《高安洪城幸氏族譜》。

居錯雜，雞犬相聞，儼若圖畫」；內中溪流而上，「逆溯大陂，石閘天成」「溉田千頃，不假鑿築」；來往的賓客多為達官貴人，「橋通車馬往來頻，雕鞍影襯長虹麗」。這些充分說明幸氏莊園財力的雄厚。江西還有不少地主田莊，例如：大約中唐後，黃麟任洪州刺史時用官料置莊；洪州章全素家有沃田數百畝；饒州等地張某任浮梁令時，「家業蔓延於江淮間，累金積粟，不可勝計」[48]。在信州等地，錢起有玉山別業。貞元（785-805 年）中，吉州新淦歐陽文長捐近東平寺莊田。乾寧（894-898 年）中，撫州臨川危某施祿下水田莊一所於白雲院；李勳舍院北小莊入白雲院。昭宗末年，撫州崇仁鄧進兄弟於縣西南創普安院，並設附郭田三千畝。江西的大地產絕大多數出現於安史之亂之後且在唐後期有加速的趨勢，以洪、饒、撫等地最為集中。在各種大地產中，以在戶籍所在地之外購置田莊即「寄莊」為主要形式。寄莊在唐前期不多，唐中後期日益增加，這是因為官僚地主隨著田莊買賣熱潮的不斷高漲和廣置莊宅欲的不斷膨脹的緣故。江西由於正處於土地開發興盛時，也成為官僚地主們設置寄莊的重要區域。就其地產取得方式而言，買置當為主要途徑，請射墾闢甚至強墾荒田亦佔有相當比例。這種大地產的產生與發展，是地主巧取豪奪的結果，在一定程度上造成了江西一些地區土地的緊張和農民的貧困，但對這些地區的農業經濟開發也有一定的積極作

---

48 分別見《太平廣記》卷三八一《鄧成》、卷三十一《章全素》、卷三五○《浮梁縣令》。

用。首先，刺激了土地的墾闢。其次，由於大量良田沃土作為首要兼併物件而被集中，更由於官僚地主對這些土地具有所有權，能最大程度地對土地進行保護和利用。這就能夠克服個體小農生產的弱點，承受一定程度的自然和人為災害。再次，由於大地產生產經營主要採取的是租佃佃農制，人身依附關係較弱，農民生產的積極性和主動性也得到發揮。或可以說，江西農業經濟發展與來自以田莊為主要形式的大地產經營也不無關係。

南北朝時期，南北土地佔有形態明顯不同。北方自北魏孝文帝開始實行均田制，南方則延續魏晉封建大土地所有制發展的趨勢，從未實現國家收授土地。隋及唐前期，沿襲北朝實行均田制；唐中期以後，均田制完全廢止，大土地所有制得以無限制的發展，意味著土地制度上又與魏晉南朝相銜接，這就是唐代土地制度的「南朝化」。南朝化是歷史發展的必然趨勢，江西的土地佔有形態大體上也與這種趨勢同步。從唐開始，江西個人土地產權不斷擴大。如穆宗時，王仲舒為江西觀察使，實行了一些政治經濟改革，「三年法大成，錢餘於庫，粟餘於廩，人享於田廬，謳謠於道路」。所謂「人享於田廬」或可理解為當時江西農戶有充分的土地產權，樂於耕作，安於壟畝。王仲舒的改革反映了江西地區發生制度變遷的潛在意義。為什麼中唐以後江西地區的商品經濟的水準有很大提高？其中一個重要原因是土地這個市場關係密切的生產要素的個人產權擴大了，改善了市場發育所需的商品生產環境。

江西土地墾殖有寺觀的貢獻。作為寺觀基本經濟來源的地產，不外通過官方封賜、民眾捐獻、買置與自墾取得。地產如果

本是荒山荒地，寺觀自然還要進行艱苦的開墾活動才能取得效益。百丈懷海的「清規」，就是建立在寺院僧眾必須參加生產勞動的基礎上的，其所宣導的禪農思想對山區的農業開發作用甚大。據《全唐文》卷九二〇澄玉《疏山白雲禪院記》，該寺主持大師李氏在乾符年間曾在廬陵嚴田山開闢，後因人眾山薄，游巴山白雲禪院，複因「山深地冷，時植不收，僧眾漸多，難為供饋」，再移錫疏山，又「芟剃蒿蕪，基平峙瀆」。當時寺觀往往建於深山峻嶺中，開創之際，必有墾殖，或「率徒開田」，或「刀耕火種」，或「開梯田闢茶園」，或墾立水稻田莊。唐代中葉以來僧侶佔有田莊是很普遍的現象，江西地區也很突出。九世紀中葉，全國著名的寺院田莊中，智孚在信州有鵝湖莊，道膺在洪州有麥莊。又據《太平廣記》卷一三四《上公》，宜春郡齊覺寺莊，為常住莊田。田莊為寺院的財產基業，世代為寺院所有，任何人不得擅自據為己有和處理。如唐宣宗時，江州刺史崔黯作

· 雨中耕作圖（盛唐 · 敦煌壁畫）

《乞敕降東林寺處分主持牒》曰：「本立常住，全為眾僧，只合同奉伽藍，寧容別開戶牖，供膳但資於私家，施利不及於大眾。今與各立條令，刻石題記。伏慮歲月稍深，依前紊亂，山深地僻，人少公心，住持乞降敕處分。奉敕依。」崔黯針對寺院中個別僧尼擅自佔有和處理常住田莊的現象，請求降敕規定，不許私占，刻石為長久之計。這從側面反映出當時江西寺院田莊的發達。每一座寺院，都是一個經濟實體，擁有相當數量的田地。江西境內寺院林立，僧侶眾多，也是勞動力豐裕、田莊經濟比較發達的一種表現。

在唐代江西的土地墾殖中，蠻僚等少數民族是一支不可忽視的力量。包括江西在內江淮的「莫徭」，「有深居山洞，多不屬州縣」[49]，在極端惡劣的自然條件下從事土地開發，成為火耕餘田、開發山丘的基本隊伍之一。時人稱其所居為「山洞」，其實這種山洞並非岩居穴處，而多為山間小盆地，或有溪泉繞過的平坦可耕之地，乃是他們的農耕區。因此他們足跡所至之處都有土地的墾闢。在政府剿撫並用、設縣治的情況下，迫使一些少數民族逃到更加荒僻的深山之中，從而將土地墾闢活動推進到那裡。當然由於農業生產條件十分惡劣，漁獵業在他們的經濟生活中仍佔有極其重要的地位，所謂「莫徭射禽獸，浮客烹魚鮫」[50]，都是描寫這種情況的。其中的「浮客」自然是指逃亡其中的漢族民眾。

49　《全唐文》卷三十一《遣使分巡天下詔》。
50　《全唐詩》卷一四四常建《空靈山應田叟》。

總之，由於社會經濟的發展與人口增長的壓力，唐代江西易於耕墾的平原地帶耒耜漸滿，已開始集約化經營，土地墾殖不得不逐步深入到條件較差的或開發難度較大的河洲湖渚、山區丘陵。在土地墾殖中，政府通過興修水利擴大耕地面積、鼓勵墾荒，以及地主官僚通過請佃山澤置辦田莊別業，效果最為顯著。不用說國家和地主官僚只是組織者，土地耕墾的直接勞動者還是普通人民。逃亡農民、少數民族和下層僧侶等，成為墾闢淺山丘陵甚至高山絕壑的主力軍。他們在艱苦的條件下以自己的辛勤勞動將江西土地的墾殖拓展到一個新的廣度。江西土地墾殖在中唐後形成熱潮與安史之亂後北人大量遷贛不無關係，但主要還是社會生產力發展和經濟開發的結果。土地的多種形式的開發與充分利用，是江西農業生產力提高的突出表現。當然土地墾殖在本區內部並不平衡，還有不少地區尚有不小的潛力。

四　農業生產工具的改良

　　「各個不同的生產時代」的區別，「不在於生產什麼，而在於怎樣生產，用什麼勞動資料生產」，以生產工具為主體的勞動資料最能「顯示一個社會生產時代的具有決定意義的特徵」[51]。隋唐五代江西的農業生產工具在六朝的基礎上又有了較大的進步。

　　眾所周知，犁耕在北方的普及推廣遠遠早於南方，並形成了

51　馬克思《資本論》第一卷，人民出版社一九七五年版，第 204 頁。

一整套相應的農具系統。但北方犁耕及農具系統主要適宜於旱田農業，終究不能照搬於南方水田。秦漢六朝以來適應南方的犁耕技術和工具有了較大的發展，已萌芽一人一牛的犁耙方式。唐代的牛耕已普及於南北水旱生產，所謂「耕之資在牛，牛廢則耕廢」[52]。稻作對牛耕的要求更高，水田單位面積所需牛力接近於旱田的兩倍[53]。適宜於水田耕作的曲轅犁在唐代稻作地區廣泛推行，流行於南方以江東犁為代表。江東犁結構完善，單牛牽引，輕便省力，犁轅短而彎曲，犁枰可用來調節入土深淺；犁鑱上部加寬，裝有鐵制的犁壁，耕田時，犁壁能推開犁鑱翻起的土塊，既減小了阻力又可深耕。江東犁的出現與推廣不僅表明南方稻作農業具備了進一步發展的工具和技術基礎，而且還標誌著水田耕作技術的發展愈益適應於個體稻農，因為這種一人一牛、輕便省力的犁具使牛耕能夠進入一般稻民之家。晚唐陸龜蒙在《耒耜經》中記「江東犁」時稱：「江東之器盡於是。」他又「嘗至饒州」。江西的饒州、信州經常是包含在江東這個大政治地理概念之中的，因此先進的曲轅犁在唐代的洪、饒、信、撫等州已開始使用。「種田討衣食，作債稅牛耕」也成為江西一些地區的社會現象。

《耒耜經》還記載了流行江東的其他耕具：「耕而後有爬（耙），渠疏之義也，散坺去芟者焉。爬而後有礰礋焉，有礰礋

52　《新唐書》卷一一八《張廷珪傳》。
53　《通典》卷二《食貨典・屯田》。

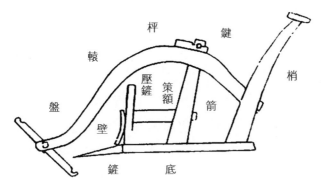

· 江東犁結構示意圖

焉。自爬至礰礋，皆有齒；礰礋觚棱而已。咸以木為之，堅而重者良。江東之田器盡於是。」據《王禎農書》之《農器圖譜》，礰礋是「破塊滓，混泥塗」的農具，可知稻作過程的每一個環節都採用了相應的畜力農具。水田耕作工具必須講求輕便，所有這些農具包括北方多為石鑿的礰礋皆以堅硬的木料製成。由於炒鋼、灌鋼冶煉和鍛造技術的發展，唐以來還出現了不少新的鐵制農具。如鐵鎝鎝掘地不僅入土深，而且可以隨時耙碎土塊。唐晚期，勞動人民又發明了犁刀並得到推廣。犁刀主要用於開墾湖泊旁的蘆葦地時除去蘆葦的根莖，便於牛拉著犁墾耕，省力而又見效。钁、鍤、鋤、鏟等農具也都採用了炒鋼鍛制，器形比原來增大。唐代鍛鐵農具的發展是我國古代農具發展史上的大事，從此鐵農具產生了明顯的變化，由鍛造的鋼刃熟鐵的厚重農具代替了小型薄壁的嵌刃式鑄鐵農具。這一套適應南方稻作的耕具的推廣，大大提高了勞動生產效率，標誌著唐代南方水田耕作技術在六朝的基礎上又取得了階段性的進展。

水利排灌工具的進步是南方稻作技術發展的重要表現。南方稻田的水利灌溉，主要依靠陂塘渠堰等設施，利用水位差以斗門控制，實行自流灌溉。隨著唐代耕地由平原陂澤而「高山絕壑」的擴展，對高效率提水工具的需求愈益迫切，各種型式的水車應此而生。日本天長六年（829 年）五月的《太政府符》云：「傳聞唐國之風，渠堰不便之處，多構水車。無水之地，以斯不失其利。」符中還談到水車有「以手轉，以腳踏，服牛回」之別，可見唐代各式水車盛行。據《太平廣記》卷二五〇引《啟顏錄》，武后時人鄧玄挺曾見到一種立井式水車，即由傳統的轆轤發展而來。但這種水車雖適合於北方從深井中汲地下水灌田，卻不適宜南方從河湖陂塘內提水。劉禹錫《機汲記》中的汲機，改直上直下的轆轤為斜上斜下，從而擴大了汲水的距離與範圍，有利於江河沿岸的水利灌溉，不過汲機裝置主要提供飲用水。當時長江中下游地區已普遍地製造和使用桔槔、轆轤、水車、水轉翻車、水碓、水磨等具有機械性能的工具。方便實用的龍骨水車等新的灌溉工具也在包括江西地區在內的南方推行[54]。

唐代水利灌溉工程技術最突出成就，是長江流域出現半機械化的筒車。據唐人陳廷章的《水輪賦》描述，筒車形似紡車，徑達數米，四周斜縛竹筒，多裝置於溪流迅激之處，其括水板受水力衝激而帶動水輪旋轉，斜掛于括水板上的水筒隨輪旋轉不已，

---

54 牟發松：《唐代長江中游的經濟與社會》，武漢大學出版社一九八九年版，第 37-40 頁。

相繼將所盛之水傾瀉於尚水槽中
送入農田。賦稱「升降滿農夫之
用，低徊隨匠氏之程」；「殊轆轤
以致功，就其深矣；鄙桔槔之煩
力，使自趨之」；「當浸稻之時，
寧非沃壤；映生蒲之處，相類安
車」；它能「憑河而引」，「鉤深
致遠，沿洄而可使在山，積少之
多，灌輸而各由其道爾」，達到
「低徊而涯岸非阻，委曲而農桑是
訓」的效果。這種筒車「多寄臨

· 筒車

川之郡。池陂無漉，畎澮既潴，用能務實」，而且效率較高，晝
夜可灌田百畝。據《水輪賦》所說「多寄臨川之郡」，那麼筒車
應該是存在於江南水鄉，江西地區亦當普遍使用。因江西各地溪
流河水眾多，丘陵地形使水流急速，築以陂堰，使水流集中，增
大了衝擊力，更適於安裝筒車。唐代廬山寺院中也有用類似筒車
工具引水的，馬戴《廬山寺》詩云：「別有一條投澗水，竹筒斜
引入茶鐺。」

　　隋唐五代江西河洲湖渚、丘陵山地大量得到墾辟，若是沒有
使用江東犁、水車等農業工具以及新的生產技術是難以實現的。
本區農業開發的加深，與農業科學技術即農業第一生產力的進步
密不可分。

五　稻作農業的發達

糧食生產是農業生產的核心。受自然條件的作用與影響，江西的糧食生產以水稻為主。隨著秦漢以來江西農業開發的逐步展開，六朝隋唐時期本區已逐漸成為全國著名的稻作區、糧食供應的主要基地之一。特別是唐安史之亂以後，經濟重心逐漸南移，包括江西在內的江淮成為唐朝經濟命脈所在，江西進入了糧食產業快速發展的新時期，糧食經濟成為本區經濟的支柱。

唐代江西糧食生產的發展，是與本區人口的快速增長分不開的。江西地區自玄宗開元以至憲宗元和不到一百年內，民戶成倍增加。如饒州由開元時一萬四千戶，猛增至元和時四萬六千戶。特別是北方移民的大量湧入，不僅給江西增加了許多勞動力，還帶來了北方先進的生產技術，大大提高了江西地區的生產力水準，促進了這一時期江西以糧食業為中心的經濟開發。同時，人口的增加，也需要生產更多的糧食以滿足生活需要。

有唐一代，南方仍有不少地區「火耕水耨」，但江西至遲在中唐已普遍使用牛耕。唐詩對此有大量的反映，如顧況《酬信州劉侍郎兄》：「願為南州民，輸稅事鉏犁」；耿湋《奉和第五相公登鄱陽郡城西樓》：「童牛耕廢畝，壟木繞新村」；袁皓《重歸宜春偶成十六韻寄朝中知己》：「無地不耕犁。」即生動地描述了信州、洪州、袁州一帶廣泛使用牛耕的情景。與牛耕相配合，利於稻田的耕作江東犁也在江西地區得到推廣。唐朝江西已設置秧田，由直接播種轉為育秧移栽。元和年間白居易在江州作司馬時，曾有「泥身水畦稻」的吟詠，即與育秧移栽有關。育秧移栽

的集約經營既可以保障秧苗的早期成長，又可以在水源較少的地區推行水稻生產、擴大栽種面積，同時有利於田間管理，可以確保豐收。水稻的移栽技術在南方得到推廣普及和水稻品種的改良[55]，對江西地區的水稻生產肯定產生積極影響。江西農民的護稻技術也有了提高，唐末陸龜蒙《禽暴篇》談到鳧鷖禍害稻穗而人們遂用藥毒殺鳥時，稱「是藥也，出於長沙、豫章之涯，行賣貨錯，負受於射鳥兒」[56]，說明江西地區已使用藥物防鳥啄稻。此外，對於田間施肥，當時除了傳統的人畜糞肥外，江西地區開始大力發展綠肥，用豆科植物來肥田，甚至還燒石灰作稻田肥料。

隋唐五代是我國歷史上氣候的第三個溫暖時期。從竺可楨所繪《一千七百年來世界溫度波動趨勢圖》看，唐代年平均氣溫比二十世紀七十年代要高出一度，比處於低溫時期的南北朝要高出二度[57]。這在江西地區也有深刻的反映，元和年間白居易在江州作《潯浦竹》詩稱：「潯陽十月天，天氣仍溫煖。有霜不殺草，有風不落木。元冥氣力薄，草木冬猶綠。」顯見當時江州秋冬氣溫仍較高。眾所周知，氣候變化對農業的影響至關重要，任何一種作物生長過程，都需要一定的積溫和積光。一般說來，年平均

55　華林甫：《唐代水稻生產的地區分佈及其變遷初探》，載《中國農史》一九九二年第二期。

56　《吳郡志》卷四十五《異聞》。

57　竺可楨：《中國五千年來氣候變遷的初步研究》，載《考古學報》一九七二年第一期。

氣溫上升或下降一度，可使糧食產量增加或減少百分之十[58]。氣候變暖也使農作物的生長季節變長了，土地復種指數，即土地的利用率都有明顯的提高，而多收一季，可使糧食產量提高百分之二十到百分之三十。

這一時期，江西糧食生產的進步，突出表現為稻麥復種和早晚兩熟的連種制取代了前代的撂荒制，麥粟等北方旱田作物的進一步推廣。如元和初年，江西觀察使韋丹曾因江、饒等四州旱損，於是修造陂堰，大力勸種麥粟。南唐時期，長期為官江西的李中作《村行》詩云：「極目青青壟麥齊，野塘波闊下鳧鷖。陽鳥景暖林桑密，獨立閑聽戴勝啼。」此詩描寫的是陽春三月景色，正是冬麥生長茂盛時節。白居易《泛溢水》詩言鄱陽湖平原上的江州「四月未全熱，麥涼江氣秋」。鄭谷《作尉鄠郊送進士潘為下第南歸》：「歸去宜春春水深，麥秋梅雨過湘陰。」元稹《南昌灘》記所見：「畬餘宿麥黃山腹，日背殘花白水湄」。包何《和孟虔州閑齋即事》詠虔州有「麥秋今欲至，君聽兩歧歌」的詩句。新開的畬田多種粟類作物，如白居易在江州時寫有「灰種畬田粟」，「馬瘦畬田粟」的詩句[59]。唐人孟詵《食療本草》卷下說到粟米，「南方多畬田種之，極易春，粒細，香美，少虛怯，祇為灰中種之，又不鋤治故也」，粟類作物仍然是南方山區人民

---

58 張志誠主編：《中國氣候總論》，中國氣象出版社一九九一年版，第350頁。

59 分別見《全唐詩》卷四三三《孟夏思渭村舊居寄舍弟》、卷四三七《和夢遊春詩一百韻》。

種植的主要作物之一。上述表明，麥、粟在唐五代江西地區已有相當的生產，這無疑不僅使本區糧食種植結構和糧食消費結構比以前趨於合理，具有更強抗災的能力，而且促進了本區稻麥復種的推行，有利於糧食總量的增長。

　　江西氣候一年中無霜期長，適宜莊稼復種。冬麥一般初冬播種，次年五月成熟，收訖後便可插秧種稻，至十月收穫晚稻。錢珝《江行》詩云：「萬木已清霜，江邊村事忙。故溪黃稻熟，一夜夢中香。」生動地描繪了江西農村收晚稻的情景。李建勳《田家》一詩從「春日稻畦青」寫到霜降之時「廳院亦堆禾」，表明早晚稻復種已是無疑。唐代饒州已有「畝鐘之地」[60]，一鐘即六斛四鬥。一般說一畝單產不可能達到如此高的產量，但倘若早晚稻兩季合計，則屬可信[61]。稻麥復種與二季稻技術的推廣，以及一些新開發區種粟，是唐代江西農業生產發展的標誌之一。這種複合農業，體現了對生態環境的適應和對土地的充分利用，並為更多地生產糧食提供了保證，推動了江西農業的前進。

　　在以上因素的影響和作用下，唐代江西稻作區進一步擴大。「鄱陽勝事聞難比，千里連連是稻畦」[62]；江州「萬頃新稻傍山村」[63]；撫州修華陂、千金陂，「沿流三十餘里，灌注原田新舊

60　《全唐文》卷六〇四劉禹錫《答饒州元使君書》。
61　鄭學檬：《中國古代經濟重心南移和唐宋江南經濟研究》，岳麓書社二〇〇三年版，第 253 頁。
62　《全唐詩》卷四九六姚合《送饒州張使君》。
63　《全唐詩》卷二〇七李嘉佑《秋曉招隱寺東峰茶宴送內弟閻伯均歸江州》。

共百有餘頃，自茲田無荒者，民悉力而開耕」[64]；吉州新淦有水流，「地宜稻穀」[65]。在此背景下，江西糧食產量與品質也有較大的提高。江西糧食產量，雖無確切的數字，但應是巨大的。如吉州廬陵縣所產，號稱「散粒荊揚」。李正民《大隱集》卷五《上吳運使啟》：「江西諸郡，昔號富饒，廬陵小邦，尤稱沃衍。一千里之壤地，粳稻連雲；四十萬之輸，將舳蔽水。朝廷倚為根本，民物賴以繁昌。」唐文宗派孟琯巡察米價，「其江西、湖南地稱沃壤，所出常倍他州，實資巡察」[66]。乾符二年（875年），唐僖宗《南郊赦文》稱江西等地，「出米至多，米熟之時，價亦極賤」。品質方面，饒州自開元以來，歲貢秔米。南豐等四縣所產的紅朱稻米、銀朱稻米，因品質特優，相繼成為「貢米」[67]。

唐末五代亂事紛擾，然江西的糧食生產並未減弱。《新唐書·楊行密傳》載，五代初期，佔據江淮的楊行密欲攻打洪州鐘傳，旁人勸諫：「鐘傳新興，兵附食多，未易圖也。」龍袞《江南野史》記，南唐昇元中，吉州一富商有米數千斛，準備出售，因市場糧食多，賣價很低，於是這個商人便「上神崗禱廟求旱」。又據光緒《江西通志》卷五十九《名宦》，豐城某田父，「凌晨飯蕨稍饑，至食肆求麪，久不與，乃去，肆人堅索麪金」。南唐時，豐城境內有食肆開設，正從一個側面說明當地糧食較為

64　《全唐文》卷八〇五柏虔冉《新創千金陂記》。
65　《太平寰宇記》卷一〇九《江南西道》。
66　《冊府元龜》四七四《奏議》。
67　正德《建昌府志》卷四《貢賦》。

富裕。五代江西糧食的豐裕，與當時的統治者重視農戰相關，如吳與南唐在江州析置德安縣與湖口縣，大力拓殖水田，發展早晚稻生產。

農業是整個古代世界決定性的生產部門，而糧食生產又是直接生產者的生存和一切經濟活動的首要條件。隋唐五代江西糧食生產的發展對江西本區產生了極其積極的影響，除了直接提高了江西民眾的經濟生活水準外，還大大推動了江西社會經濟的全面進步。這裡以江西水稻生產對唐中期以來的歷史影響進行簡要說明。

眾所周知，唐安史之亂以來，江西漸成皇朝財賦重心之一。作為糧食經濟為主的江西地區的財賦來源主要就是取之於糧食生產與貿易。換言之，江西能成為全國財賦的重點區域，與本區糧食的生產與貿易密切相關。唐政府經常從江西籌集調撥糧食從事各種活動。《舊唐書·食貨志下》載：建中三年（782 年），唐廷在洪州置常平倉，以「輕重本錢，上至百萬貫，下至數十萬貫，隨時所宜，量定多少。……候物貴則下價出賣，物賤則加價收糴」。元和時，楊、滁、楚、潤、常、蘇等六州饑荒，唐廷從江西、湖南等地糴米三十萬石，賑濟上述地區。以後，又多次從江西等地調米至淮南、關中，少則七十萬石，多則一百萬石。《舊唐書·穆宗紀》載，長慶二年（822 年）閏十月，因「江淮諸州旱損頗多，所在米價不免踴貴，眷言疲困，需議優矜」，於是詔令包括江西在內的數道觀察使，「取常平義倉斛鬥，據時估減半價出糴，以惠平民」。唐後期對南詔用兵，其財賦多直接取自江西。《舊唐書·楊收傳》載：「（楊）收以交趾未複，南蠻擾亂，

請治軍江西,以壯出嶺之師。仍於洪州置鎮南軍,屯兵積粟,以餉南海。」顯然,江西糧食對穩定唐朝統治秩序具有特別的意義。另外,唐中期以後,江西成為人口增長最快且最為穩定的地區之一,與糧食生產的大發展密不可分。江西糧食業的發展,為江西社會的穩定所起的作用不可低估。

江西糧食業的發展,直接推動了江西農業經濟結構的調整。江西某些地區並不適合糧食生產,但為了維持生存口糧,不得不種植糧食,投入多而產出少,極不利於經濟的開發與進步。隨著江西糧食業的發展,為產業結構的調整提供了保障。茶葉等經濟作物在不利於糧食生產的區域普遍種植,從而極大地推動了這些地區的經濟進步。它還引起了整個江西農村經濟結構的一定幅度的調整,形成糧食和經濟作物共同繁榮的生產模式,農業經濟商品化程度的得以進一步提高。糧食業的發達,也使更多的人口可以從事的工業、商業,江西的礦冶、陶瓷、造船等手工業全面進步,與糧食業的發達相關。

在中國古代農業社會中,經濟重心的轉移在一定意義上就是農業重心的轉移,對江西而言,突出表現為糧食生產的快速發展與糧食貿易的興旺。糧食是農業社會最基本的生產品,同時也是它最重要的商品。糧食商品率的大小,可以成為測量自然經濟結構演變的最重要標誌[68]。我們雖然不能計算出唐代江西糧食的商

---

68 包偉民:《宋代的糧食貿易》,包偉民選編《史學文存》,上海古籍出版社二〇〇一年版。

品率，但可以肯定，比六朝有了較大幅度的提高。糧食生產超過勞動者個人需要的較高生產率、商品率，為江西地區經濟社會的全面開發提供了最基本的物質基礎。唐代江西以糧食業為核心的經濟逐漸實現了在長江中游的崛起，確立了自己在經濟重心南移中的重要地位。

六　經濟作物種植的普遍

江西的地理形勢、土壤、氣候等，適宜於茶葉、果樹、油茶、竹木、麻桑、蔬菜、草藥等多種經濟作物的種植，農業多種經營的條件比較優越。不過本區農業的多種經營，起步卻較晚。秦漢時期，民眾仍主要是「火耕水耨」，捕魚撈蝦，過著「飯稻羹魚」的生活[69]。直至六朝末，這種情形仍未得到大的改觀。隋唐以來，糧食業的發展，為經濟作物的種植提供了良好的條件；商品經濟的興盛，又促使了經濟作物種植的進一步擴展；隨著山地開發的逐漸深入，對於地處糧食生產條件不佳的丘陵山區，種植以茶葉為代表的經濟作物以補充糧食生產就成為這些地區人們的必然選擇。此外，統治者的賦稅徵收重視「土貢」的政策措施也極大地推動了諸種經濟作物種植的普遍。

江西種植茶葉約自秦漢已開始，但那時民眾對茶葉的功能、作用認識不深，茶葉在日常生活中並不占重要地位，需求量不是很大，茶業經濟沒有形成。及至唐開元以後，飲茶已成為普遍的

69　參見《史記》卷一二九《貨殖列傳》、《漢書》卷二十八下《地理志》。

社會風尚。封演《封氏聞見錄》卷六載，長期以來，北人不喜飲茶，然開元以來，「自鄒、齊、滄、棣，漸至京邑城市，多開店鋪，煎茶賣之，不問道俗，投錢取飲。古人亦飲茶耳，但不如今人溺之甚，窮日盡夜，殆成風俗」。楊華《膳夫經手鈔》稱：「至開元、天寶年間，稍稍有茶，至德、大曆遂多，建中已後盛矣」；「今關西、山東閭閻村落皆吃之，累日不食猶得，不得一日無茶也」。《舊唐書・李珏傳》載：長慶元年（821 年），李珏上疏朝廷：「茶為食物，無異米鹽，人之所資，遠近同俗。既祛竭乏，難捨難需，田閭之間，嗜好尤切。」陸羽《茶經》描寫唐代飲茶風俗之盛時也指出：「滂時浸俗，盛於國朝，兩都並荊、渝間，以為比屋之飲。」五代時期，飲茶之風未減。唐五代江西地區盛行飲茶，《太平廣記》記信州「常有頑夫，不察所從來，每於人吏處恐脅茶酒。」[70]江西官驛中，設有茶庫，「諸茗畢貯」，以備來往官客消渴解乏[71]。五代之時，婺源某阿婆，為人慈善，在贛浙邊界浙嶺的路亭設攤供茶，經年不輟，凡窮儒肩夫不取分文。又因茶葉有一定的藥用價值，有助於肉類食物的消化，使西北少數民族的生活從此與茶文化結下了不解之緣。《封氏聞見錄》卷六記，唐朝回紇族曾「大驅名馬市茶而歸」。飲茶之風的盛行，極大地刺激了全國茶葉的生產和貿易，江西的茶樹栽培也普遍擴大，遂成為著名的茶葉出產區之一。

70　《太平廣記》卷七十三《鄭君》。
71　《太平廣記》卷四九七《江西驛官》。

唐代江西八州中即有袁、吉、饒、江、撫、洪、虔等七州產茶[72]。如《新唐書・地理志》記饒州、吉州為貢茶產地，《唐國史補》記洪州西山有白露茶。《太平御覽》卷一〇七「浮梁縣」條：「斯邑產茶，賦無他物。」浮梁「每歲出茶七百萬駄」。今瑞昌縣因「有茗荻之利」，建中四年（783年）於此置赤鳥場，負責管理茶葉生產[73]。白居易在廬山香廬峰下闢茶園種茶，留有「架岩結茅宇，破壑開茶園」；「藥圃茶園為產業，野麋林鶴是交遊」等詩句[74]，表明廬山種茶已是一種風氣。江西廟宇眾多，這些廟宇往往以種茶作為主要產業之一，闢有茶園。如《五燈會元・潭州神山僧密禪師傳》載：「一日，（僧密）與洞山鉏茶園。」《臨濟錄・鎮州臨濟義玄禪師傳》亦載：「黃檗一日請鋤茶園。」此外，時屬歙州的婺源也是產茶的重要地區，影響全國。唐代江西茶葉產量目前已無法考知，但從其茶葉產地的廣泛和浮梁一縣茶葉貿易量「七百萬駄」之說而推測，數字一定是相當驚人的。

唐代茶已有粗茶、散茶、末茶、餅茶等品種，以餅茶的製作較為普遍。江西茶農比較講究茶葉的採摘與加工技術。《膳夫經手鈔》稱：婺源方茶，製作精良，「不雜木葉」。唐毛文錫《茶譜》就記載：「洪州雙井白芽，製作甚精。」雙井為洪州修水縣

72 張澤咸：《漢唐時期的茶叫》，載《文史》第十一輯；王洪軍：《唐代的茶叫生產店代茶業史研究之一》，載《齊魯學刊》一九八七年第六期。

73 《輿地紀勝》卷三十「瑞昌縣」下。

74 分別見《全唐詩》卷四二四《香爐峰下新置草堂，即事詠懷題於石上》、卷四三九《重題新居東壁》。

境內一村。廬山佛寺種茶成風，極重制茶工藝，咸通時李咸用作《謝僧寄茶》就是對廬山茶葉製作過程的形象寫實，詩曰：「空門少年初志堅，摘芳為藥除睡眠。匡山茗樹朝陽偏，暖萌如爪拏飛鳶。枝枝膏露凝滴圓，參差失向兜羅綿。傾筐短甑蒸新鮮，白苧眼細勻於研。磚排古砌春苔幹，殷勤寄我清明前。」江西茶葉不乏精品。陸羽《茶經》之「八」在談到江南道的優質茶產地時特別提到袁州、吉州。江州的茶葉亦屬上乘。元和十一年（816年）白居易品茗廬山茶後，情不自禁地以詩贊之：「匡廬雲霧窟，雲蒸翠茶複。春來幽香似，岩泉蕊獨濃。」[75]唐末五代詩僧齊己，游廬山東林寺後作《匡山寓居棲公》云：「樹影殘陽寺，茶香古石樓。」據《元和郡縣圖志》卷二十八載：唐代，饒、信二州的茶均用於上貢。《唐國史補》稱，「洪州西山之白露」，與含膏、紫筍、黃芽等名茶並列，也是著名的貢品。當然，江西茶葉在名品爭競的唐代，並不十分突出而被世人特別看好，如唐人裴汶在《茶述》中比較南方各地「貢茶」後，認為最次是「鄱陽、浮梁」。總體而言，唐代江西茶是以量大取勝的。

飲茶成風、種茶普遍，人們對茶的認識益深，總結性的論著便應運而生。唐肅宗至德年間（756-758年），陸羽寫成享譽世界的第一部茶書《茶經》，其書「言茶之原、之法、之具尤備」，

---

75 此詩不見《全唐詩》及《白居易集》，轉引自連振娟《試論江西禪宗對茶文化的貢獻》，載《農業考古》二〇〇二年第四期。

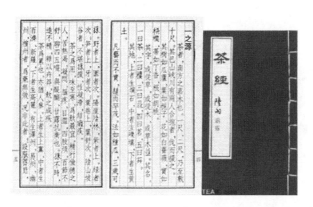

· 陸羽《茶經》

「始創煎茶法」[76]，從而構築了一個茶文化體系。《茶經》的問世與江西茶事密切相關。陸羽為了研究茶，瞭解茶與水的關係，足跡遍及江西許多州縣。唐詩人孟郊《題陸鴻漸上饒新開山舍》云：「開亭擬貯雲，鑿石先年泉。」據道光《上饒縣誌》載：「陸鴻漸宅，在府城西北茶山廣教寺。昔唐陸羽嘗居此……《圖經》：羽性嗜茶，環居有茶園數畝，陸羽泉一勺，今為茶山寺。」清代張有譽《重修茶山寺記》說：「信州城北數武巋然而峙者，茶山也。山下有泉，色白味甘，陸鴻漸先生隱於嘗品斯泉為天下第四，因號陸羽泉。」同治《餘干縣誌》卷二《古跡》記陸羽於餘干縣冠山上「鑿石為灶，取越溪水煎茶」。陸羽最後得出有二十個各地名山大川之水最宜品茶，確定「廬山康王谷水，第一」。於是當時許多文化精英慕名而來，品茶評水。張又新作《謝山僧

76　趙璘：《因話錄》卷三《商部下》。

谷簾泉》詩:「消渴茂陵谷,甘涼廬阜泉。瀉從千仞石,寄逐九江船。竹櫃新茶出,銅鐺活火煎。……迢遞康王谷,塵埃陸羽篇,何當結茅屋,長在水簾前。」此外,廬山棲賢寺下的方積潭水(招隱泉),經陸羽品評,號稱「天下第六泉」。

社會對茶葉的消費量極大,茶葉成為重要商品。《封氏聞見記》卷六記:「其茶自江淮而來,舟車相繼,所在山積,色額甚多。」杜牧《上李太尉論江賊書》稱:江淮「茶熟之際,四遠商人,皆將錦繡、繒、纈,金釵、銀釧入山交易」,而一些強盜「劫殺商旅」得財物後,「盡將南渡,入山博茶」。「濠、亳、徐、泗、宋州賊,多劫江西、淮南、宣、潤等道。……劫得財物,皆是博茶,北歸本州貨賣,迴圈往來,終而復始」。江西地區相對興旺的茶葉生產,除了滿足本地區民眾的消費和成為貢品之外,還成為著名的商品。唐代的茶葉已出現相對固定的銷售區域:以長江為集散管道,南下者則多分路進入嶺南,北運者則順流而下,然後沿大運河北上運銷山東、河南、河北各地,沿黃河西上而達關中,並由唐都長安而運銷新疆、西藏等地。而且,南下者少,北上者為大宗[77]。江西的茶葉貿易也有相對穩定的地區。《膳夫經手錄》稱,當時關西山東閭閭村落普遍飲用浮梁茶葉,「其於濟人,百倍於蜀茶」。當時,饒州浮梁茶有「商貨」之稱,說明它已是一種以產量多、銷量廣而著稱於世的茶葉。各地茶商,常常乘船至潯陽,經都陽湖溯昌江而達浮梁,販茶牟利。白

77　吳存浩:《中國農業史》,警官教育出版社一九九六年版,第697頁。

·曾是唐長江中游茶葉集散中心的浮梁古縣城（重修）

居易《琵琶行》詩云:「商人重利輕別離,前月浮梁買茶去」;
劉津《婺源諸縣都制新城記》說:「婺源、浮梁、祁門、德興四
縣,茶貨實多。」又由於婺源等地茶葉製作精良,品質超群,
《膳夫經手錄》稱「自梁宋幽並間,人皆尚之。賦稅所收,商賈
所齎,數千里不絕於道路」。江西茶葉也運抵域外,敦煌出土的
《茶酒論》談到:浮梁歙州(婺源)茶「萬國來求」。可見,浮
梁等地已成為全國著名的商品茶集散地之一。

　　茶葉是唐五代時期江西地區種植最廣泛的經濟作物,也是僅
次於糧食的最主要的商品。江西的茶業經濟為本區社會經濟崛起
與發展作出了較大的貢獻。

　　首先,茶業經濟的發展極大地推進了江西山區經濟的開發。
地處山地和丘陵地帶的農民的謀生手段則除了有限地種植糧食作
物之外,就以種茶、賣茶為主業,這使得農民有了更多的謀生手
段,獲取更多的經濟利益。唐開成五年(840 年)十月鹽鐵司
《禁園戶盜賣私茶奏》云:「伏以江南百姓營生,多以種茶為業,

官司量事設法，惟稅賣茶商人。」[78]江西地區三分之二是山地和丘陵，本有發展茶葉生產的良好條件，隨著唐代茶葉經濟的興盛，一些山多地少不大利於糧食生產的地區也逐漸形成了初步區域化專業化茶葉生產種植區，茶葉種植基本上和糧食生產分開，形成了一個相對獨立的生產部門，已出現了以種茶為業、仰茶為生的專業種植戶——茶農。《膳夫經手錄》稱，茶農「給衣食，供賦役」全仗茶茗。茶農必然會擴大生產，積極增加種植面積，使茶葉生產進一步專業化與擴大化，這對於山區經濟的開發，無疑具有極大的推動作用。唐中後期以來，江西山區得到比較深入的開發，與茶葉等經濟作物的種植與發達有密切關係。

唐代「茶是農業中首先發展起來的商品」，其生產即與市場密切連繫起來[79]。茶農既是商品生產者，又是商品出售者。因此，他們中必定有一部分專門從事茶葉販運者。另外，茶農在與商人打交道的過程中，往往通過茶牙與市場打交通。《新唐書·高駢傳》載，鄱陽人呂用之，「世為商儈，往來廣陵，得諸賈之歡」，呂用之即是一名地道的茶牙[80]。茶農固然屬於小商品生產者，終日為衣食謀，但也不排斥他們中間少數人在制茶、販茶的過程中發財致富。隨著其資本的不斷增大，逐漸成為擁有雄厚經

78　《冊府元龜》卷四九四《邦計部·山澤二》。

79　傅築夫：《中國封建社會經濟史》第三卷，人民出版社一九八九年版，第563頁。

80　參張澤咸：《唐代工商業》，中國社會科學出版社一九九五年版，第343頁。

濟實力的大茶商。張途《祁門縣新修閶門溪記》載，唐鹹通三年
（862 年），祁門縣陳甘節修治好閶門溪後，「賈客巨艘，居民業
舟，往復無阻」，「居民業舟」表明祁門一帶（包括婺源）茶區
從事茶葉外運的本地商人當擁有一定的數量。前引婺源方茶遠銷
北方州郡，這其中應有相當部分是當地茶商販運去的。《資治通
鑒》卷二六六記，唐末盧龍節度使劉仁恭「禁江南茶商無得入
境，自采山中（幽州大安山）草木為茶鬻之」。既然婺源方茶早
已遠銷幽、薊，那麼劉仁恭在幽州「禁江南茶商無得入境」者，
其中必定有不少婺源茶商。每到出茶季節，「商賈所賷，數千里
不絕於道路」，前往茶區購茶。茶葉貿易使一向偏僻的山區，成
為商品經濟活躍的地區，這勢必會在產茶區一帶形成以茶葉為中
心的地方市場，刺激當地商業城鎮的興起與發展。婺源之所以被
朝廷升為都制置，原因之一是這裡「茶貨實多」[81]。

其次，茶業經濟使唐五代江西農業經濟結構發生了新的變
化，並使之更趨於合理。總體而言，對於人口密度大增而又耕地
面積有限的江西地區，除努力進行糧食生產外，還需積極從事經
濟作物的種植，以滿足生產、生活的需要，茶葉經濟成為江西地
區最主要的經濟作物之一，成為糧食經濟的有益補充。具體而
言，唐五代江西，由於勞動力的增加、生產工具的改進和稻作生
產技術的進步，使糧食產量大為提高，農民已有更多的餘糧投放
市場交換，同時也需要轉移農業勞動力。由於茶葉生產的專門化

81　《全唐文》卷八七一劉津《婺源諸縣都制置新城記》。

商業化的形成，部分農民成為專業或半專業的茶農，他們依茶葉「給衣食，供賦役」，自己生產的糧食不多，需要從產糧區大量運入方能自給。因此，農民的富餘糧食，除流向工商業比較發達的城市外，還有一部分流向了糧食不能自給的茶葉種植區，不僅增加了糧食商品化的管道，也轉移了一些勞動力。由於茶葉經濟的發達，茶葉在排擠糧食生產過程中，逐漸形成了一種其他經濟作物難以替代的優勢，這是南方廣大地區農民更多地選擇種植茶葉的直接動因[82]。由於這種優勢的存在，茶葉對唐五代江西社會經濟的意義，就不僅限於茶葉種植本身，一方面茶葉經濟是農業勞動力合理配置的一個重要管道，另一方面它還引起了整個江西農村經濟結構的一定幅度的調整，形成「茶糧互補」的生產模式，必然會導致和促進糧食商品化程度的進一步提高，推動農業經濟的全面進步。此外，茶葉經濟也大大加強了江西與周邊地區的經濟連繫，有誰能否認時屬歙州的婺源後來劃歸江西建置，與茶葉經濟毫無關係呢？

再次，茶業經濟承擔了唐五代江西的很大一部分稅收，緩解了本區的財政、賦稅壓力。安史之亂後，江西「財賦孔殷，國用所系」[83]。茶葉經濟的興旺，使茶與鹽、鐵、酒一樣，成為唐朝國家稅收的重要組成部分。唐德宗建中年間，政府徵取竹木漆茶

82　林文勳：《唐代茶葉產銷的地域結構及其對全國經濟連繫的影響》，李孝聰主編：《唐代地域結構與動作空間》，上海辭書出版社二〇〇三年版。

83　《白居易集》卷五十五《除裴堪江西觀察使制》。

等什一稅，充常平本錢。趙贊建議於洪州等地置常平倉時，即同時提出對茶葉等物徵稅，顯然與江西茶業經濟的發展相關。貞元九年（793年），在諸道鹽鐵使張滂的提議下，對茶山經營和茶葉經銷徵收什一稅，「每歲得錢四十萬貫」[84]。長慶元年（821年），鹽鐵使王播建議增加茶稅，「初稅一百，增之五十」[85]。茶稅對於滿足唐政府的軍國經濟的重要意義不言而喻。江西「物產惟宜稻，官租但貢茶」[86]。浮梁縣「每歲出茶七百萬馱，稅十五餘萬貫」[87]，占全國茶稅的三分之一左右。當時的山澤之利（礦產稅等）年收七萬餘緡，不能「當一縣（浮梁縣）之茶稅」[88]，說明唐後期浮梁縣因茶稅成為首冠全國的納稅縣。又由於婺源「茶貨實多」，朝廷升婺源為都制置，並於此設稅茶機構負責四縣茶稅，一般而言，稅茶機構所在地，是茶稅收入較多之地，說明婺源每年的茶稅額媲美浮梁，也是全國首屈一指的茶稅大縣。唐安史之亂以來，江西地區承擔了政府的沉重賦稅，仍然成全國發展突出的地區，茶葉經濟的作用不可低估。五代時期，茶葉成為吳、南唐二國的重要收入。楊吳時，楊行密曾派押衙唐令同，帶著一萬多馱茶葉「如汴、宋貿易」[89]。南唐昇元二年（938年），契丹國派人「持羊三萬頭，馬二百匹來鬻，以其價市羅紈

84　《唐會要》卷八十四《雜稅》

85　《舊唐書》卷一七三《李旺傳》。

86　《補江城名跡葉》卷二《洪州八首》。

87　《元和郡縣圖志》卷二十八《江南西道》。

88　《新唐書》卷五十四《食貨四》。

89　《十國春秋》卷一《吳太祖世家》。

茶藥」[90]。江西作為產茶的重要地區,應佔有相當的份額。

　　此外,江西茶業經濟的興盛推動了本區相關產業的進步。如一定程度上刺激了本區陶瓷業、交通運輸業的發展。這裡僅以唐代江西和周邊地區因茶葉經濟而改善交通道路略作說明。徽州祁門縣,本是代宗永泰二年(766年)析黟縣六鄉及浮梁縣一部分置,對外交通極為不便。由於祁門茶葉主要是通過閶門溪入江西行至鄱陽湖入長江外運,直接促進了這一地區與江西的交通運輸條件的改善。咸通三年(862年),歙州司馬張途《祁門縣新修閶門溪記》云:「縣西南一十三里,溪名閶門……水自疊嶂積石而下,通於鄱陽,合於大江。其濟人利物,不為不至矣。」而閶門溪夾灘兩岸,「怪石叢峙,迅川奔注,溪險石蹙,跳波激射,摧艫碎舳。商旅經此,十敗七八」[91]。元和以後,地方官屢有修治。咸通元年至三年(860-862年),縣令、刺史在土客、商人、船戶的支持下,改修祁門水的險峻水路,從此「賈客巨艘,居民業舟,往復無阻,自春徂秋,亦足以勸六鄉之人業於茗者」,大量的茶葉通過這條路往外運出[92]。祁門茶葉經這條線路運向全國各地,而江西魚米也被運到歙州西部山區,通過運輸,經濟上達到了互補。《新安志》卷一《風俗》:「新安,故秦二縣(黟縣、歙縣),在山谷間,地廣遠……祁門,水入於鄱,民以茗漆紙木

90　陸游:《南唐書》十沂《契丹傳》。
91　《太平寰宇記》卷一〇四歙州「祁門縣」條。
92　《全唐文》卷八〇二張途《祁門縣新修閶門溪記》。

行江西，仰其米給。」顯而易見，這條路線的開闢與暢通，也與茶糧貿易有密切關係。如果不是因為茶葉經濟的關係，唐代江西與歙州地區的交通條件得到極大改善是不大可能的。

除了茶葉外，水果、藥材、蔬菜等也是本區重要的經濟作物。

江西地形以山地丘陵為主，土壤多為酸性，氣候溫暖濕潤，適宜多種水果生產，果業素來興旺。江西的水果以柑橘、柚子最多。《禹貢》記載：「揚州……厥包橘柚錫貢。」江西古屬揚州，貢品自然包括江西在內。《呂氏春秋》云：「果之美者，江浦之橘。」謝承《後漢書》記載：「丹陽張磐……為廬江太守，潯陽令嘗餉一奩甘（柑）。」西晉張華在《博物志》中寫道：「橘柚類甚多……豫章郡出真者。」都說明江西柑橘生產歷史悠久且久負盛名。不過，六朝以來的果樹尚多屬野生或家庭副業種植。隋唐時期隨著柑橘種植技術進一步提高與商品化生產意識的加強，江西柑橘樹栽種更加普遍，很多地方柑橘開始成片種植，有專業化生產的趨勢。唐開元年間，洪州刺史張九齡作《感遇》云：「江南有丹橘，經冬猶綠林」；作《登郡城南樓》云：「邑人半艫艦，津樹多楓橘。」詩人劉長卿《送孫逸歸廬山》稱江州：「彭蠡湖邊香橘柚，潯陽郭外暗楓杉。」盧綸在信州見到「烹魚綠岸煙浮草，摘柑青溪露濕衣」的情景[93]，在袁州萍鄉也見到「梅花

93　《全唐詩》卷二八〇盧綸《送內地韋宗仁歸信州覲省》。

成雪嶺，橘樹當家僮」的畫面[94]。此外，《太平御覽》載虔州出產蜜梅、枇杷、橘、橙、柚等，均有一定名氣。《新唐書・地理志》說，洪州出產乳柑，撫州出產朱橘，都是素負盛名的貢品。其中豫章郡每年上貢橘子六千顆，與當時的臨海郡（浙江台州）同居全國貢橘八郡之首位。又《太平寰宇記》引《江城舊事》卷四《韓朝宗・梅煎貢》云：「唐朝洪州貢梅煎。開元二十五年（737 年），都督韓朝宗以梅煎難得，取乳柑代之。」除作為貢品，柑橘也是江西市場上日常交易的商品。隋大業年間，農民軍攻打高安時，一當地人「貨橘於寇，寇分食之」[95]，表明橘已進入市場。唐元和年間，白居易《東南行一百韻》述江西風土曾云「見果多盧橘」。此橘生時青盧（黑）色，黃熟則如金，故有金橘、盧柑之名。唐末五代時期，江西的橘柑等水果生產依然旺盛。唐末陳陶隱居洪州，在東湖南岸開闢園圃，「植花竹、種蔬芋、兼植柑橙，課山童賣之」[96]，說明這時為賣而種橘的人也增多。吳淑《江淮異人錄》載：五代初期，撫州刺史危全諷一天晚上曾自語：「豐城橘美，頗思之。」時豐城人陳元升在座，曰：「方有一船泊豐城港，今為取之。」說明當時豐城的柑橘非常出名。又《五代詩話》卷三引《南唐近事》「鍾傳客」云：「鍾傳

94　《全唐詩》卷二七六盧綸《送陳明府赴伴縣》。另外，那陶《送宜春裴明府之任》：「楚望花當渡，湘陰橘滿川」，反映了宜春一帶的產橘盛況。

95　《古今圖書集成》卷九〇九《瑞州府部》。

96　光緒《江西通志》卷一一四《勝跡》。

鎮西江日，客有以覆射之法求謁，傳以曆日包一橘致袖中，使射之。客口占一歌以揭之云：太歲當頭立，諸神莫敢當，其中有一物，常帶洞庭香。」值得注意的是，橘樹等果樹主要出於經濟成本的考慮而種植於丘陵、山地，這對於丘陵山地的經濟開發有一定的積極作用。

《本草綱目》卷三十三「甘蔗」條引陶弘景曰：「蔗出江東為勝，廬陵亦有好者。」說明六朝以來廬陵出產甘蔗已出名。隋唐五代江西甘蔗當有一定的發展。據《十國春秋‧盧絳傳》載，宜春人盧絳曾夢食蔗漿，或說明當地產蔗。隋唐時期，虔州的甘蔗制糖技術較高。《新唐書‧地理志》所載虔州貢品石蜜，是以甘蔗為原料而生產的冰糖，想必當地種植甘蔗不少。

蔬菜是人們的日常食物，也是本區種植的重要經濟作物。一些農民種植蔬菜不僅自用，也投放市場進行交易。元和間白居易謫居江州時，見到當地「喘牛犁紫芋，羸馬放青菰」的勞動情景[97]；又有早市上「曉日提竹籃，家僮買春蔬，青青芹蕨下，疊臥雙白魚」的生活畫面[98]，從這些洋溢著田園風光的小詩中則可以得知江州已有專門種菜、賣菜的菜農。上引唐末洪州陳陶「種蔬菜」而上市場出賣之事，也說明種蔬菜已成為一些民眾的謀生謀利手段。另外，如時人喜食的竹筍、蕨菜、蘑菇等山野的菜蔬也成為江西農民生產加工而成為自我消費或轉化為商品的對象。

97　《全唐詩》卷四三九白居易《東南一百韻》。
98　《全唐詩》卷四二四《放魚》。

如白居易在江州時作《食筍》詩云：「此州乃多竹，春筍滿山谷。山夫折盈抱，抱來早市鬻。」正是如此，採集野菜往往會形成當時季節性的農業活動，調集出眾多的勞力。

藥材的種植、採集是江西民眾經濟活動的內容。當時藥材的獲取或以野生為主，如杜荀鶴《題廬岳劉處士草堂》所云：「仙徑閑尋采藥翁。」又《南唐書・陳陶傳》載，唐末陳陶隱居西山，「先產藥物數十種，陶采而餌之」。人工種植藥材在江西亦比較普遍。白居易《題香爐峰草堂》詩云：「藥圃茶園為產業，野藤林鶴是交遊。」杜荀鶴《懷廬嶽舊隱》詩云：「岩鹿慣隨鋤藥叟。」南唐徐鉉《送孟賓於員外還新淦》詩云：「采藥春畦狎老農。」這都說明江西在唐五代已出現了草藥種植專業戶。藥材交易的活躍是藥材種植普遍發展的重要表現。唐五代，樟樹正逐漸成長為江南著名的藥材市場，「三皇宮」內設立藥圩，專闢藥材交易場所。此外，據《太平廣記》卷二十三《馮俊》所記，廬山是南方一個非常活躍的藥材集散地。白居易《贈江州李十使君員外十二韻》亦云：「朝隨賣藥客，暮伴釣魚人。」《新唐書・高駢傳》載，鄱陽商人呂用之「賣藥廣陵市」。張籍《答鄱陽客藥名詩》：「江皋歲暮相逢地，黃葉霜前半夏枝。子夜吟詩向松桂，心中萬事喜君知。」詩中巧妙地綴有「地黃」、「半夏」、「枝（梔）子」、「桂心」等四味藥名，也在一定意義上說明鄱陽藥材的豐富與出名。江西所產的良好藥材，不僅滿足了本區民眾醫藥的需要、市場的需要，也成為上貢朝廷的物品，據《通典》、《元和郡縣圖志》、《新唐書・地理志》記載，唐代江西上貢的藥材有洪州的丹參；虔州的桂子、石蜜、乾薑；江州的生石斛、碌，

吉州的陟氂，等等。

七　林牧漁業的發展

在農業社會中，竹木是製造生產生活用品的基本材料。江西
山地面積廣闊，森林資源豐富，隋唐五代已成為當時全國著名的
建築與造船所需良材的供應基地。隋煬帝修建洛陽乾元殿，「楹
棟宏壯大木，多從豫章采來。二千人拽一柱，其下施轂，皆以生
鐵為之」[99]。武則天建明堂，由江嶺運大木，以江西之盛產，應
也是主要來源地。元和時，關中旱饑，「以豫章、江夏、長沙諸
郡，地產　材，且憑江湖，將刳木為舟，以漕國儲」[100]。唐五代
時，江西為戰船基地，所用材料自然為本區所產。

「靠山吃山」，地處山區的江西農民，自然把豐富的森林資
源作為自己生產生活的重要依據；而某些商人也把從事木材生
產、販運作為發財致富的基本手段。唐代江西山區森林採伐業比
較興旺。為了生計，民眾常入山伐薪。《太平廣記》卷三七四
《洪州樵人》記，洪州樵人常「入西山岩石之下」伐薪。薪柴為
人們日常生活的必需品，民眾伐薪或自備自用，或運至市場上出
售。同書卷四五九《安陸人》記，某人自鄱陽來，「至豫章觀步
門賣薪」。說明採薪已成為一種商品性生產。古諺云「百里不販
樵，千里不販糴」，但隨著非農業人口的增長，居民對「樵」的

99　《舊唐書》卷七十五《張玄素傳》。
100　《全唐文》卷六九〇符載《鍾陵夏中送裴判官歸浙西序》。

需要量遽增，促使樵夫或商販們對薪材的轉運已突破這一古訓。如《太平廣記》卷一一八《熊慎》記，豫章人熊慎之父曾「鬻薪於石頭」。從豫章到石頭（南京），雖是順水推舟，畢竟有千里之遙。就是鄱陽至豫章，直線距離也超過百里，若從鄱陽湖溯贛江南上豫章，行程則更遠。值得注意的是，當地已有不少以從事伐木為生的專業戶。如《太平廣記》卷四七九《熊乃》記，信州人熊乃，「嘗與其徒入山伐木」。同書卷三九七《贛台》記，虔州贛縣東南，「山上有鼓吹聲，即山都木客，為其舞唱」。這裡的伐木者或稱「木客」顯然就專以伐木為業的人。所伐木材，除了自用之外，大多走向市場而成為商品，因而又產生了一批木材商人。從史料所記來看，伐木者是為木材商人直接服務的。《太平廣記》卷三三一《楊溥》記：「豫章諸縣，盡出良材，求利者采之，將之廣陵，利則數倍。」同書卷三五四《徐彥成》記：木材商徐彥成「恒業市木，丁亥歲，往信州汭口場，無木可市，泊舟久之」，不久，「木材大至，良而價廉」，徐氏將其泊載至秦淮，獲得了數十萬的利潤，其後又「如是三往，頗獲其利」。這說明江西信州汭口場已發展成為以木材為主的交易市場。由此推測，作為全國著名的造船與木材加工業中心的揚州，其基礎材料很可能主要是從江西採運的。江西的木材運銷，與當時的交通環境密切相關。木材笨重，水運是最經濟的運輸方式。江西木材以洪州豫章為主要集散地，自洪州出江西進入長江後，順流東下達揚州，可入吳地，亦可經運河轉銷北地，在當時林木業中居優越地位。

　　除林木外，江西地區盛產毛竹。據《元和郡縣圖志》和《新

唐書・地理志》載，吉州和虔州斑竹、撫州的竹箭、饒州竹簟為貢品。《吉州盧陵縣令廳壁記》中就以「材竹鐵石之贍殖」為盧陵富饒的標誌。虔州境內森林繁富，自六朝至唐代都是如此。《太平寰宇記》卷一〇八記贛縣的「竹管峒，叢篁萬頃，三十餘裡無雜殖」；「空山，多材木果實，……所出物，百倍於他山」。安遠縣的巋美山，「山頂有杉枋數百片」。袁州地區也是竹木豐裕之區，李德裕《振鷺賦》：「此郡帶江緣嶺，野竹成林。」李嘉祐《袁州口憶王司勳王吏部二郎中起居十七弟》云：「若個最為相憶處，清楓黃竹入袁州。」表明袁州的竹木也是向外輸出的物品。欣山多橘樹異竹，於都縣潭山，樟樹眾多，「宵山多杉松，下有完筍」，大有開拓前景。又據《龍泉縣誌》卷二《地理下》載，南唐以前遂川「三百里林箐茂密」，已是江西著名的竹木產區。唐天祐四年（907 年），縣西四十五里龔氏七兄弟辦上供枋木；楊吳武義元年（919 年）楊隆演以什善鎮置龍泉場，「以鄉為名，採擇材木之故鄉也」；南唐保大初（943 年），「采斫竹木修金陵宮室」，十八年後升龍泉場為龍泉縣，「貢枋木尚仍其舊，歲輸本州造船」。繁忙的木材採伐加工，帶動了當地的生產開發，從此「冠蓋往來，商賈輻輳」。

中古時期，中國南方涉及山林育林的資料罕見。唐人盧肇《震山岩記》記曰：「在（袁州）震山之西，又得楓樹之林於溪南……予既得西林……亦請命其林曰盧氏弋林……因謂高公使郡人無得樵漁，於是林之檀、欒、杉、檜，不日豐茂，以冠於郡。」這說明封山育林在江西地區，至少從唐代起，就是一種行之有效的營林方法了。中古佛寺素有植樹造林、營化天然的傳

統，江西佛寺道觀林立，僧人、道士成為當時本區造林的重要力量。唐開元年間道士劉混成隱修廬山白鶴觀時，身體力行，遍植松杉，美化寺周環境。《五燈會元》卷十一《義玄傳》載，義玄早年師從黃檗山希運，一日在山上栽松，希運問他：「深山裡栽許多松樹做甚麼？」義玄答：「一與山門作境致，二與後人作標榜。」又同書卷十三《師虔傳》載，撫州疏山匡仁禪師，早年師從洞山良價時：「師（師虔）在洞山栽松次，有劉翁者求偈。師作偈曰：『長長三尺餘，鬱鬱覆青草。不知何代人，得見此松老。』劉得偈，呈洞山，山謂曰：『此是第三代洞山主人。』」現萍鄉楊岐寺後的「唐柏」即傳為唐天寶年間甄叔禪師所手植。

隋唐五代江西地區，雖不乏小農或地主商人家庭栽種桑榆等用材林木自用或投放市場，但對自然森林資源的採伐乃是木材的主要來源，對自然環境勢必構成一定的破壞，不過，這是當時山區經濟開發的必需代價。山區通過林木的商品化生產，連繫了山區外廣大的市場，其開發程度得到普遍與深入。江西眾多林木的逐步採伐，不僅為商貿提供了優質廉價的木材，也為山區的開發提供了必要的經濟基礎，同時山區由此開闢出了大量土地。

隋唐以前，長江流域一些地區就已出現了一些比較發達的家庭養殖業，但這種副業主要存在某些大莊園之中。隋唐五代時期，由於家庭生活、生產的需要，伴隨著糧食生產的發展，副業生產也取得了進展，並出現了專業化和商品化的傾向。畜牧業在南方多以家庭副業的形式而存在。在江西家庭中，由於農業生產的直接需要，最為普遍的是養牛，但規模小，一般一家為一兩頭，《太平廣記》卷五十五《伊用昌》記：天祐年間，撫州南城

縣，「有村民斃一犢」；又同書卷一三四《童安玗》記：唐大中末，信州貴溪縣人郭珙家有牛，「生一白牝犢」，以「牛母並犢，別欄餵飼」。這兩處皆應為耕稼之用而圈養牛。而同書卷三九四《葉遷韶》所記信州人葉遷韶「幼歲樵牧」，又說明當時也有野外放牧的情形。另外，馬祖道一在泐潭山時，曾與高徒百丈懷海執役牽車；在石鞏山時，曾與弟子慧藏牧牛作務，或說明江西的寺院中也養牛。豬已是重要的肉食來源，對農民而言，養豬取肉自己食用外，部分可投放市場。當時已有農民靠養豬致富，《朝野僉載》載：唐洪州有人畜豬以致富，因號豬為「烏金」。這說明其養豬已達到一定的規模。牛肉、豬肉等肉類為人們飲食不可或缺的品種，因而存在著肉類市場。如《太平廣記》卷一三二《劉知元》記，唐虔州司士劉知元常「揀取懷孕牛犢及豬羊驢等皆殺之」，以滿足口腹之欲。元和年間江州司馬白居易作《贖雞》詩曰：「適有鬻雞者，挈之來遠村。」一九七九年在九江市郊發現的唐墓中，發現雞俑二件、鴨俑一件，鵝俑一件，羊俑一件、狗俑一件、豬俑一件、牛頭俑一件，這也說明江西的家禽家畜的畜養已是全面而普遍，在民眾的生活中佔有重要地位。

「飯稻羹魚」是中國古代南方傳統的食物結構，這是由南方農漁並重的生產結構決定的。江西水域面積廣闊，是理想的淡水魚生長的基地，漁業是水鄉農民從事的主要產業。魚的來源主要是江河湖泊中的自然生長，也有部分是人工放養的，唐五代時期，江西傳統的養魚業有所發展。陸龜蒙《漁具詩·種魚》記，江州有人工開挖的魚池，「鑿池收稹鱗，疏疏置雲嶼」。白居易在廬山草堂前開一池養魚種荷，「日有幽趣」。作詩云：「淙淙三

峽水，浩浩萬頃陂。未如新塘上，微風動漣漪。小萍加泛泛，初蒲正離離。紅鯉二三寸，白蓮八九枝。」[101]當然，唐五代終究處於試養階段，產量不可能很高。漁業生產仍以自然河流的捕撈為主，所謂「江南水鄉，採捕為業，漁鱉之利，黎元所資」[102]。唐代江西傳統的捕漁業十分興盛，特別是那些傍湖瀕江地帶，專業漁戶和半漁半農人戶在戶口總數中佔有很大的比重。《唐國史補》卷下稱：「洪鄂之水居頗多，與邑殆相半。」這些水居之民多數為漁民，如江州即「鄉戶半漁翁」[103]。洪州「村女解收魚，津童能用楫」[104]。《太平廣記》有不少關於江西漁民的記載：廬山落星潭「多漁釣者」[105]；溫會在江州，也常「與賓客看打魚」[106]；星子縣也有漁人曾得一大龜[107]。鄱陽湖漁業更為發達，常有漁人乘舟捕魚。徐鉉《稽神錄》卷四記載：「天祐中饒州有柳翁，常乘小舟釣鄱陽江中……凡水族之類與山川之深遠者無不周知之。凡鄱人漁釣者咸諮訪而後行。」有呂氏諸子將網魚於鄱陽江，召問柳翁而後大獲。呂氏諸子及柳翁在這裡都屬於專業漁民。這或說明唐代「漁業生產已經擺脫了過去作為農家副業的附屬地位，

101 《白居易集》卷七《草堂前新開一池養魚種荷日有幽趣》。
102 《舊唐書》卷一〇一《李義傳》。
103 《全唐詩》卷六三五周繇《送江州薛尚書》。
104 《全唐詩》卷二八四李端《送路司諫侍從叔赴洪州》。
105 《太平廣記》卷三七四《廬山漁者》。
106 《太平廣記》卷四七七《異蟲》。
107 《太平廣記》卷四七一《宋氏》。

而成為獨立於農業生產之外的重要經濟部門或經濟行業」[108]。

　　元和年間江州司馬白居易作《東南行一百韻》稱，當地風俗人情迥異於北方，其中有「吏征漁戶稅，人納火田租」句，這種漁戶似乎原本是農民。韓愈《感春四首》之四云：「我恨不如江頭人，長綱橫江遮紫鱗。獨宿荒陂射鳧雁，賣納租賦官不嗔。」他們既有田租，卻以水為田，以綱為犁，收穫魚類以滿足官賦。官家租賦自然不收鮮魚，農民（漁民）補助家計也不能只吃鮮魚，所以他們必然是要與市場發生各種形式的連繫。其實，江西地區水網交織，漁民及農閒從事捕撈的農民眾多，大量的魚蝦必然要進入市場來換取農民需要的生活必需品，這就使魚產品成了江西縣市中的大宗商品，漁業生產轉向為商品化發展。白居易《東南一百韻》詩云「水市通闤闠，煙村混舳艫」，其中的水市就是一種在船舶聚集的河埠湖岸邊進行漁產貿易的形式和場所。這種水市難以納入官方的坊市系統，更沒有擊鼓而會鳴鑼而罷的規矩，加之有的位於遠離郡縣城邑的河埠津渡之所，故有野市、野步、魚市之稱。如耿湋《奉和第五相公登鄱陽郡城西樓》讚頌第五琦治鄱有方，境內「野步漁聲溢，荒祠鼓舞喧」；《登鐘山館》稱袁州分宜縣內「野市魚鹽隘，江村竹葦深」。韋莊嘗夜宿洪州，作《建昌渡暝吟》：「鳥棲彭蠡樹，月上建昌船。市散漁翁醉，樓深賈客眠。」這些以漁產為中心的「野市」雖遠離城

108 陳偉民：《唐宋時期的漁業生產》，載《農業考古》一九九四年第 3 期。

邑,卻因地處人來人往的津渡路口和駐客泊船的館驛碼頭,所以
也不乏買主。而賣主也不僅限於或者不會總是限於直接捕撈的漁
翁,這種野市遲早要吸收和造就一批居間求利的漁商,即如詩人
所見之「津市半漁商」[109]。《太平廣記》卷一一八《熊慎》記:
「唐豫章民有熊慎者,其父以販魚為業,嘗載魚宿於江潄。」同
書卷四七〇《劉成》提及江西鄰郡村民,往往用「巨舫載魚蟹鬻
於吳越間」。均反映出當時江西境內的漁商十分活躍。從上引詩
中還可見,有的漁市已相對穩定。不僅是漁戶們擁楫聯檣成市,
為漁翁漁商及過客服務的酒樓、旅店亦相應而生。我們再看州縣
城邑附近的漁市。《全唐詩補逸》卷九張祜《鍾陵旅泊》:「城街
西面驛堤連,十里長江夜看舡。漁市月中人靜過,酒家燈下犬長
眠。」這個漁市位於洪州城西舟船密集的贛江之濱。江西城市臨
江靠水,此類漁市亦所在多有,九江「鱗介多潛育,漁商幾溯
回」[110];萬安「杳杳短亭分水陸,隆隆遠鼓集漁商」[111]。《唐語
林》卷一載,閻伯璵為袁州刺史,數年之間,「漁商闐湊,州境
大理」。

　　綜合上述考察,在良好的社會經濟環境下,隋唐五代江西農
業發展迅速,呈現出時代與地域的特點。其一,平原與丘陵、山
區農業經濟協調發展,促進了農業向廣闊地帶深入。贛江下游、
鄱陽湖地區,農業向為發達,但大部分山區則極其落後。唐後期

---

109 《全唐詩》卷二三七錢起《送武進韋明府》。
110 《全唐詩》卷六十五蘇味道《九江口南濟北接蘄春南與潯陽岸》。

111 《全唐詩》卷二六九耿諱《發綿津驛》。

江西一些山區也漸次得到開發，至五代時期，為了適應人口增長和農業經濟發展形勢而紛紛置縣。當然，這種協調發展是相對的，並不是指丘陵山區和平原的農業生產水準已經一樣高了，而是說丘陵山區如平原地帶一樣，有了較快的開發。從生產水準來說，丘陵山區還是大不如平原。其二，水稻等糧食作物和經濟作物比較協調發展，農業經濟結構與前代相比產生了較大的變化，拓展了農業的深度和廣度。江西農業生產以糧食業為中心展開，不僅使從事農業生產的地主、農民擁有比較豐裕的糧食，滿足自身的消費、國家的租賦，而且有可能向市場提供剩餘糧食，促進糧食貿易的發展。同時，在一定程度上減少了糧食生產所需要的勞動人手，有利於農業多種經營進一步開展，提高地主、農民經濟的活力。茶農、菜農、藥農、果農、漁戶等專業戶的大量出現，表明這一時期的江西農業已形成了以糧食生產為主的多元複合的農業模式。農業為社會提供了比較豐富的農副產品，不僅有利於農業經濟的發展，而且在相當程度上促進了手工業、商業的發展。

第二節 ▶ 特色手工業的蓬勃發展

隋唐五代，江西的手工業在秦漢六朝的基礎上得到較大的發展，不僅生產技術水準有了較大的提高，同時產生了一批具有地方特色、影響全國的手工業產品。江西的手工業是和農業、商業的發展同步的，手工業經濟已成為這一時期江西經濟的重要組成部分。

一　陶瓷業的興盛

漢魏以來，江西一些地方已開始了制瓷業，但影響極其有限。隋唐五代特別是唐五代時期，制瓷業已成為江西最普通的手工業之一，瓷窯遍布江西各地，以洪州窯、景德鎮為代表的瓷器開始著名全國。

隋代江西的陶瓷業雖在全國仍默默無聞，但已有不少瓷窯。據考古發現，豐城、臨川等地瓷窯已悄然崛起。一九七五年，在新建縣樂化隋墓中出土了青瓷二十餘件，有高足杯、印花盒、多足硯、蓮花燈、六系盤口壺等。其中有一青瓷象首瓶，為我國最早的一件軍持。軍持是一種生活用品，係佛教僧侶隨身攜帶之物，作貯藏飲水和淨水之用。由此推測，隋代江西制瓷業可能已引進外國的技術工藝[112]。另外，隋代洪州窯的瓷器上就出現了佛門的聖花——蓮花，花瓣有單瓣、重瓣和覆瓣、仰瓣四種，說明當時佛教藝術對江西陶瓷業已產生了較大的影響。

唐五代時期江西瓷窯眾多，考古發現的遺址有豐城、九江、景德鎮、樂平、龍南、臨川以及吉州窯、七裡鎮窯等，其中尤以洪州窯、景德鎮窯規模最為宏大。

洪州窯首見於陸羽所著《茶經》：「碗，越州上，鼎州下，婺州次，嶽州次，壽州、洪州次。……越州瓷、嶽瓷，皆青；青則益茶，茶作白紅之色。……壽州瓷黃，茶色紫；洪州瓷褐，茶

---

112 《江西歷史文物》一九八七年第一期，引自《新建縣清理隋墓一座》，載《文物工作資料》一九七五年第四期。

色黑，悉不宜茶。」《茶經》列洪州窯為當時六大青瓷名窯之一。然而由於《茶經》記載的粗略，長期以來人們對「洪州窯」的燒造地點、燒瓷規模、產品造型、釉色和品質，都缺少足夠的瞭解。一九七七年江西省文物考古隊在豐城縣進行文物調查時，於曲江羅湖地區發現了一處規模很大的唐代瓷窯遺址，後經多次的調查與發掘證實，這裡正是沉睡千餘年而久查未得的唐代洪州窯舊址。洪州窯遺址的發現，解決了長期懸而未決的洪州窯址所在的問題，填補了陶瓷史上的空白。它既印證了有關文獻記載，又為研究唐代江西瓷器燒造工藝的發展提供了一批新的實物資料。洪州窯窯址面積約三萬餘平方米，至今仍有三百多平方米，廢品堆積達五六米厚，可以想見當年生產之盛。

洪州窯以青瓷為主，瓷器的釉色主要有青色和褐色兩大類。褐色較深，主要燒製碗、杯等日常生活器皿，瓷質比較粗糙，胎褐色或深褐色，一般器物先施一層白色化妝土，然後上黃褐色或

· 洪州窯出土的部分隋唐精美陶瓷

醬色入窯燒制。青色略淡，青中閃黃；釉法均勻光潤，色澤穩定純正。產品造型樸素大方，且製作精工，旋削規整，胎質堅致。器形品種繁多，常見有罐、缽、壺、盤、碗、盞、杯、硯等類；有些器形且具有仿金銀器的作風。圖案裝飾有刻花、劃花、印花、堆塑、鏤空等技法；以重圈、蓮瓣、梅花、薔薇、寶相花、柏樹、水波紋為常見；紋樣清晰，線條流暢。綜觀洪州窯產品的釉色、造型、胎質、裝飾，均達到了當時瓷業的較高水準。尤其令人讚歎的是，洪州窯址中出土了少量玲瓏瓷，其釉色淡青微閃典，釉法勻薄光潔，胎薄質細，器腹上壁或下壁環鏤帶狀玲瓏為飾，器形多屬盞、杯之類，顯是當年的高檔茶具或酒器。這是洪州窯產品中的精粹，它不僅代表當年洪州窯的燒瓷水準，而且還是我國唐代燒造玲瓏瓷的實物例證。洪州窯因其範圍廣、器形多、紋飾繁、釉色全位，列唐代名窯之中。《舊唐書・韋堅傳》記，唐玄宗時，韋堅在江淮一帶廣市輕貨特產，轉運至長安上獻朝廷，其中豫章郡，「即名瓷、酒器、茶釜、瓷鐺、瓷碗」。可見洪州唐朝中前期已以制瓷聞名於世，產品已銷至京師。又陸羽稱洪州炙茶的鍋也是「以瓷為之」，韋堅所獻洪州名瓷亦有茶釜，可見洪州瓷質地之堅硬耐火。但陸羽認為「洪州瓷褐，茶色黑，悉不宜茶」，因而在六大名窯當中將其列為最次等。范文瀾先生指出，陸羽不以品質論優劣，只以瓷色與茶色比較為主要標準，定洪州瓷為最次等，「只能算是飲茶人的一種偏見」[113]。現

---

113 范文瀾：《中國通史簡編》（第三冊），人民出版社一九六五年版，第

在一般認為，洪州瓷器在品質上應該是在越州之後，婺州之前，居第二位。洪州窯歷東晉南朝直到隋唐，極盛於初唐、盛唐，停產於唐代晚期，是一處延續燒造時間較長的瓷窯之一。盛極一時的洪州窯在唐後期走向衰落的原因，或是品質不如景德鎮等地，或是其產品不符合當時的潮流，在競爭之中而處於劣勢。陸羽品第全國六大名瓷，列洪州瓷為下等，儘管其評價標準在於瓷色與茶色配合是否相宜，而非全面評價瓷的質地工藝，但時代風尚對洪州窯產生的影響卻不可輕視。

景德鎮陶瓷生產歷史悠久，相傳漢代此地即有瓷窯。隋唐五代，景德鎮陶瓷業有了新的發展，地位和影響日漸顯著。隋煬帝大業年間（605-618 年），幸臣何稠曾專程來到景德鎮研製琉璃瓦並燒制成功；景德鎮製成獅象大獸兩座，奉於顯仁宮，標誌著景德鎮瓷雕製作的濫觴。唐初以來景德鎮因瓷器品質開始名揚天下。清人藍浦在《景德鎮陶錄》卷五「歷代窯考」載，武德年間（618-626 年），昌南鎮（景德鎮）瓷業生產有了較大進步，鎮裡出了陶玉、霍仲初兩位制瓷名匠。陶玉燒制的瓷器稱「陶窯」，「土惟白壤，體稍薄，色素潤」。陶玉把所制瓷器運至京師長安出售，由於瓷器品質好，大受購買者鍾愛，名動皇宮，朝廷命他燒制瓷器作貢。因為瓷器秀美如玉，以至被稱為「假玉器」，「於是昌南瓷名天下」。霍仲初燒制的瓷器稱「霍窯」，「色亦素，土墡膩，質薄，佳者瑩縝如玉」。武德四年（621 年），朝廷命他製

258 頁。

造瓷器進御皇宮。陶、霍二人由於技藝高超，不僅為自己創下了輝煌的事業，而且大大提高了景德鎮地區瓷器的聲望。同年，朝廷置新平鎮，並在鎮設監務廳，監瓷進御，令一些制瓷能手專門為皇宮服務[114]。元和八年（813年），柳宗元曾代饒州刺史元崔作《進瓷器狀》，文曰：「藝精埏埴，制合規模。稟至德之陶蒸，自無苦窳；合太和以融結，克保堅貞。且無瓦釜之鳴，是稱土鉶之德。器慚瑚璉，貢異蓉丹，既尚質而為先，亦當無而有用。」這就從另一個方面證明了唐代景德鎮地區的瓷器因製作精良，品質佳好，為全國瓷器中的翹楚、皇家貢品。應該說，這與唐時陶玉、霍仲初等民間藝人的努力創造是分不開的。

　　景德鎮陶瓷業至五代又有新的發展，已發現的窯址有十八處之多。二十世紀五十年代，考古發掘了景德鎮五代時期的三個窯址：勝梅亭、石虎灣、黃泥頭，出土的瓷器以青瓷盤、碗為最多，還有白瓷、壺、盆、盤等。這是目前已發現的南方地區燒造白瓷的最早窯址[115]。另外，興起於五代的湖田窯，當時產品以白釉器為最精。白瓷比青瓷在釉料中減少了鐵素成分，釉色呈無色透明狀，對瓷土的認真洗煉和施釉技術的提高，是青瓷向白瓷過渡的關鍵。其中景德鎮勝梅亭發現的唐代白瓷器，胎白度高達百

---

114 《景德鎮陶錄》卷十《陶錄餘論》引《南昌記》載，盛鴻為唐肅宗時進上，其族人是為皇室兒產陶瓷（琉璃）的專業戶，因「以敕造不稱獲罪」。盛鴻不願族人承匠受罰，上疏朝廷請求免造琉璃，獲准。

115 馮先銘：《三十年來我國陶瓷考古的收穫》，載《故宮博物院院刊》一九八一年第一期。

分之七十，已接近於近代細瓷水準。五代時期，景德鎮青瓷與唐五代浙江越窯相似，好者可以亂真，即所謂「艾色」；白瓷胎緻密，白釉色調純正，與北方白瓷接近，但透光度較好。這些窯燒制的白瓷成就，對於景德鎮地區宋代青白瓷的製作，以及元、明清時期彩瓷的發展，都有著極為重要的作用。

位於吉安縣永和鎮西側贛江江畔的永和民窯，創燒於唐，發展於五代，極盛於南宋及元初、中期，今存二十多處遺址。據《東昌圖境記》載，南唐時，「民聚其地，耕且陶焉。由是井落墟市、祠廟寺觀始創。周顯德初，謂之高唐鄉臨江里磁團。有團軍主之」。吉州永和窯的瓷類繁多，有青、黑、綠、白釉彩繪等釉類，青瓷產品主要有碗、

・上圖　興起於五代的景德鎮湖田窯遺址
・下圖　七里鎮古窯遺址

罐、壺等；紋飾豐富，有灑釉、剔花、印花、彩繪、堆塑、貼花等技法。

位於虔州城東南的七里鎮，瓷土資源豐富，唐末以來逐漸形成了以陶瓷燒造為主的手工產業。所產瓷器種類繁多，品質優良，瓷器釉色有青、褐、黑、青白等釉類，器形有壺、罐、碗、

盤、缽、硯等生活用具，以褐釉半紋鼓釘罐、仿漆器赫色釉薄胎瓷仿古陶為代表性產品。迄今保留下來的七里鎮窯址，沿貢江一線蜿蜒分布，面積約二平方公里，包括砂子嶺、羅屋嶺、賴家嶺、周屋嶺、張屋嶺、劉家嶺、梧桐嶺等十六處大型堆積。

近年來，江西境內不斷發現唐五代時期陶瓷生產遺址。二〇〇四年考古清理出的玉山縣瀆口鎮晚唐青瓷窯遺址，面積約為六千平方米，目前發掘面積為一千平方米。出土的二千多件文物有壺、碗、熏爐等十三個品種，其中兩個食指長的瓷塑彩繪魚栩栩如生，惹人喜愛。古陶瓷專家余家棟先生稱：「這些文物的製作工藝和外觀大部分類似於越州窯青瓷，而越州窯青瓷被茶聖陸羽認為是唐代六大名窯中最適宜泡茶的瓷品，此前認為只有浙江能產，瀆口窯的發現推翻了這一定論，填補了江西乃至中國陶瓷發展史上的一段空白。」二〇〇六年，又在撫州市臨川區雲山鎮湯周村，發現了一座晚唐五代大型民間龍窯。這座龍窯爐依山坡而建，平面呈現長條弧狀，殘存的窯床斜長二十三米，寬二點二四米，窯壁厚十二到十五釐米，窯壁殘高九到三十五釐米，窯壁內面有一層厚五釐米左右的窯汗，窯床底有兩層燒結面。從龍窯中出土了大批青瓷和窯工具標本。青瓷器有盛貯器、飲食器、燈具和雕塑品，其中，盛貯器數量很多，占整個出土物一半以上，種類有缸、罐、壺等；雕塑品出土一件鴨，捏塑而成，深灰胎，造型栩栩如生，背部施點彩。出土的窯工具有圓筒狀、缽狀、盂狀等形態的墊具，有的墊具的腹部，刻有姓氏類和數字類銘文。姓氏類有「李、廖、吳、黃、唐、王」等，說明該窯址是個體合作經營性質的；數字類有「大、小」等，可能是表明裝置不同器

物或不同窯位。該窯的發掘為探索晚唐五代江西的瓷業面貌，燒
造技術，特別是湯周古窯與唐代名窯洪州窯、越窯等關係，提供
了珍貴的實物資料。二○○六年最有價值的考古成就則是發掘出
了餘干縣黃金埠窯場。黃金埠窯是一個生產民用青瓷器的「分室
龍窯」。其直長約三十五米，斜長約四十米，寬○點五至三點二
米，保存較為完好，是江西省目前發現的最長的唐代龍窯。隨著
發掘和調查的深入進行，確認在黃金埠窯附近存在一個面積約十
平方公里的大規模唐代青瓷系窯群。已經出土了三千多件各類陶
瓷製品如碗、盤、碟、缽、罐、壺、硯臺等以及相關的生產工
具，出土的瓷片上有梅花點釉形，推測可能是青花瓷的雛形。瓷
器按釉色可分為青釉瓷、醬褐釉瓷、月白釉瓷和釉下彩瓷等，各
具特色，其中最有價值的當數一件青釉瓷腰鼓殘器。這件西域少
數民族的打擊樂器，是唐代江西地域與中西亞地區文化、經濟交
流的力證。儘管這次發掘的黃金埠窯址面積僅有六百多平方米，
但整個窯址群具有面積大、青瓷產品多、堆積豐富等特點，許多
青瓷製品和窯爐結構均為首次發現。這充分表明江西的青瓷燒制
在唐代就已成體系，是中國青瓷生產發源地之一。

　　隨著陶瓷品質的上升，唐五代江西瓷器日益代替金屬器進入
人們的日常生活之中。二十世紀五○年代初，考古工作者在南唐
烈祖、元宗二陵中，發掘出了青、白瓷器，「胎質相當薄而且細
緻堅硬，釉色勻淨明澈」[116]，其中青瓷「即今江西窯」生產[117]。

116　《南唐二陵發掘簡略報告》，載《文物參考資料》一九五一年二卷七期。
117　《十國春秋》卷一一五《拾遺》。

・余於黃金埠窯出土唐代文物腰鼓

《太平廣記》卷五十一《陳師》記，豫章旅店老闆梅氏「頗濟惠行旅」，曾一次送給道士二十個新瓷碗。瓷器普遍用作生活器皿，不僅便宜、實用，而且與社會風尚相關。例如，開元以後南北飲茶成風，對瓷器茶具的需求量猛增，大大刺激了瓷器茶具的生產，前引豫章郡的名瓷茶具的北輸即反映了北方對南方瓷器茶具的需要。江西生產的陶瓷器，大量地作為商品對外銷售。靠近江西的浙江一些隋唐墓中出土的青瓷，在形制、胎、釉、花紋等特徵上都可能是洪州窯燒制的，「洪州窯瓷器的流傳或銷售至江浙」，「深受當時人們的喜愛，在市場上具有較強的競爭能力」[118]。唐代的陸上與海上的對外貿易中以陶瓷為主要商品之一，極大地促進了中國陶瓷器業的發展，也刺激了當時江西陶瓷

---

118 江山縣文管會：《浙江江山隋唐袋清理簡報》，載《考古學集刊》一九八三年第三期；權奎山：《陸羽茶經與洪州瓷器》，載《文物》一九九五年第二期。

器業的興盛。從外銷的瓷器來看，海上「瓷器之路」中，江西瓷器作出了應有的貢獻。一九七五年，在揚州西門外發現了唐代揚州「羅城」遺址，並發掘出了一大批陶瓷器殘片，其中陶瓷產地可辨有景德鎮窯，可能的還有洪州窯。廣州是唐皇朝對外貿易的中心，瓷器是當時最主要的出口商品，而「廣州的瓷器出口仰給於洪州」[119]。

　　隋唐五代江西制瓷業的興盛深受江西經濟上升影響，與之同步。反過來，江西制瓷業不僅逐漸滿足了民眾日常物質與精神生活的需要，也成為一項對外貿易的重要商品，為江西社會經濟的發展作出了一定的貢獻。

二　礦冶業及相關產業的繁榮

　　江西的地下礦產資源十分豐富，種類繁多且分布廣泛。《新唐書・食貨志》稱：唐代全國礦冶之處，「凡銀銅鐵錫之冶，一百六十八」，分布於陝、宣、潤、饒、衢、信六州之地，江西就佔有二州，為總數的三分之一。又據《新唐書・地理志》記載，江西的主要礦產分布如下表：

119 陳為民：《試述唐代江西商業的繁榮》，載《南方文物》一九九八年第四期。

·唐代江西主要礦產分布表

州縣名	礦產種類
洪州	銅、銀
江州潯陽縣	銅、銀
江州彭澤縣	銅
饒州	銅、銀、金
饒州樂平縣	銅、銀、金、鐵
虔州南康縣	錫
虔州雩都縣	金（有瑞金監）
虔州安遠縣	鐵
虔州大庾縣	鉛、錫
袁州	銅
袁州宜春縣	鐵
信州	銅、鉛
信州上饒縣	銅、金、鐵、鉛
信州飛陽縣	銀
信州玉山縣	銀
撫州臨川縣	銀、金

　　《新唐書・地理志》所載江西境內的礦藏尚不全面，如餘干縣的礦藏，《志》書即闕略。據唐人劉禹錫記，其礦冶業也非常發達，所謂「金豐鐐銑，齊民往往投鎡錤而即鏟鑄」[120]。鐐即純

120 《全唐文》卷六〇三劉禹錫《答饒州元使君書》。

銀，銑指有光輝的金屬，既稱「豐」，其蘊藏量自然不小，當地人棄其鎡錤（鋤頭）即放棄農業生產轉而挖掘、冶鑄以謀厚利。豐富的礦藏，為本區礦冶業的發展奠定了良好的基礎。商周時期，江西成就了燦爛的青銅文化；西漢以來，江西以鑄錢為主要目的的礦冶業有一定的發展；唐五代時期，隨著社會經濟的繁榮，江西礦冶業取得了令人矚目的成就。

　　饒州的銀儲藏量豐富，產量可觀。《貞觀政要》卷六載，貞觀十年（636年），治書侍御史權萬紀上書唐太宗，言稱：「宣、饒二州諸山大有銀坑，采之極是利益，每歲可得錢數百萬貫。」《新唐書·食貨志》記，全國產銀有六州，饒、信二州居其中。又據《元和郡縣誌》卷二十八《江南西道》，元和年間，饒州樂平縣銀山年產銀十萬餘兩，收稅七千兩。當時全國的銀稅不過一萬二千兩，樂平一縣的銀稅就占全國銀稅的百分之五十八，可見饒州是當時全國最大的銀產地。《太平廣記》卷一〇四《銀山老人》記，饒州銀山，「采戶逾萬，並是草屋」，亦可見其規模非小。信州的產量不見具體記載，但能列入全國六大產銀地之一，推測其產量應是不低。此外，《古今圖書集成·職方典》之《撫州府·藝文》引《金溪縣孝女祠記》云：「三百年前縣初為鎮，鎮有銀場，場有典吏，銀耗有不能償，將抵罪，吏唯有二女……投爐焰中一死以贖父罪……乃在舊場，乃峙新廟。」而祠記下記：「二孝女祠在縣東二裡，唐有銀場，吏葛佑典其事，銀耗竭，產不能償，二女不忍其父荼毒，赴爐而死，父得釋，銀場遂罷，後祀之。」撫州設銀場監官，說明當地曾有一定規模的銀礦生產。

銅為鑄錢原料，唐統治者於五金之礦於銅最為注意。江西銅礦開採較為普遍，且規模較大。洪、袁、饒、信四州共有官營銅礦六處，另外還有彭澤、潯陽、玉山等地的銅礦。據銅坑數量而論，饒州有三處，是主要的銅礦生產地。《宋朝事實類苑》卷十二「官政治績」記，南唐時，所置的信州鉛山銅場，發展最快，至宋初仍出銅無算，「常十餘萬人采鑿，無賴不逞之徒，萃於淵藪，官所市銅錢數千萬斤，大人余羨，而銅山所出益多」，以致銅價降低。

唐代江西產金也不少，江西八州當中有四州置有金礦，即撫州的臨川，饒州的樂平，信州的上饒，虔州的于都。天祐元年（904年）曾置瑞金監於虔州負責監採金礦。此外，鄱陽還有沙裡淘金的產業。《新唐書・地理志》載，饒州鄱陽郡「土貢麩金」。白居易《贈友》詩云：「銀生楚山曲，金生鄱溪濱，南人棄農業，求之多苦辛。」表明鄱陽一帶求金的生產活動，還引起了一些經濟生產結構的變化。

鐵是為鑄造兵器、農器和其他器用的原料，有時也用以鑄錢。唐代對鐵礦的開採是開放的，允許民間經營，政府進行收稅。《太平寰宇記》卷一〇七信州上饒縣「鐵山」條：鐵山之鐵「先任百姓開採，官收什一之稅」。饒州樂平，信州上饒，虔州安遠，袁州宜春，這些地方都有鐵礦的開採。

唐代鑄銅錢時要加一部分錫和鉛。《通典》卷九末注：「每鑄約用銅二萬一千二百二十斤，白鑞三千七百九（十）斤，黑錫五百四十斤。」白鑞即鉛，據此銅、鉛、錫之比例約為：八十三比十五比二，此為正常之數，在銅源不足時，鉛錫比例就格外增

大。民間私鑄，鉛錫成分愈多，獲利愈厚，故鉛錫成分越加越大。至於直接用鉛、錫鑄錢也越往後越多，此兩者唐代稱為「惡錢」。「天下惡錢甚多」，從唐初就已成為政府非常頭痛的問題，多次下令禁止，甚至定有刑法，但銅錢不足而鑄錢又利之所在，終不可禁。這樣由於鑄錢之需要，鉛錫生產增多。江西產鉛之地主要在信州。《新唐書・地理志》信州下云：「有玉山監錢官，有銅坑一」，「上饒有金，有銅，有鐵，有鉛」。《太平寰宇記》卷一〇七「信州鉛山縣」：「按《上饒記》云：出銅、鉛、青碌，本置鉛場，收取其利，歸在寶山，偽唐昇元二年遷置鵝湖山。鉛山在縣西北七里，又名桂陽山。舊經云，出鉛，先置信州之時鑄錢，百姓開採，得鉛什兩稅一，建中元年封禁，貞元元年（複）置永平監。」此外，虔州大庾也產鉛。江西的錫產量不多，產地有限。據《新唐書・地理志》載，江西產錫之地為虔州大庾、安遠兩地。

江西冶業特別是銅礦的發展，為鑄錢提供了充足的原料，使當地的鑄錢業很快地發展起來。據《通典》卷九載，天寶中，天下諸州置九十九爐鑄錢，江西尚無一爐。而至中唐以後，江西設有信州玉山錢監、饒州永平錢監。僅永平監，每年就鑄錢七千貫，成為全國著名的鑄錢基地。據《宋會要輯稿》「食貨」十之四記，到南唐時永平監每歲鑄錢已達六萬貫，且採用的是「開元通寶」料，「錢法甚好，周郭精妙」。唐天寶中每工日鑄錢三百餘，而南唐時每工日鑄錢達一五〇〇，工效提高了數倍。這一方面反映了江西銅產量的不斷提高，另一方面也說明鑄錢工藝的提高。北宋太平興國六年（981 年），張齊賢任江南西路轉運副

· 開元通寶

· 咸通玄寶

使，「齊賢至官，詢知饒、信、虔州土產銅、鐵、鉛、錫之所，推求前代鑄法，取饒州永平監所鑄錢以為定式，歲鑄五十萬貫」[121]，可見宋代江西鑄錢業是在唐五代基礎上建立起來的。

江西金屬礦產業的興旺，帶動了金銀器製作產業。唐代金銀器主要滿足皇室宮廷需求。《舊唐書‧唐文宗紀》記：「敕應道諸進奉內庫四節及降誕，進奉金銀花器。」唐中晚期，朝廷不時

121 《宋史》卷一八〇《食貨志下》、卷二六五《張齊賢傳》。

向南方各州府宣索金銀器物，地方官府為了滿足供應和邀寵，遂不惜民脂民膏，建立專門的金銀器作坊予以修造。伴隨著進奉金銀器之風的興盛，江西金銀器物製作日趨發達、水準高超。唐代宗時洪州刺史李勉進奉鎏金雙魚紋銀盤[122]，屬唐代銀器中的精品。該銀盤侈口、淺腹、平底，盤心以忍冬葉構成圓圈，正中有兩尾鯉魚，鯉魚周圍飾折枝花葉，忍冬圈之外也飾折枝花葉。器物捶撲成型，紋樣部分先捶出輪廓，再鏨刻細部，然後鎏金。盤底刻「朝議大夫使持節都督洪州諸軍事守洪州刺史兼禦史中丞充江南道觀察處置都團練守捉及莫徭等使賜紫金魚袋臣李勉奉進」，還有一墨書「趙一」兩字。又《舊唐書・齊映傳》載，德宗貞元年間，江西觀察使李兼向朝廷進奉六尺高的銀瓶，繼任的齊映向皇帝進奉八尺高的銀瓶。這也充分說明本區金銀器製作工藝的不凡。此外，軍器製造需要大量的鐵、銅和其他金屬礦產，江西因礦冶業發達，遂成為唐皇朝興造兵器的重要基地。代宗大曆七年（772）詔曰：「揚、洪、宣等三州作坊，往以軍興，是資戎器。」[123]生產「戎器」的原材料無疑是就近或就地取材的。

　　唐五代江西礦冶業及其相關產業的發展，除了豐富的礦藏資源作基礎外，從根本上說來乃是社會經濟發展推動的結果。唐初社會經濟遭到嚴重破壞，統治者主要採取休養生息恢復農業生產

122 保全：《西安出土唐代李勉進奉銀器》，載《考古與文物》一九八四年
　　第四期。
123 《全唐文》卷四十七唐代宗《停揚洪宜三州作坊詔》。

・李勉「鑾金雙魚紋銀盤」

的政策，同時商品經濟也不甚發達，錢幣流通還不感到有什麼大的問題。因此，統治者對於礦冶生產還不太關注。隨著唐代商品市場的活躍與擴展，貨幣需求量大增，促使政府盡力開採銅礦以及鉛、錫等礦。而當時礦冶生產力特別是銅礦的生產力發展跟不上錢幣鑄造的需要，愈往後愈緊張。唐皇朝不得不想盡一切辦法來獲取更多的鑄錢原料，鼓勵礦冶生產。德宗貞元九年（793年）下詔允許銅山任人開採，開採的銅由官府收買，作為鑄錢的原料，這就為江西礦冶業在全國的崛起與興旺提供了條件。

唐以前金屬礦產多屬官營，唐代礦冶允許民間私人經營，規定：「凡州界內，有出銅鐵處，官不採者，聽百姓私採。若鑄得銅及白鑞，官為市取，如欲折充課役，亦聽之。其四邊，無問公私，不得置鐵冶及采銅。自餘山川藪澤之利，公私共之。」[124]大

---

124 《唐六典》卷三十《府州縣官吏》。

曆十四年（779 年）八月，虞部奏：「准式，山澤之利，公私共之者」云云[125]。建中元年（780 年）九月，「山澤之利，今歸於管。坑冶所出，並委鹽鐵使勾當」[126]，開始實行礦冶官營。《舊唐書‧職官志》「掌冶署」：「凡天下出銅鐵州府，聽人私採，官收其稅。」這些政策規定，充分表明允許私人採礦是唐朝的基本政策。終唐一代，政府對於礦產的開採，除了對銅鐵較多限制外，對其他的礦物開採一般不加干涉。特別是中唐之後，由於礦冶發現的地點增多，官營或官私合營難以全面實行，政府又要解決經濟的需求，礦冶要多採、多煉、多出產品，不得不多鼓勵私營。因此，官營只是控制少數出產較多，經營較久和設備較有基礎的礦區，而民營則普遍皆有，愈來愈佔優勢。在政府開放性礦業政策引導下，江西境內也有不少私營性質的礦冶業。《太平寰宇記》卷一○七信州上饒縣條記：「鐵山在縣東南七十裡，先任百姓開採，官收什一之稅，後屬永平監。」又同書同卷饒州德，興縣條記：「本饒州樂平之地，有銀山，出銀及銅，總章二年（669 年）鄧遠上列取銀之利。上元二年（675 年）因置場監，令百姓任便採取，官司什二稅之。」這裡鐵山、銀場由私人經營、政府則以十分之一、十分之二的比例獲取稅利。

中國礦冶從上古至唐代已有千年的歷史，積累不少生產經驗。唐代把由於社會的急迫需要，礦冶業興盛，加以道教煉丹術的盛行，對於辨別礦物，找礦、煉礦以至於製造合金，增多礦冶

125 《唐會要》卷五十九《尚書省諸司下》。
126 《冊府元龜》卷四九四《邦計部‧山澤二》。

煉品種，無形中起了不小的作用。唐代將道教崇為國教，江西道教盛行，在當時的信州、饒州一帶擁有大批的道教徒，其煉丹術對於人們礦冶知識和技術的增進同樣是不可輕視，信、饒二州成為唐代江西礦冶業發展的代表與此或許不無關係。此外，自安史之亂以後，北方戰亂，生產遭到破壞，大批

・鄧公場遺跡

勞動者南遷，當然其中也包括擁有豐富經驗和礦冶技術的勞動者，饒、信等地是北方移民的重點地區。這在某種程度上也促進了當地礦冶業的發展。

江西礦冶業的發展極大地促進了本區社會經濟的進步。譬如，唐天寶年間饒州人戶由隋代的萬戶上下劇增至四萬餘戶，即當與該州銀礦的開採有關。《太平廣記》卷一〇四《銀山老人》記：「饒州銀山，采戶逾萬，並是草屋。延和中火發，萬室皆盡。」本條所載為睿宗延和（712 年）中事。參照上引高宗年間「鄧公場」採銀事，可以證明當地因採礦聚集人戶眾多。五代時期江西所置新縣中，或因礦冶業發展而由場升為縣。昇元二年（938 年），南唐把鄧公場升為縣，以「惟德為興」意，名為德興，這主要是鄧公場銀業發展的結果。同時，礦冶業豐厚的利潤在一定程度上緩解了江西的稅收壓力。元和年間，饒州樂平縣銀

山年收稅七千兩。又，唐中期以來，進奉之風盛行[127]。德宗興元年間，李兼執政江西時「月進」銀錢。時人王建《送吳諫議上饒州》詩云：「養生自有年支藥，稅戶應停月進銀。」表明「月進銀」成了當地的額外負擔。然而，倘若當地沒有「銀」，「進奉」自然會以他物代替。此外，江西礦冶業的發展，也轉移了部分本地的農村勞動力，安置了一定數量的移民，對於社會穩定與經濟發展無疑是有積極作用的。

三　紡織業的進步

衣料是民眾生活不可或缺的必需品，紡織是小農經濟家庭傳統的手工業。隋唐五代時期，統治者比較重視桑麻的種植、鼓勵紡織業的發展。以唐朝為例，唐初授民之永業田，就「樹以榆、棗、桑及所宜之木」[128]。建中四年（783 年），戶部侍郎趙贊請置大田也說道：「擇其上腴、樹桑環之，曰公桑。」[129]元和七年（812 年）詔諭：「田戶無桑處，每檢，一畝令種桑兩樹。」這種重視農桑的政策，使全國的桑麻種植得到進一步的擴大，紡織業得到發展。另一方面，統治者改良賦稅政策以利桑麻。如唐前期，施行租庸調制，其中的「調」就主要交納絹、麻、綿等；「輸庸代役」，也是納絹、布。楊吳南唐時，統治者採取徵收實

---

127 盧兆蔭：《從考古發現看唐代的金銀進奉之風》，載《考古》一九八三年第二期。
128 《新唐書》卷五十一《食貨一》。
129 《舊唐書》卷四十九《食貨下》。

物、提高絹帛市場價格的政策措施。這種賦稅制度，也不能不刺激著紡織業的發展。

　　江西的氣候、土質等條件適合麻、葛、桑的普遍種植。先秦以來，麻、葛種植已是本區的傳統產業。隋唐五代，江西地區的麻葛織業優勢得以進一步強化，萬載傳統名產夏布的生產，傳說就起源於唐朝初年[130]。唐末詩人袁皓《重歸宜春偶成十六韻寄朝中知己》所云「有村皆績紡」。與此同時，蠶桑業得到了較大的進步。眾所周知，六朝以來，都陽湖周邊已經有一定規模的蠶桑養種，但直至隋代，蠶桑業仍較落後。隋唐以來，江西地區的蠶桑業日漸發展。史籍中有不少關於江西民眾營桑植麻的記載。如《太平廣記》記載：洪州胡氏，本家貧，其子「既生，家稍充給。農桑營贍，力漸豐足」；又元和中，饒州刺史之婿為救其妻，徑訪懂法術的田先生，「止於桑林」[131]。這裡用「桑林」，足可見其種植面積很大，而依農桑可致富，也說明桑樹種植不少。唐詩中還出現了「桑徑狹」、「桑林密」等描寫江西景色的詩句，充分說明種桑養蠶已成為江西社會普遍的現象。在此基礎上，江西地區的絲織業興旺起來。《隋書・地理志下》記載：豫章「一年蠶四五熟，勤於紡績，亦有夜浣紗而旦成布者，俗呼雞鳴布」，而都陽、九江、臨川、盧陵、南康、宜春，其俗又頗同

---

130 周秋生：《江西文化五於年》，百花洲文藝出版社、江西高校出版社二〇〇三年版，第44-45頁。

131 分別見《太平廣記》卷三七四《胡氏子》、卷三五八《齊推女》。

豫章，也有蠶絲業，足見隋代江西的絲織業已有較大的發展。當然，隋代江西絲織業生產並不夠突出，有虔州民眾甚至不識桑蠶為何物事。至唐代，絲織業發展到一個新的水準。元和年間韋丹任江西觀察使，「益勸桑苧，機織廣狹，俗所未習，教勸成之，凡三周年，成就生遂」[132]。又據杜牧《謝許受江西送彩絹等狀》，大中三年（849年），杜氏因受江西觀察使紇幹息之請撰寫《韋公遺愛碑》，得紇幹氏所贈「彩絹三百疋」。元和以前，江西的土貢物品中還沒有絲織品，而《新唐書・地理志》所記的江西貢物中已有絲布、金絲布之類的織物，說明本區的絲織業已有了不小的進步。

　　江西所產絲麻，除民眾自用外，主要作為租調或貢品上繳封建國家，較少轉化為商品。茲據《元和郡縣圖志》卷二十八「江南西道」參以《新唐書・地理志》所載江西各州紡織品貢賦，列舉如下：洪州、饒州、虔州、吉州、袁州：貢有紵布；洪州，開元間貢葛、絲布，元和間貢細葛布十五匹，長慶間貢絲布；饒州，開元間貢苧布；虔州，開元間貢白苧（紵）布、絲布、竹練，元和間貢白苧布，長慶間貢絲布；吉州，開元間貢白苧布、絲、葛，長慶間貢絲；江州，開元間貢葛布；袁州，開元間貢白苧布、麻布；信州，元和間貢綿；撫州，開元間貢葛布十匹、金絲布，元和間貢葛布十匹，長慶間貢絲布。江西八州之貢賦普遍以紡織品，這跟桑麻的大量種植與紡織業的發展是分不開的。從

132 《樊川文集》卷七杜牧《唐故江西觀察使武陽公韋丹遺愛碑》。

·唐·張萱《搗練圖》

上列唐代江西各州所貢紡織品也可以看出，儘管麻、葛品仍占主
要地位，但絲織品的地位也日漸突出，呈現出絲產品代替麻葛布
位置的歷史趨勢。作為貢品，無疑都是精緻的土特產品。不過，
與其他紡織業發達地區相比，江西紡織品的品質尚有一定差距。
《唐六典》卷二十「大府寺」條，分全國各地入貢的紡織品為八
等，江西所貢紵布只有洪、饒二州居五等，其餘諸州分別為六、
七、八等。

　　楊吳南唐時期，江西的紡織業又得到進一步發展。徐知誥執
吳政時，一度將「計畝輸錢」改為「悉收穀帛」。如果沒有大批
的絲織品，是難以有這種政策的改變的。吳政府重農、勸農，使
當時吳國「曠土盡辟」，「桑柘滿野，國以富強」[133]。政府鼓勵
種桑，民間的絲織業必定興旺。南唐昇元三年（939 年）規定：

133 《資治通鑑》卷二七〇「後梁均王貞明四年」條。

「民三年藝桑及三千木者,賜帛五十匹。」[134]以絲織品獎勵種桑紡絲。江西作為吳、南唐國土的重要部分,自應享有同樣的政策。南唐時,江西上饒、臨川一帶出現了一種新的絲織品,號曰「醒骨紗」,「用純絲蕉骨相兼撚織,夏月衣之,清涼適體」。鳳閣舍人陳喬用其作外衫,稱為「太清氅」,又為內衫,呼為「小太清」[135]。這種工藝要求高、舒適清涼的絲織品的出現,正是南唐江西絲織業發展的重要標誌。

四　長江中游的造船業基地

舟船是水上交通的基本工具,在古代社會經濟生活中起著重要作用。隋唐五代特別是唐代航運業十分發達。「天下諸津,舟航所聚,旁通巴、漢,前指閩、越,七澤十藪,三江五湖,控引河洛,兼包淮海,弘舸巨艦,千軸萬艘,交貿往來,昧旦永日。」[136]江西地處長江中游,境內水域廣闊,贛江、撫河、信江、饒河、修水等五大河流貫穿其中,贛江下游接鄱陽湖水道和長江下游航道,航道寬闊,水深而流速平緩,因而萬石大船在洪州至揚州間航行。江州通過鄱陽湖直抵洪州,在這段水域,船舶最為集中。《唐國史補》卷下稱:「舟船之盛,盡於江西。」張九齡《登豫章郡南樓》詩描述豫章「邑人半艫艦」。符載《鍾陵

---

134 馬令:《南唐書》卷一《烈祖本紀》。
135 《說郛》卷六十一引《清異錄》。
136 《舊唐書》卷九十四《崔融傳》。

東湖亭記》稱：洪州「地俥千乘，艘駕萬軸」。先秦以來，造船業已成為江西地區傳統的手工業。隋唐五代，江西是長江中游地區重要的交通運輸中心，進一步促成了它成為著名的造船基地。

江西是南部中國重要的木材產地。漢代《淮南子》云：「梗、枏（楠），豫章之生也。七年而後知，故可以為棺、舟。」檢有關隋唐五代的史籍，有不少關江西優質木材的記載。如《貞觀政要‧納諫》載，隋煬帝營建東都洛陽時，由於宮殿柱子的尺寸過分高大，在附近無法找到，故「多自豫章採來」。《太平廣記》卷三三一《楊溥》云：「豫章諸縣，盡出良材。」《酉陽雜俎》卷十八記：「樟木，江東人多取為船。」《本草綱目》卷三十四引《本草拾遺》記：江東造船，「多用樟木，縣名豫章，因木得名」。豐富的良材，為江西造船業的發展提供了物質基礎。另外隋唐造船業進入了繼秦漢之後的第二個發展高峰，以規模巨大、設計先進、技術精湛、性能優越而著稱於世。

江西造船歷來發達，洪州城西贛江中有谷鹿洲，相傳即是三國孫吳大將呂蒙造兵船之地。隋朝時，本區造船業本應在六朝的基礎上進一步發展，但由於政府致力於對江南的控制以及隨後的遼東戰事，包括江西地區在內的南方民間造船業受到了嚴重的掠奪。《隋書‧高祖紀下》載，開皇十八年（598 年）春，隋文帝曾下詔曰：「吳越之人，往承敝俗，所在之處，私造大船，因相聚結，致有侵害。其江南諸州人間，有船長三丈已上，悉入官。」就目前史料所見，隋代江西無官置造船場，或說明此時本區造船業處於蕭條狀態。儘管如此，江西民間的造船業還是艱難維持著，煬帝征高麗時，從江西地區徵調了水工，也應當從江西

徵調了船隻，以滿足征戰需要。

　　唐初以來，江西又開始成為政府的造船基地。當時洪州的造船能力相當充實，一次便能鋪開數百艘船隻持續打造。貞觀十八年（644 年）七月，唐太宗為征遼東，令將作大匠閻立德「詣洪、饒、江三州，造船四百艘，以載軍糧」；二十一年八月，又「敕宋州刺史王波利等，發江南十二州工人造大船數百艘，欲以征高麗」；據胡三省注，十二州中即有江、洪二州。次年又「敕越州都督府及婺、洪等州造船及雙舫千一百艘」[137]。貞觀年間的這三次大規模的造船，都是為從海道進擊高麗。要適應海洋作戰的需要，所造船只經受住海洋風浪的衝擊，因而需要很高的技術水準。此外，當時出入黃河要津所用的橋船也有相當部分是由洪州「造送」[138]。唐高宗龍朔年間，曾頒布《罷三十六州造船安撫百姓詔》，江西大規模的製造海運大船，可能暫停，但一般造船還是經常的。當時洪州還製造出使用推進器的戰船，成為最早使用機械力的雛形輪船。《舊唐書・李皋傳》載：曹王李皋為洪州觀察使時，出於平息李希烈叛軍的需要，總結當地造船經驗，「運心巧思，為戰艦挾兩輪，蹈之翔風破浪，疾若掛帆席，所造省易而久固」。李皋研製的船隻是以輪的轉動鼓水，在動力和機械的運用上與現代輪船的制動原理相同，設計精巧、結構牢固、

第三章・經濟繁榮與中部崛起

---

137 分別見《資治通鑑》卷一九七「唐太宗貞觀十八年」條、卷一九八」
　　唐太宗貞觀二十一年」條、卷一九九「唐太宗貞觀二十二年」條。
138 《唐六典》卷七《尚書工部郎中》。

317

行駛迅疾，是中國造船史乃至世界造船史上的創制。西方發明類似的車輪船，已是晚於唐代「車船」八百餘年的十五世紀的事了。當時，造船增加風帆的幅度，使舟船能夠更有效地借助自然風力，加快行駛的速度；又已經採用了鐵釘與榫接並用連接船體釘接榫合的技術，由此增強了船體的強度，減少了阻力，利於航行。當時江西所造之船，也充分採用了這些增快速度的先進技術：李肇《唐國史補》言稱江西舟船「編蒲為帆，大者八十餘幅」。李白作《豫章行》詩云江西船隻速度：「樓船若鯨飛，波蕩落星灣。」江西已能造載重量大的船隻，段成式《酉陽雜俎》所稱豫章船「載一千人」。為了增加貨運量，出現了許多大噸位的貨船，時人稱之為萬石船或萬斛船，在內河中往來穿梭，歌稱：「蜀麻吳鹽自古通，萬斛之舟行若風。」[139]《唐國史補》卷下記，大曆、貞元間，豪商俞大娘之船載重萬石上、上有「操駕之工數百」。俞大娘的船不能確定在哪裡營造，但她往來於江西、淮南，江西至少要承擔其修理是可肯定的。五代江西的造船業繼續發展，特別是戰船，這與當時戰爭頻繁而楊吳、南唐把江西作為戰爭的後勤基地有關。陸游《南唐書・後主紀》載，南唐鎮南節度使朱令斌率戰船數百艘與宋軍作戰，其「大艦容千人，朱令斌所乘艦尤大，擁甲士、建大將旗鼓」，其高「數十重」。這些戰船均為江西本地製造。總之，唐五代江西的造船能力強、技術水準先進，足以製造各類民用的或軍用的船隻，滿足社會需

---

139 《全唐詩》卷二二九杜甫《夔州歌十絕句》。

要。

「舸艦迷津，青雀黃龍之軸」，「漁舟唱晚，響窮彭蠡之濱」[140]。大大小小、形形色色的舟船，縱橫江西江湖間，既是航運興隆的寫照，也是造船業發達的結果。江西為隋唐五代中國造船中心之一，除了因本區民眾生產生活需要外，也與當時國內漕運以及海外貿易日益頻繁分不開。造船業的發展，有利於水上交通和商業的進步，航運業成了江西經濟活躍的重要支柱之一。鄭學檬先生指出，隋唐五代「長江流域造船技術的進步是運河和江南航運、海運業發展的動力和基礎」[141]。應該說，江西造船業對此作出了較大的貢獻。

五 建築業的發展

隋唐五代，宮殿、寺廟、塔幢等在各地大量興建，琉璃材料和石料裝飾的使用更為多見。木結構技術已逐漸定型化，斗拱的使用這時更加成熟，與梁、枋、柱子的結合更加謹嚴，而且大小和形式不同的建築物，其構件的基本形式，用料標準及其加工已表現出統一的手法。在建築功用和規格上也更加細微，出現了諸如有宮、殿、堂、齋、樓、廈、軒、館、庫、倉、亭、署、宅、室等形式，此外還有甲第、別墅、山莊等。在中國古代建築技術

140 《王子安集》卷五《滕王閣序》。
141 鄭學檬：《中國古代經濟重心南移和唐宋江南經濟研究》，岳麓書補二〇〇四年版，第115頁。

大發展的背景下，江西建築業進入了發展興盛的歷史時期，其城市建設、宗教建築、景物建設等諸方面都取得了不凡的成就[142]。

洪州城的修建是這一時期江西城市建築的代表。大約貞觀年間曾將豫章城西移，在原來灌嬰城的西北隅重築新城，今南昌市區就是在此基礎上逐漸形成起來的。此次築城開始用青磚砌壘，粘米石灰勾縫，這是在漢晉土城建築技術上的一大進步。武則天垂拱元年（685 年），洪州都督李景嘉又主持繼續擴建，全城四周闢有八門，範圍有較大擴展，城東的大湖，極有可能就是這次擴建中圈入城內變為內湖的。德宗貞元十四年（798 年），為適應城市發展的需要，再次改造並加高擴大城門。副使符載在竣工後，賦《新廣門頌》曰：「嚴城朝旦日疃疃，高大四門車馬通。」憲宗元和三年（808 年），韋丹出任洪州觀察使，更是大規模地擴建南昌城。他集中人力物力進一步築城東北隅，使南昌城周圍已達二十多里。《新唐書・韋丹傳》載韋丹在城內「督置南北市，為營以舍軍……為衢南北，夾兩營，東西七里」。因而洪都唐城的基本布局是：城市中央一條通衢南北的主幹道，幹道兩旁以及連接城門的幹道側均置坊居，官府衙署主要集中於城西。城的南北設商貿交易的「市」，北市置於督署之後，合於「南朝北市」的古制[143]。韋丹又大力修整城內房屋，將數萬間竹木草房改造為

---

142 有關「建築業」的敘述，部分內容參考了陳文華、陳榮華主編的《江西通史》（江西人民出版社 1999 年版，第 283-288 頁）。

143 彭適凡：《再論古代南呂城的變遷與發展》，載《南方文物》一九九五年第四期。

磚木房，使城市面貌大為改觀。唐以來的城市建築進一步規範化、系統化。經過較長時期的修整，南昌城內豪華的建築大都沿著地勢的起伏分布，亭臺樓閣，宮觀寺廟鱗次櫛比，錯落有致。南唐後期，南昌升為陪都，城內大興土木，營建長春殿、澄心堂等殿宇，同時將東西兩門改稱東華門、西華門，還按照京都的建築體制，拆遷規劃，修築了寬闊的馬路——鳴鑾道，充分顯示了唐五代時期的建築科學技術。

有唐一代，由於政治、軍事、經濟因素的影響，江西各州縣均重視城市的建設。如贛中郡縣城市廬陵城的發展就突出地說明了這一點。西晉時城址位於吉水縣東北二十里的贛江之濱。因此地平原狹小，難以使城市得到發展。至東晉咸康末年，廬陵城往南遷六十里於今贛水西濱的吉安城址。但到隋大業三年，不知何故，郡城又遷往吉水縣東北二十五里處，即在晉代郡治附近。至唐代，經濟發展使此地不能容納城市的發展，因而又有移城之舉。據《吉安府志》載，「開耀元年（681 年）州人劉智以州逼贛水，通達大山，戶口殷繁，土地湫隘，陳移郡之利」。永淳元年（682 年）遂將廬陵城址移於今吉安市所在地。唐天祐中又進一步築城，州二十里有奇。唐代的廬陵城，周圍是較為廣闊的平原，南有禾水、瀘水貫穿贛中西部的廣大地區，東濱贛江，其地理位置無疑優越於吉水東北大山腳之湫隘之地，因而更有條件成為贛中西部地區的軍政重地和經濟中心。唐末江西一些城市的建設軍事色彩濃厚。例如，乾符年間（874-879 年），撫州刺史危全諷主持修建的撫州城，內設子城，週邊羅城，城牆高逾十五米，有青磚鋪成的走道，其軍事防禦的目的明確。居於章貢二水

之間的贛州城拓基於漢朝，東晉永和五年（349 年）南康郡守高琰築的土城，面積約一平方公里，初成城市規模，至義熙二年（406 年）遭水毀，此後長期處於荒廢狀態，直到唐初才得到一定的恢復。唐末盧光稠割據虔州，大力整修虔州城，「廣其東南三隅，鑿池為隍，三面阻水」，把城區擴建到三平方公里左右，將土城改造成磚石城，為虔州城建築了較為完整的城牆。虔州城遂成為一座三面臨水、易守難攻的鐵城。盧氏得以擁兵一隅，面南稱王三十餘年。盧氏在擴大虔州城區的同時，還把原來的陽街、橫街擴為六街，增修了斜街、長街。此外，虔州還建了拜將台、鬱孤台及壽量寺等。虔州城成了集政治、軍事、經濟為一體的新城市。盧氏所建虔州城池，即今日贛州市舊城的主體。城內，現仍保留有射箭坪等重要唐代遺址。現贛州市被國務院命名為國家級歷史文化名城，最重要的原因之一，是由於它有舊城區的這個總體結構。

　　隋唐五代江西宗教發達，與此相關的著名建築眾多。道教建築方面，鄱陽縣城的開元觀，盧山的九天使者廟（太平觀），南昌城內的太乙觀、龍興觀、紫極宮、鐵柱宮，都在唐代建造，並成為後來江西地區道教建築的經典之作。江西地區的佛教遠較道教發達，佛教建築更是得到充分的發展。作為江西佛教建築代表的吉安青原山上的安隱寺（靖居寺），楊岐山上的普通寺，永修雲居山上的雲居寺，南昌的千佛寺、青泰寺、九蓮寺、總持寺、石亭寺、應天寺，宜豐洞山的普利禪寺，宜黃的曹山寺等都是在唐代建起來的。

　　唐代江西佛寺建築以木結構為核心。這種結構與傳統的建築

技術相結合，形成了新的風格，在建築史上頗具積極意義。寺院的大殿屋頂都有柱頭斗拱增大屋簷的出挑，而且比前朝的斗拱層次更多，裝飾更華麗，屋頂上制有形式多樣的鴟屋作為裝飾。頂棚上有方形、圓形或多邊的藻井，殿前築有考究的臺階，兩側有雕飾精美的回廊、石欄、石柱，整個殿宇就是一個完整的藝術品。加上前所未有的建築規模，使江西的佛寺建築達到了一個新的歷史階段。楊岐山的普通寺雖然不是江西境內最突出的佛寺，但也頗具規模：「建出花宮勝仙闕，樓臺壯射虛空，魔界輪幢盡摧折。」規模宏大，法堂四阿，原有殿宇三十二間，面積一萬平方米以上。吉安青原山上的安隱寺（淨居寺）建於唐代神龍年間，規模宏大，眾多的殿、堂、亭、閣布局有序。主體建築大雄寶殿獨具江南庭院特色：正方形的磚木結構，四角雕龍畫鳳，如閣似亭，雄偉肅穆。毗盧閣則是由六根大柱支起的一棟雙層樓閣，樓閣設計精巧。唐代廬山的東林寺，房屋更多至三百餘間。此外，上高九峰山北麓的九峰寺，是乾寧年間（894-898 年）由鐘傳施予佛門的房舍。它是唐代貴族宮室建築的範式，前後兩進，兩側廂房，面積達一千八百平方米。這些都是唐以前未出現過的建築形式，標誌著唐代江西建築科技的發展。

　　佛塔是建築技術和雕刻藝術相結合的建築物。江西境內的佛塔大多數為窣堵波式建築，由台基、覆缽、平頭、竿、傘五個部分組成。由於中國樓閣建築的方形平面與印度窣堵波的圓形平面存在矛盾，唐代的建築師就創造性地採用了八角形平面建築，材料也由木結構改為磚砌。建築形制又有單層式、多層式、樓閣式、密簷式之分。江西現存唐代佛塔甚多。敕建於開元年間

·淨居寺

（713-741 年）的西林寺塔（慧永塔），為廬山現存最早的樓閣式塔，因塔內原有大小佛像千尊，故又稱為千佛塔，當地人名之「磚浮圖」。查慎行《廬山遊記》：「明給諫王鳴玉重修，自為記，後被火，中空，外狀崔嵬如故，清道光年間，塔頂裂為二，一夕自合，咸稱神異。」此塔歷千年風霜，依然屹立。塔為七層六面，樓閣式磚塔，一九三三年戴傳賢建有旋梯，可登頂，抗戰時毀，塔高約三十五米。底層南開拱形正門，門頭題額「千佛塔」，二至七層分別題「羽寶林」、金剛幢、靈鷲來、無上法、聽雨花、光明藏。一層塔身設雙簷，底層簷上踩磚雕斗拱出簷。除轉角設角科外，每邊另設平身科斗拱兩朵。二重簷設轉角斗拱，拱上由磚尖角疊壘五層外挑，然後再出三踩斗拱出短簷。二層東西南北四向設對開拱形門，其餘各面設佛龕各四，門上磚砌橫枋，枋上每邊連同角科飾三踩斗拱四朵，斗拱上再砌平枋，枋上再三踩斗拱出短簷，心上穭級皆同二層，占是每層邊長依次內收，六角攢尖頂上綴金寶瓶塔。千佛塔外飾白，磚雕斗拱以

黑，小青瓦屋簷每屋簷角飾有銅制風鐸。「塔勢如湧出，孤高聳天宮。登臨出世界，蹬道盤虛空」，詩人岑參對千佛塔歌詠出前人的敬慕。另外，盧山腳下的九江能仁寺大聖塔，始建於唐代大曆年間（766-779 年），此塔磚木結構，六角形錐狀，高七層，四十二點二六米，底層對角直徑長八點九米，巍然屹立，塔的外形酷似樓閣，古樸莊嚴。塔頂為六角攢尖式，上立銅　，塔內有石梯可盤旋而上。

　　江西是佛教勝地，高僧大德圓寂後，紛紛建塔以貯真身，造就了本區另一種形式的精湛的佛塔藝術。宜豐洞山價祖塔是唐代江南典型佛塔建築。唐咸通十年（869 年）良價圓寂，唐懿宗追封「悟本禪師」，葬於洞山普利寺後山，墓塔名慧覺。塔形古樸，六方，高三點二米，寶蓋寬一點二米。塔座兩層，底層六方，均刻忍冬花壺門，第二層各刻如意草、萬字、金錢、雙金錢。塔身上有楣，下有托，楣托刻仰覆蓮，角為六棱形。石柱中嵌石板，塔蓋傘形，有瓦壟，六角飄簷。塔剎分蓮瓣覆缽、相輪、寶珠三層。塔下面下端遺存「己丑敕建」、「師慧覺寶塔」九字。

　　宜豐太子塔也是唐代造型和雕刻藝術相結合的傑作。唐肅宗第十四子李僖隨南陽慧忠國師出家，後居逍遙山，逝後真身葬於此。太子塔單層單簷亭閣式，花崗石雕琢疊砌而成，高約四點五米，分塔座、塔身、塔頂三部分，比例均勻，造型美觀。塔座、塔身、塔剎均刻有羅漢像。塔座七層，雙層須彌座，圭腳素面，刻花瓣紋飾，下束腰，身中空，四周有門槽，塔身正面有拱形門。塔蓋以一整石雕琢而成，仿木結構，四阿頂式，重兩噸半。

太子塔的構造形式和質地、重量，充分體現了唐代江西建築科技的發達。永修雲居山真如禪院附近的膺祖塔，氣勢雄偉，是唐代亭類石建築科技寶庫中的精品。膺祖塔高達數丈，亭穹軒敞，全塔皆以花崗石堆砌而成，各部結構嚴謹，質地堅凝。宜春仰山慧寂禪師塔則是唐代寶瓶形佛塔的典型代表。該塔為麻石四柱四坡亭式結構，通高三十六點五米，柱上架長方石橫樑，橫樑上墊石刻圓錐蓮花沖頂，塔身分為四層，下三屋皆六棱，上層為圓錐。塔整體為底大束腰的寶瓶形，每層刻有乳釘，與整個佛塔構成和諧統一的整體。贛縣寶華山寶華寺的玉石塔，又名大寶光塔，是唐代馬祖十大弟子之一的西堂智藏墓塔。玉石塔位於大覺殿內，始建於唐長慶四年（824 年），重建於大中七年（853 年）。該塔用紅褐色玉石雕成，四面七層，高四點五米，底座正方形二米見方，是經幢與房舍相結合的石塔。分塔座、塔身、塔頂三部分，

‧西林寺塔

該塔造型精美，是雕刻藝術珍品和唐代建築中的傑作，歷千餘年保存完好。整塔用紅褐色玉石雕成。塔身刻有動物圖案，浮雕許多佛教人物故事，雅緻美觀，被譽為「江南第一塔」。

· 價祖塔

佛像雕塑是佛教建築中重要的工藝。唐代江西也創造了一批石佛。如南豐縣城西門外，至今仍存有一尊唐代石佛。石佛所在，既不是堂皇肅穆的大宮殿，也不是群像林立的石窟，而是丈來高的石龕。龕深五尺，寬八尺許，佛身卻有一丈六，出土一丈，陷地六尺。石龕設計巧妙，別具一格。佛像表情莊重慈祥，在圈圈右旋的短髮下，一雙慧眼眯起，雙唇緊閉，嘴角微翹，流露出隱隱的笑容；

· 贛縣玉石塔

身穿袈裟，胸懷半露；左手托蓮花於胸前，象徵著苦心清正；右臂下垂，掌心向外，意在引導執迷不悟的苦難者登上「極樂世界」。整座佛像裝飾得金碧輝煌，表現出中國古代精湛的造型藝術。

由於經濟、文化的大發展，風景建築成為唐代社會的一大特色。江西地區以滕王閣最為著名。永徽三年（652 年），滕王李元嬰任洪州都督，為逞其遊觀宴集之欲，到任次年即在贛水之濱

築起了雕樑畫棟的高閣——滕王閣。滕王閣在唐代屢有維修或重建。上元二年（675 年）洪州都督閻公將滕王閣修葺一新，於重陽日於閣大會賓客，適逢詩人王勃赴交趾省親，途經南昌，被邀雅集，並即席揮毫寫下了千古名篇《滕王閣序》。依王勃的描述，最早的滕王閣已是「層台叢翠，上出重霄；飛閣流丹，下臨無地」、「桂殿蘭宮，列岡巒之體勢。披繡闥，俯雕甍」的氣象。依此推測，此滕王閣至少有三層結構，用的是琉璃綠瓦；斗拱角挑構成了閣體舒展動翹的姿勢，鮮豔濃厚的朱漆把滕王閣裝飾得奪目耀眼，所用的木料也是蘭桂之類的貴重木材。各種附屬建築主次分明，連繫緊密，建築工藝極其高超。貞元六年（790年），王仲舒主持重修，並親自作《記》。元和十五年（820年），王仲舒時任禦史中丞，視察江南西道，見閣將圮，提議重修，於十月竣工。王致書時為袁州刺史的韓愈，請其撰寫《新修滕王閣記》。韓愈在《記》曰：「江南多臨江之美，而滕王閣獨為第一，有瑰偉絕特之稱。」大中二年夏（848 年），滕王閣首次毀於火。江西觀察使紇幹臮眾鳩工集材重建，至秋八月竣工。韋愨作《重修滕王閣記》。據韋《記》，閣址依舊，規模略有擴大，「南北闊八丈，今增九丈二尺；其峻修北自土際達閣，板高一丈二尺，今增至一丈四尺；閣板上舊長一丈，今增至一丈三尺；中柱北上篝於屋脊，長二丈四尺，今增至三丈一尺；舊正閣通龜首，東西六間，長七丈五尺，今增至七間，共長八丈六尺，闊三丈五尺。固可謂宏廓顯敞，殊形詭狀，革弊鼎新，有如是乎！」此外，還增建了郵驛、廳、軒、小閣、江亭、津館等附屬建築。修滕王閣是供「縱遊之美，賞心樂事」，但興修風景建

築，不光是遊樂，也有考慮到民生利益的。李驥做江西觀察使時，瞭解到鍾陵東湖兩邊不通，往來不便，「作橋以張之，其修也，可以發二矢；其廣也，可以方兩軒，結構高標」，足以供「千輪馳，萬蹄驅」，澤民利物。後又在旁邊築一亭，供行人憩息，遂成為風景秀麗的遊賞之地，「每良辰嘉客，思有宴賞，輒具肴酒，共為歡娛。天晴日宴，湖光入座，寂寞虛徹，眇然四去。或無鳥過，不辨空水」[144]。

虔州的鬱孤台也是唐代著名的風景建築。鬱孤台位於虔州城北部的賀蘭山頂，以山勢高埠、鬱然孤峙而得名。始建於唐廣德至大曆年間（763-779 年），台高十四點一米，面積二七五平方米。鬱孤台「冠冕一郡之形勢，而襟帶千里之江山」，虔州刺史李勉曾登臺北望，將台更名為「望闕」。後幾經興廢，仍名鬱孤台。

宜豐魯班坊，始建於唐咸亨四年（673 年），為全木斗拱結構的牌樓。正樓四大柱，柱頭枋上正面密排四層斗拱，坊上方嵌有橫匾，橫書「魯班坊」三字。後面斗拱分四疊垛。柱頭拱四，補間斗拱二，側面一疊。層層斗拱托樓簷，頂為歇山頂；兩側樓各四柱，形成兩附室。樓基為石砌。整個建築不僅結構精巧，而且不用一個榫卯，收到了穩固大方、經久不頹的良好效果。自唐至今，雖經多次修葺，仍保留有唐、宋建築風格，是江西建築中的一絕。

144 《文苑英華》卷八二四符載《鍾陵東湖亭記》。

唐五代時期，江西受風水風氣的影響，也產生了一些風水建築，構成特殊的風景建築。如坐落在南昌市西湖區繩金塔街東側、原古城進賢門外的繩金塔，始建於唐天祐年間（904-907 年）。原為佛剎，取名「千福」，由異僧唯一所建。相傳建塔前一僧掘地得鐵函一隻，內有金繩四匝，分別刻有「驅風」、「鎮火」、「降蛟」字樣的古劍三把，還有盛有舍利子三百粒的金瓶一個。繩金塔為磚木結構樓閣式塔，塔高五十點八六米，塔身明七暗八層內正方外八邊形，其朱欄青瓦，墨角淨牆及鎏金葫蘆型頂，有濃重的宗教色彩，飄

·宋代宮廷畫復原滕王閣圖

·鬱孤台

逸的飛簷，並懸掛銅鈴，充分顯現出江南建築的典型藝術風格。

唐代是園林建築興盛的時代，生活於江西的某些貴族官僚、文人雅士也紛起修建，這其中以白居易廬山草堂為代表。草堂元和十一年（816 年）建於廬山香爐峰北，遺愛寺側。據白氏自撰《草堂記》，草堂規模頗小，但結構獨特：依岩而架，結茅為宇，木柱不加丹彩，保持自然簡潔，古樸大方而典雅。一切就地

·魯班坊

·風水塔——繩金塔

取材，造作了平臺、石級、環池、假山等建築小品，同時還利用了水面植物的點綴，形成了「溪嵐漠漠樹重重，水檻山窗次第逢」的和諧整體。它是唐宋時期山水園林的代表作，是效法自然而超乎自然，寓景於情、情景交融的建築藝術的具體表現，體現出文人「退而獨善其身」的精神追求。

江西水路縱橫，橋樑建造成為傳統技術。隋唐五代時期，江西的造橋技術已著名全國。《唐六典》卷七《工部·水部·郎中員外郎》載：「河梁橋所須竹索，令宣、常、洪三州役工匠預支造，宣、洪二州各大索二十條，常州小索一千二百條。大陽、蒲津竹索，每年令司竹監給竹，令津家水手自造。」江西境內官方、民間修建橋樑較多。如唐龍紀年間，婺源縣曹仲澤鑿石券建造曹公橋；晚唐時宜春刺史鄧璠在城北秀水上架設第一橋。不過，對後世影響最大的則是鉛山縣的澄波橋和大義橋。橫跨鉛山縣湖坊鎮陳坊河兩岸的澄波橋，始建於唐貞觀四年（630 年），為登仙峰的澄波和尚化緣得資所建。橋長五十餘米，以巨形塊石砌成的六座船形橋墩為底座，墩上用粗大木材交叉構成「鴉雀窩」形上架支撐木梁，然後鋪以厚實木板為橋面，橋上又豎柱架

梁，覆以瓦蓋，成為具有江南特色的風雨橋。東西兩頭門額上嵌有石匾，東曰「河清海晏」，西曰「風恬浪靜」，橋墩突出部位和兩端橋頭建有店房十二間，形成了橋上有市的風貌。鉛山永平大義橋，始建於唐朝大曆年間，是鵝湖峰寺高僧大義禪師所創建。此橋初為木石結構，清乾隆年間重修，更為青石結構。橋長近二百米，寬六米，結構嚴謹。遠觀此橋，鵝峰拱秀，橫架南北，雄渾古樸。

六　釀酒業的普遍

中國古代傳統的釀酒手工業一直比較發達，隋唐五代時正是中國釀酒業得到長足發展的重要時期。釀酒業是糧食業重要的轉化形式，消耗糧食巨大。江西地區糧食豐裕，為包括酒類在內的糧食製品業的發展提供了良好的條件。

唐代人們飲酒普遍，上至官僚文士，下至平民百姓，皆好飲酒。江西地區飲酒之風也極濃。《太平廣記》中就有不少這樣的記載，如卷四〇〇《雩都人》記，于都縣一船主「遇一黃衣人乞食」，便「與之盤酒」；卷三五五《王涺妻》記，南安縣「人有

・廬山白居易草堂

・澄波橋

祭祀，但具酒食」。卷四九七《江西驛官》記，江西的某官驛設有酒庫，「諸醞畢熟」。詩歌中也有不少關於飲酒的生動而形象的描寫，如王駕《社日》詠民間節日裡，鵝湖山下的民眾飲酒慶祝，以致出現「家家扶得醉人歸」的農家樂景象。另外，袁皓《重歸宜春偶成》：「慇懃傾白酒，相勸有黃雞」；韋莊《袁州作》：「正是江村春酒熟，更聞春鳥勸提壺」；郎士元《寄李袁州桑落酒》：「十千提攜一斗，遠送瀟湘故人。」白居易《早秋晚望兼呈韋侍御》：「潯陽酒甚濃，相勸時時醉。」這些詩句也對江西的飲酒之樂作了形象的寫實。而劉禹錫《送湘陽熊判官孺登府罷鍾陵因寄呈江西裴中丞二十三兄》描寫南昌：「朱欄照河宮，旗亭綠雲裡。」杜牧《罷鍾陵幕吏十三年來泊湓浦》詩曰：「青梅雨中熟，檣倚酒旗邊。」又足見贛江、湓水人口集中之地，酒家經營十分興旺。五代時期，本區的飲酒風並沒有衰減。《五代詩話》卷三引《天祿識餘》「毛炳」條記載：豐城人毛炳「入廬山，每與諸生曲講，獲鏹即市酒盡醉。時彭會好茶，而炳好酒，時人為之語曰：『彭生作賦茶三斤，毛氏傳經酒半斤。』」後游螺川諸邑，遇酒輒飲，不醉不止。

飲酒之風的盛行，是以釀酒業的興盛為前提的。當時江西的酒類生產以工藝相對簡單的濁酒為主。濁酒酒液渾濁，米滓往往漂在酒面上，泛泛然如同浮蟻，故時人稱及「濁酒」多以「蟻」字來形容。白居易在江州潯陽時，作《問劉十九》詩稱的「綠蟻新醅酒」，即是當地的有名的濁酒。上引詩人袁皓所稱「白酒」即是濁酒。與前代相較，江西釀酒技術有所提高。《太平廣記》卷二三三《南方酒》記，有釀酒者埋置酒於陂中，「候冬陂池水

竭時，置酒罌，密固其上，瘞於陂中」。這無疑是一種培養酒質的技術。在釀酒原料及技術上，南方酒「不用麴糵，杵米為粉，以眾草葉胡蔓汁溲」，因此合糯為酒。且「飲既燒，即實酒滿甕，泥其上，以火燒方熟」。這種米酒經過了過濾、火燒。這些都在一定程度上說明釀酒技術的進步。江西各州縣普遍釀酒，出現了一些享譽全國的地方名牌酒。李肇《唐國史補》卷下所列全國名酒十餘種中就有江西「潯陽之湓水」。白居易《首夏》詩中贊道：「潯陽多美酒，可使懷不燥。」宜春酒也是當時名酒，《新唐書・地理志五》記，「袁州宜春郡……有宜春泉，釀酒入貢」。由於宜春酒佳，唐時有人提倡仿製此酒。《白孔六帖》卷十五載：「李泌字長源，泌請裡閭釀宜春酒，以祭勾芒神，祈豐年。」

唐代釀酒分官釀和私釀。唐前期允許私人釀酒，採取官私酒業自由發展的寬鬆政策，從而推動了民間酒業的發展。民間釀酒或自用，如以陶淵明釀酒故事命名的「陶家酒」，在九江民間素有盛名。李白《潯陽感秋》：「陶令歸去來，田家酒應熟。」白居易《潯陽秋懷贈許明府》：「試問陶家酒，新篘得幾多。」又《太平廣記・南方酒》記，「南人有女數歲，即大釀酒，待到女大出嫁時」，取供賀客，這種酒被稱為「女酒」[145]；或是在市場上出售，江西地區市場上的酒家不少。同上《南方酒》記，「無賴小民空手入市，遍就酒家滴淋」。《唐國史補》卷上載：大曆年間，

145 《太平廣記》卷二三三《酌方酒》。

柳渾佐江西觀察使路嗣恭幕時，「嗜酒，好入廛市，不事拘撿」。中唐以來，朝廷政府為了增加稅收，滿足軍國財政之用，全國大範圍實行官釀官賣。《舊唐書・食貨志下》載：建中三年（782年），「初榷酒，天下悉令官釀，……委州縣綜領，醨薄私釀，罪有差。」江西地區私釀一向興盛，朝廷遂嚴禁江西私釀。《新唐書・王仲舒傳》載，德宗建中以來至穆宗長慶年間，「江西榷酒利多佗州十八」，達「九千萬」。而民間私釀之風「歲抵死不絕，穀數斛易鬥酒」，江西觀察使王仲舒遂奏請朝廷罷本區私釀之禁。王氏的開明政策，無疑有利於江西地區酒業及其相關經濟的發展。又《冊府元龜》卷五〇四載，唐文宗大和五年（831年），江西觀察使裴誼奏請停官酤，「洪州每年合送省榷酒錢五萬貫文」。江西酒稅的豐厚，正說明其釀酒業的興盛，也在一定程度上說明江西官吏關注本區酒業的發展。

七　文化用品的製造

隨著社會經濟文化的進步，隋唐五代時期造紙業得到了顯著的發展，造紙材料豐富的長江流域出現了不少造紙的中心。受其影響，江西造紙業也有一定的進步。其中，吉州生產的陟釐紙、信州的藤紙為當時的名品，開元、元和間列為貢品。陟釐紙也作側理紙，即苔紙，以水苔為原料製成，紋理縱橫斜側。此外，據李肇《唐國史補》卷下記載，臨川生產滑薄紙，也是全國名品紙之一。又據段成式《酉陽雜俎》記，他在咸通年間任江州刺史時，於九江造雲藍紙，自謙所造之紙「既乏左伯之法，全無張永之功」，送給好友詩人溫庭筠五十版，以為寫詩填詞之用。可見

當時文人對雲藍紙的重視，也在一定程度上說明造紙的普遍。

江西制硯業在隋唐五代也有了一定的成就，除了傳統的陶瓷工藝中，能製作精巧實用的陶硯、瓷硯外，也已開始製作品質極高的石硯。據《婺源縣誌》載，唐玄宗開元年間獵戶葉氏逐獸至長城裡龍尾山（今溪頭鄉硯山），見疊石如城壘狀，瑩潔可愛，因攜之歸，刊粗成硯，溫潤大過端溪。其孫持硯獻與縣令，由是傳開。中唐時期，大書法家柳公權《論硯》云：「蓄硯以青州為第一，絳州次之。後始重端、歙、臨洮，及好事者用未央宮、銅雀台瓦。然皆不及端，而歙次之。」陶穀《清異錄》載：「五代後樑開平二年（908 年），賜宰相張文蔚、楊涉、薛貽矩『寶相枝』各二十，龍鱗月硯各一。寶相枝，斑竹筆管也。……鱗石紋似之，月硯形象之，歙產也。」據此梁太祖賜予臣下的歙州「龍鱗月硯」，品質極好，具有美學鑒賞的價值。唐時婺源屬歙州，故稱「歙硯」。歙硯是硯中名品，其中取材於婺源所產的龍尾硯最為珍貴。婺源的硯業盛於南唐。宋無名氏《歙州硯譜》載南唐中主李璟精於翰墨，歙州貢獻龍尾硯，並推薦硯工李少微，李璟予以嘉獎，設「硯務」，命李少微為硯官，督制石硯。又據《歐陽文忠公試筆》記，南唐於「歙州置硯務，選工之善者，命以九品之服，月有俸廩之給，號硯務官，歲為官造硯有數。其硯四方而平淺者，南唐官硯也，其石尤精」。龍尾石硯質地優良，有澀、細、潤、堅四大特點，色如碧雲，聲若金石，紋理妍麗。後主李煜稱龍尾硯為「天下冠」，此後歙硯便成了馳名全國的工藝製品。

主要生產於婺源的歙墨（徽墨）起源於唐末。蘇易簡《文房

四譜》卷五云：「江南黟歙之地有李廷珪墨尤佳。廷珪本易水人，唐末流離渡江。睹歙中可造墨，故有名焉。」陶宗儀《輟耕錄》卷二十九亦記，墨工奚超與其子廷珪自易水渡江遷居歙州後，南唐賜姓李氏。廷珪所造歙墨置之水中，經月餘不化，光色為新。在朝廷的支援下，「廷珪父子之墨，始集大成」，歙墨遂成名產。南唐朝廷將澄心堂紙、龍尾硯、廷珪墨稱為文房三寶。

綜上所述，在良好的社會政治經濟環境下，隋唐五代江西傳統手工業在秦漢六朝的基礎上又得了進一步的提高，一些新興手工業也得以快速發展，出現了手工業興旺的景象。當然，江西手工業絕大部分仍然是採取小農業與小手工業緊密結合的傳統形式。如唐中宗景龍年間（707-710 年），晉州人褚綏任新平司務督理陶務時，恰逢年成歉收，農民生活困難，沒有能力完成為李淵獻陵的祭品任務。洪州都督府奉詔嚴厲催促，褚綏不得已，親至都督府，極力申言農事歉收，「民力凋殘」，請求免征，最後獲准[146]。說明朝廷對景德鎮陶瓷的徵發，成為窯民沉重的負擔，同時也反映了當時陶瓷業還沒有與農業分離，陶事、農事二者息息相關。儘管如此，這一時期手工業的獨立性與手工業生產者的市場意識日漸增強，顯現出鮮明的時代特色。如景

‧洪州窯出土的隋代青瓷雙盂獸足圓硯

146 藍沛：《景德鎮陶錄》卷八《襄陽名宦志》。

德鎮陶瓷在唐初已成為手工業者所從事的一種生產。陶瓷生產過程比較複雜，選土、和泥、制坯、合模、施釉、裝窯、焙燒等一系列程式，一般需要相當數量的熟練工匠才能夠進行生產，絕非一家一戶個體工匠所能完成，應已是比較典型的私營作坊手工業。中古時代，手工業作坊往往是與店鋪連在一起，生產與銷售密切連繫。前舉陶玉生產的陶瓷精品，除了在當地銷售外，還親自到京師推銷。陶氏兼有手工業作坊主與商人於一身的特點。

第三節 ▶ 相對暢通的道路交通

　　道路交通既是民眾生產生活的必要條件，也是政權溝通和加強各地政治、經濟、文化連繫的紐帶。隋唐五代江西地區居於南方重要的交通地理位置，相對穩定的社會環境與繁榮的社會經濟文化，極大地推動了道路交通的改善、發展，較大程度上打破了本區相對封閉的地理環境的限制，積極地促進了本區社會經濟文化的進步。

一　水路交通的通暢

　　受區域自然條件與生產力水準的影響和作用，隋唐五代江西交通水陸並重，以順應自然環境的水路溝通陸路的交通模式為特色。考量各種交通條件，水運是運輸力最大、成本最低的運輸形

式[147]。江西襟江帶湖，形成了以彭蠡湖水系為主要架構的水路交通網絡。由彭蠡湖借贛水與支流通洪州，往南以盱水通撫州州治臨川與南豐縣，是他州入撫州的主要途徑。繼續地往南，由贛水另一支流渝水西入袁州。該水是袁州東西交通憑藉，州治宜春、新喻縣均借助渝水進入贛水水系，通達南北。繼續南行，經吉州境內支流盧水通西部安福縣、禾水通永新縣。過吉州即抵達虔州，州內贛水支流為主要交通路線，貢水居東，其支流南通信豐，其上游虔化、大庾，由大庾嶺陸路越大庾嶺入嶺南，接湞水，順北江上游湞水，南抵廣州。由彭蠡湖，入饒州，可借餘水通信州貴溪、弋陽、上饒、玉山四縣，繼續東行經衢州、睦州、杭州通運河，進而通蘇州、常州，至潤州渡長江，達揚州。自上饒南行，另有陸路通福建地區。由彭蠡湖至饒州州治鄱陽，溯鄱水上游昌江，東北行，經浮

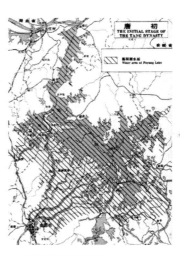

· 唐代鄱陽湖區域圖

---

147 《唐六典》卷三《尚書戶部・度支郎中員外郎》云「凡陸行之程，馬日七十里，步及驢五十里，車三十里。水行之程，舟之重者，溯河日三十里，江四十里，於水四十五里，空舟溯河四十里，江五十里，於水六十里。……凡天下舟車水陸載運皆具為腳直。……（注・每駄一百斤，一百里一百文，……車載一千斤九百文，黃河及洛水河，……上水十六文，下，六文。於水，上，十五文，下，五文）。」

梁，至歙州祁門。昌江為江西地區少數發源於江西境外的河川，可以連通江西地區與浙江地區。由此，「舟船之盛，盡於江西」，「洪鄂之水居頗多，與邑殆相半」之類的流行語，成為江西交通狀況的寫照。不過，除東北方的饒州、信州，南方的虔州西南角可通外界，江西多數地區仍以彭蠡湖區為中心，交通線呈向心狀聚攏，是封閉性較高的交通系統，外界進入江西地區唯有由東北二州、北方江州、西南角虔州四處。

江州位於贛北彭蠡湖入江口，居長江中游地區的交通要衝。早在晉時，江州就「陸通五嶺，北導長江，遠行岷漢，亦一都會」[148]。隋唐五代江州城作為「都會」的地位進一步的加強。杜牧在池州時，上書宰相李德裕說：「故江西觀察使裴誼召賊帥陳璠，署以軍中職名，委以江湖之任。……陳璠每出彭蠡湖口，領徒東下，商船百數，隨璠行止。」[149]官方以武力保護長江中游的航行路線，恰好說明這條路線在當時的作用十分突出。長江中游瀕江的荊、鄂、江三州，天寶年間，荊州所領七縣，有三〇一九二戶，一四八一四九口；鄂州所領五縣，有一九一九〇戶，八四五六三口；江州所領四縣，有二九〇二五戶，一五五七四四口。顯然江州超過了荊州，而鄂州更為稀少。這其中的原因或各異，但交通的因素也有一定的作用。三州之中江州最居下游，江水更為浩渺，運輸能力更宏大。如俞大娘的萬石航船，來往於江西、

---

148 《輿地紀勝》卷三十《江州》引《晉地道記》。
149 《樊川文集》卷十一《上李太尉論江賊書》。

淮南之間，在荊、鄂兩州則難見到。江州控扼長江中下游，航運地位非一般州縣可比。這裡「地方千里，江涵九派，縑錢粟帛，動盈萬數，加以四方士庶，旦夕環至，駕車乘舟，疊轂聯檣」[150]。車船百貨運輸量大，各方人物來往眾多。江州本地的物產不算富饒，卻是附近州縣茶葉、糧食、瓷器等物產的集散地。江州的興盛，使贛江——鄱陽湖航道與長江的聯運暢通無阻，進出便捷。長江雖僅於江州北界流過，卻是江西連通外地的天然幹道，對全區發展影響重大。

　　隋以前，江西與北方的水路交通並不通暢，這與當時整個南方與北方的交通不暢相關。隋大業元年（605 年），營造東都，運豫章大木，用二千人拉一柱，下面用鐵轂滾動，一天僅行二三十里，一根木柱運到洛陽花費十萬個工。為了溝通南北水上運輸，便於調運南方的糧食等物資，並進一步從政治上軍事上控制江南，隋煬帝自大業元年至六年動員大量人力物力修建了大運河。這條北起涿郡中經洛陽、江都南至餘杭的大運河，將中國東部的海河、黃河、淮河、長江、錢塘江五大水系連繫起來，形成一個四通八達的水運網，成為南北交流的大動脈。因此，中國與國外的商品交流由原來的主要從長安往西的商道改從中原沿大運河南下，經揚州溯長江入鄱陽湖，歷贛江過大庾嶺順湞水入廣州。這無疑極大地促進了對當時和以後包括江西在內的江淮地區的經濟、文化和交通的發展。江西通過長江水系和大運河交通運

輸網路，由區域性交通融入了全國交通運輸網路之中，成為閩、粵、桂、湘等省區通達運河的要道和物資運輸的重要集散地。

唐皇朝十分重視江西水路。貞觀初年，唐太宗「以江中盜賊劫掠，為商旅之弊」，詔以江州刺史左難當「為靜江大使，自上江路肅清」[151]，保證了江西與北方各地水上運輸的暢通。江西大興水利工程建設，除了防洪抗旱外，還在於改善交通。如袁州宜春李渠「引仰山水入城，……使可通舟楫」[152]；撫州千金陂與新渠，亦「奔流貫激，通舟楫之利」[153]；江州刺史李渤築南坡堤「通四鄉之路」[154]。人工開鑿的水道較天然的更便於航行，一因其必定位於人煙密集之處；二因人工建設過程中會盡力設法調整水量、清理水道，不會有天然河川的急流險灘問題。贛江對溝通江西漕運和嶺南交通起著幹道作用。大運河在隋末開通以後，江西漕船可以長江下運揚州，然後循運河北達京師。嶺南與中原地區的商運也利用贛江作為主要運道，海外運集廣州的商貨得以經過贛江運抵江淮和北方。因此，作為長江重要支流的贛江航運發展迅速。然而，秦漢六朝以來，贛水交通線道路不並十分通暢，特別是虔州州治至吉州一帶的險灘更是巨大的障礙。《水經注・贛水》曰：「贛川石阻，水急行難，傾波委注六十餘里。」孟浩然《下贛石》詩云：「贛石三百里，沿洄千嶂間。」為消除贛水

---

151 《粵雅堂叢書》卷六九五《牧守部・屏盜》。
152 《讀史方輿紀要》卷八十七《江西・袁州府・宜春縣》。
153 《全唐文》卷八〇五柏虔冉《新創千金陂記》。
154 《李文公集》卷十七《江州南湖堤銘》。

交通線的安全隱患，唐德宗貞元四年（788 年），虔州刺史路應「鑿贛石梗險，以利舟通」[155]，在一定程度上緩解了以往經此船多敗沒的嚴重阻難。

二　大庾嶺道的拓寬

　　隋唐五代江西在全國道路交通網中居於重要地位，不僅在於它地處長江中游，在南部中國的地理上處於相對中心的位置，還在於橫穿虔州的大庾嶺道是聯通嶺南與中原地區的最便捷路線。

　　大庾嶺，又名梅嶺，位於今大余縣南二十五里，沿省境綿延，經信豐後折東南，入全南境與九連山銜接，周圍三百餘里，海拔六百至八百米。它南扼兩廣，北距湖湘，據贛江之上游，拊嶺南之項背，其形勢勝似天塹。《讀史方輿紀要》卷八十三稱之為江西「重險」

·傳力唐畫家李思訓描繪江南的《江帆樓閣圖》

155 《新唐書》卷一三八《路應傳》。

「堂奧之地」。對於嶺南來說，大庾嶺是打通與中原交通的一把鑰匙。大庾嶺與嶺南接壤，原本無通路，是隔絕江西與廣東以至海外連繫的重大障礙。秦始皇為了統一嶺南，曾派兵進入大庾嶺並在此築關隘，置兵把守，自此成為通向嶺南的孔道。至隋唐時，大庾嶺道經數百年間不斷地行走，已成為溝通嶺南嶺北的交通要衝，但仍極其崎嶇難行。宋之問於中宗神龍元年（705 年）坐與張易之交通之罪，貶嶺南瀧州。歷大庾嶺，曾作《早發大庾嶺》、《度大庾嶺》、《題大庾嶺》等詩講述過大庾嶺的艱難，雖是當時心情沮喪的反映，卻也是路途崎嶇的寫實。又張九齡作《開大庾嶺路記》稱：「初，嶺東廢路，人苦峻極，行逕寅緣數里，重林之表，飛梁嶪巇，千丈層崖之半，顛躋用惕，漸絕其元。故以載則曾不容軌，以運則負之以背。」這顯然不能滿足統一國家日益發展的政治經濟文化的需要。

唐前期，社會經濟得到了快速的發展，海內外商品經濟交流愈來愈頻繁。嶺南的廣州是全國的大都會之一，又是對外貿易的重要港口。唐代僑居廣州的阿拉伯人多達十餘萬，而其中絕大部分是商人。他們漂洋過海帶來了許多珍珠、象牙、瑪瑙等細貨，同時也希望將中國特產瓷器、茶葉、絲綢等物運往國外，而大庾嶺的重重險阻嚴重地限制了他們前行的腳步。廣東極須與內地加

·連通贛粵的大庾嶺古驛道

強經濟連繫，同時唐統治者為了加強對嶺南的軍政控制，獲取經濟利益。開元四年（716年）十一月，唐玄宗詔命嶺南道按察候補史張九齡開鑿大庾嶺驛路。張是廣東韶關人，而韶關與大庾嶺比鄰，自然熟悉贛南與粵北的地形，深知其政治、經濟地理位置的重要。於是他不畏艱險地親自帶領當地民眾「相其山谷之宜，革其阪險之故」，大力平險拓寬，使得大庾嶺路變得「坦坦而方五軌，闐闐而走四通，轉輸以之化勞，高深為之失險」[156]，成為聯結江西贛江與廣東北江之間的紐帶，大大通暢了南北水陸聯運的通道。它不僅保證了嶺南地區的貢賦交納、提高了漕運的速度，而且交通直達海上，帶來了商品交流的日益發達。當時「海外諸國，日以通商，齒革羽毛之殷，魚鹽蜃蛤之利，上足以備府庫之用，下足以贍江淮之求」[157]。別的不說，南海及南亞地區特產的香料藥材正是由廣東進口上岸，沿北江溯流至韶州，又經陸運過大庾嶺，復由章江入贛江，經鄱陽湖，東下長江，折入運河而達京都。伴隨著大庾嶺山道的改善，借助贛江，北接長江航運，南連大庾嶺驛路，從廣州經洪州至揚州，轉運河西至洛陽，入關至長安的交通幹線便全程貫通，成為中原與嶺南的主要交通幹線。據《唐大和尚東征傳》載，天寶八載（749年），名僧鑒真第五次東渡日本，中途折回，即由廣州乘船至韶州，達湞昌，陸行過大庾嶺，又乘船到虔州，住開元寺，至吉州住青原山安隱

---

156 《全唐文》卷二九一張九齡《開大庾嶺路記》。
157 《全唐義》卷二九一張九齡《升大庾嶺路記》。

寺，至江州廬山住東林寺，再至潯陽龍泉寺，然後至九江驛乘船下長江，行七日到潤州江寧縣。又據李翱《來南錄》，元和三年（808年）十月，李翱應嶺南節度使楊於陵之辟為幕府。翌年正月，李翱從東都洛陽出發，沿大運河經宋、宿、泗、楚至揚州，渡過長江，避開逆江流航行的困難，走南下江浙路線，經潤、常、蘇、杭、睦、衢等州，自常山上嶺至玉山縣，再到信州乘船，順信江西來，直渡擔石湖（今南昌東部青嵐湖），入洪州，然後溯贛江至吉州、虔州，上大庾嶺而達湞昌，再經韶州至廣州。

伴隨著大庾嶺道的改善，拓通了珠江和長江水系贛江之間的連繫，江西道路交通越發成為南方重要的交通要地。特別是唐代經安史之亂之後，經由河南的江淮路不太暢通，始於虔州溯贛水而上，越過南嶺直到廣州的交通幹線顯得地位特別重要。唐人稱「虔居江嶺，地扼咽喉，有兵車之繁，賦役之重」[158]。唐代後期江淮地區經濟日益發達，大庾嶺路在軍事功能之外，文化經濟功能日漸增加，因為大庾嶺路具有兩大優點：一是配合唐代後期以東南為經濟重心與廣州的外商貿易需要；二是利用便利迅捷的江西內河水道。除大庾至湞昌有九十里陸路外，皆以水運減輕負擔，且此段陸路多山間曠谷，較諸郴州路山嶺險阻便捷許多。簡言之，大庾嶺道的開通，江西不僅與廣東、海外的連繫加強，而且因此也與中原地區的連繫更加緊密，是唐以來江西經濟文化發

---

158 同治《贛州府志》卷六十五《虔州孔目院食堂記》。

展的一個重要契機。

三　驛路交通的發展

　　隋唐五代時期，江西道路交通呈四通八達之勢，表現在境內各個州的治所之間都有幹道相通，與境外各州的主要道路亦已聯通。初唐王勃《滕王閣序》稱：「（洪州）襟三江而帶五湖，控蠻荊而引甌越。」這在一定意義上是江西地區交通狀況的反映。

　　據《元和郡縣圖志》卷二十八載，江西各州之間的主要交通路線是：洪州：西北至上都（長安）三○八五里，至東都（洛陽）二二七五里，東至饒州四四○里，西至潭州（今湖南長沙）一一三五里，南至撫州二一九里，北至江州三二五里；吉州：西北至上都三六○五里，東北至撫州四五○里，西至衡州（今湖南衡陽）九一○里，南至虔州五二○里，北至洪州五七六里；虔州：西北至上都四一二五里，至東都三三一五里，東至建州（今福建建甌）一五八五里，西至郴州（今湖南郴縣）一○一二里，南至循州（今廣東惠州）一六一四里，北至吉州四七四里；江州：西北至上都二七六○里，至東都一九五○里，東至宣州（今安徽宣城）一八○○里，西至鄂州五九三里，南至洪州三二五里，西北至蘄州（今湖北蘄春）二八九里；饒州：西北至上都三一三○里，至東都二三二○里，東南至信州五○○里，東北至池州（今安徽貴池）五八○里，至歙州（今安徽休寧縣東）七○○里，西至洪州四四○里，至撫州四七○里；袁州：西北至上都三一八○里，至東都二四○○里，東至洪州七四○里，西至潭州五二六里，南至吉州三一七里，北至江州五六五里；撫州：西北至

上都三三五〇里，北至東都二四九五里，東北至饒州四七〇里，西南至吉州四五六里，南至虔州一一八〇里，東北至洪州二一九里；信州：西北至上都三六三〇里，至東都二八二〇里，至饒州五〇〇里，東至衢州（今浙江衢縣）二五〇里，東南至建州五〇〇里。除以上各線，鄰境接界之州溝通江西的路線還有：韶州（今廣東韶關）：西北至上都取道虔州、吉州路四六八〇里，北至虔州五五〇里；潮州（今廣東潮陽）：西北至上都取道虔州路五六二五里，至東都路四八一〇里，西北至虔州一五〇〇里；建州：西北至信州五四〇里，至撫州八三〇里；汀州（今福建長汀）：西北至虔州水陸相兼一二〇〇里；寧化縣：西南至汀州六〇〇里，縣西與虔化縣接界。綜上所述，至唐中期，江西各州、縣間共有幹道十五條，長七〇三〇里；通往鄰省接界各州、縣道路有十七條，長一五〇一四里。合計為三十二條，總長道路約二二〇四四里，扣除鄰境里程及江西境內重複路段里程，實有道路約一四〇〇〇里。江西連接鄰境和境內各州縣間的陸路交通全已溝通，以洪州為基點的道路網已經形成[159]。

在以上州際路線中有兩條路線最為重要：一是洪州向南經虔州、大庾嶺至廣州，向北經江州、襄州直達中原，為貫通南北的大動脈；一是以江州為樞紐、沿長江西連川蜀、東接江淮。其他的交通路線往往是由其派生。現略舉數條幹線如下：

---

159 江西省交通史志編審委員會《江西公路史》（第一冊），人民交通出版社一九八九年版，第 8 頁。

從江州東行陸路可達池州。《元和郡縣圖志》卷二十八云，池州「西北至上都⋯⋯取江州路二千五百三十里，西北至東都⋯⋯取江州路二千五百三十里。⋯⋯西南至江州五百八十里。」嘉靖《池州府志》卷一載池州城西九十里有楊梅館，說明池州往西經楊梅館、彭澤至江州的陸路交通肯定是存在的。

饒州陸路亦可達池州。《元和郡縣圖志》卷二十八「饒州」條：「東北至池州五百八十里。⋯⋯西至洪州四百四十里。」上元二年（761 年），劉長卿避亂南奔至饒州，後欲去蘇州，即歷池州至德縣，再至秋浦。從饒州到歙州是江西東行的重要交通線之一。《元和郡縣圖志》卷二十八「饒州」條：「東北至歙州七百里。」饒州與歙州相鄰，距離較近，聯通的道路有數條。《全唐文》卷八○二《祁門縣新修閶門溪記》：「縣西南一十三里，溪名閶門⋯⋯通於鄱陽，合於大江。」可知閶門溪通於昌江，流經饒州，注入鄱陽湖後可達長江。從饒州入歙州的陸路雖然難行，卻也不失為一通道。《新唐書・地理志五》記：歙州祁門縣「西四十里有武陵嶺，元和中令路旻鑿石為盤道。」武陵嶺處於歙州和饒州的交界處，從饒州向東進入歙州一般要經過此地，這條山路修築的重要意義自不待多言。饒州從婺源縣也可進入歙州。《新安志》卷五《道路》談到婺源縣交通時說：「陸路東通常山、西通樂平、南通德化、北通休寧。水行自縣東婺水通鄱陽江，勝船二百石。」這雖是宋朝的交通，但唐五代估計也相差不多，陸路由樂平到達饒州，水路由婺水到達鄱陽湖，進入江西腹地。饒州至衢州有陸路可通。《資治通鑑》卷二五七「唐僖宗光啟三年（887 年）十二月」條：「饒州刺史陳儒陷衢州。」陳儒

是直接從陸路進入衢州的。胡三省注引《九域志》云：「饒州東南至衢州七百二十九里。」唐五代從饒州至衢州的路線，一般是經信州再至衢州的，如直接從饒州至衢州，路程雖相對近了幾十里，但比較難走，這條路線在當時不常採用。

信州的交通地位十分重要，從信州連衢州再轉向其他地方就特別方便。由信州到衢州進入浙江的交通路線在隋唐五代顯示出了特別重要的意義。因為這條線路往往西南經吉州、虔州越大庾嶺可達嶺南，往東南可達福建的汀州。由於浙江橫穿江南西南部地區，乘船可直達衢州常山縣，陸行數十里後至玉山，順信江而下可達信州，因此這條道在當時常常作為北方經江南進入南方的幹道使用。《元和郡縣圖志》卷二十八「信州」條：「東至衢州二百五十里，西北至饒州五百里」。貞元二年（786年），權德輿被任命為江西觀察判官，他從潤州出發，取道睦、婺、衢、信諸州到達洪州，有《清明日次弋陽》等詩可見其所行線路。貞元五年（789年），顧況貶授饒州司戶參軍，即經衢、信到達饒州。可知，當時北方人常從衢州進入信州，然後往西北轉道饒州和洪州。

信州路還可到達今福建地區。據《太平寰宇記》所記，信州上饒經廢永豐縣有陸路可通福州，福建大量商旅即由此進入江西。後雖將永豐縣併入上饒縣，陸路交通線維持不變。梁均王貞明四年（918年），吳國劉信攻虔州，虔州譚全播求救於吳越，吳越派錢傳球率兵二萬出衢州應援，「自信州南屯汀州」。《資治通鑑》胡注曰：「按《九域志》，汀州至虔州四百八十里，移兵

屯汀州，示將救虔也。」¹⁶⁰從江西到福建道路的拓展還與唐末黃巢義軍的活動有關。乾符五年（878 年）三月，黃巢義軍攻虔、吉、饒、信等州後，自宣州渡江，由浙東欲趨福建，因無舟船，乃劈山開路七百里，由陸路至建州。這樣，江西與福建的道路也就進一步改善了，經濟文化連繫得到加強。五代時期，這條路受到限制。《資治通鑑》卷二六七「後梁開平三年九月」條胡注云：「自福建入貢大梁，陸行當由衢、信取饒、池界渡江，取舒、廬、壽渡淮，而後入梁境。然自信、饒至廬、壽皆屬楊氏，而朱、楊為世仇，不可得而假道，故航海入貢。」江西被楊吳佔領，致使福建與中原朝廷的陸上連繫中斷，只好依靠海路。可見，江西原是福建北上中原的重要交通所在。

「瀘水東奔彭蠡浪，萍川西注洞庭湖」¹⁶¹，江西西部幾乎全以贛水為交通線，袁州萍鄉與潭州醴陵雖相鄰，卻因一山之隔，陸行來往艱難。其陸路交通之不便，可由懿宗咸通年間開新江不成而得知，《讀史方輿紀要》卷八十七《袁州府・萍鄉縣》「新江」條：「唐咸通中，郡守顏暇福奏聞，以通湖南。才十餘里而輟，故跡猶存。」開新江是為了通湖南，但只進行十餘里即中止，後人認為因開工時誤殺白龜而致使工程無法完工。其實，與當時經濟困難、技術不足，或者是路線規劃不當相關。總之，唐代江西與湖南往來借重的是長江水道，而非其他貫穿二區的水陸路線。

160 《資治通鑑》卷二七〇「後梁均王貞明四年七月」條。
161 《全唐詩》卷六〇〇袁皓《正歸宜春徑過萍川題梵林寺》。

封建時代和交通是以驛路系統為主幹形成的。驛路是由官方開闢以京師為中心溝通全國主要城市之間的交通路線，也是連接州際道路的幹線，以方便軍隊、官吏及相關人員往來停宿和傳遞官方文書。隨著大統一的重新實現，隋唐驛路系統得到逐步完善，已形成全國網路。唐建立伊始，便廣修驛道、置驛站，「三十里置一驛，驛各有將，以州裡富強之家主之，以待行李」[162]。驛站一般以陸路交通線為主，但也有水上線路。王建《水夫謠》稱「苦哉生長當驛邊，官家使我牽驛船」，即說明驛道是由水陸交通路線共同構成的。唐代江西地區交通條件的進步，也突出表現在驛路系統的逐步改善上。當時江西各州城之間不僅都有驛道，而且這些驛道均融入了全國驛路網路。通過江西境內的驛路主要有：一、京廣驛路，此路從京師長安南下途經江州，沿鄱陽湖和贛江南行，經洪、吉、虔三州，越大庾嶺至廣州。縱貫江西南北，是江西的江、洪、虔、撫、饒、吉、信七州往京師的必經之路，也是廣東的韶、循、潮三州和安徽宣州往來京師的主要交通路線；二、洪衢驛路，經洪州、餘干、貴溪、弋陽、信州、玉山，出藻坪鎮（今太平橋）往浙江衢州（此路在南昌與京廣驛路相接）；三、信江驛路，從信州出發經鄱陽而達江州，北至京城長安；四、江宣驛路，宣州經江州進京的驛路，也是經江州沿長江過彭澤、安慶往揚州的水陸要道。唐代江西驛路貫穿南北，聯結東西，在全國的交通路線中佔有重要位置。開元十三年（725

---

162 《通典》卷三十三《職官十五》。

年），中央政府派出十道宣慰使，其中右庶子高仲舒往江南西道，「馳驛發遣」[163]說明中原通向江西地區的驛道十分暢通。如唐趙元一《奉天錄》卷一載：建中四年（783 年），軍閥李希烈叛唐，擾亂河南，江淮震懼。「南方朝貢使，皆自宣、池、洪、饒、荊、襄，抵武關而入，江西節度嗣曹王皋，嚴郵驛，厚其供億，雖有深溪絕橋，而驛騎不病，四方賴焉」，江西驛道有力地支持了唐政權平叛。

江西驛道上設有一定數量的驛站。就目前史料而言，江西驛站設於京廣驛路上共有四處，分佈於江、洪、吉、虔四州。神龍元年（705 年），宋之問行曆江州時作有《寒食江州蒲塘驛》詩。江州蒲塘驛位於潯陽縣南，據《讀史方輿紀要》卷八十五《江西·九江府·德安縣》載：「唐武德八年置蒲塘驛。」該驛站可說是江州交通中心所在，南北行旅者至此可稍作停息，隨後或北入長江，或南下贛水。《唐大和尚東征傳》載：鑒真由廣州至江州城時，「太守親從潯陽縣至九江驛」，予以迎送，此「九江驛」應就是蒲塘驛。洪州是江西地區的政治經濟文化中心，石頭驛自然是唐代江西最重要的驛站。《水經注·贛水》曰：「贛水西岸有磐石，謂之石頭，津步之處也。」所以又稱石頭津，相傳為東晉豫章太守洪喬為保本性而把他人所托寄轉書信投入大江處。因其地自漢以來，闢為自京都至嶺南的大道，設有縣治，為護翼南昌城的重鎮。《讀史方輿紀要》卷八十四《江西·南昌府·新建

---

163 《冊府元龜》卷八十五《帝王部·赦宥四》。

縣》稱：「在章江門外十里，有石頭渚。……陳永定中，常置南昌縣於此，隋廢，唐初複置，旋廢縣，因置石頭驛。」據《元和郡縣圖志》卷二十八載，唐武德年間，嘗以豫章西境為西昌城，俾縣令治其地，蓋即當時的石頭驛。張九齡《候使登石頭驛樓作》：「遠林天翠合，前浦日華浮。萬井綠津渚，千艘咽渡頭」。這是說通往南昌的水路。韓愈《石頭驛寄江西王中丞仲舒》：「憑高回馬首，一望豫章城。人由戀德泣，馬亦別群鳴；寒日夕初照，江風遠漸平。」這是石頭驛陸行的情況。溯贛水南行，至吉州太和，有白下驛。《嘉慶重修一統志》卷三二八《吉安府・關隘》載：「白下驛，在泰和縣東門外，唐置，後皆因之。」唐初王勃有詩《白下驛餞唐少府》。由吉州入虔州，主要的陸路交通線通往嶺南，虔州驛站即在大庾嶺上，名之為大庾驛，唐人蔣吉有《大庾驛有懷》詩。大庾嶺處虔州、韶州交界，為交通重要關卡，南行至韶州滇昌另有大庾嶺北驛，宋之問即有《題大庾嶺北驛》等詩。此外，在洪衢驛路上，在餘干縣設有龍津驛、紫雲驛；信江驛路上，在樂平縣設有康山驛等。以上驛站均分布於江西最重要的交通幹道上，並非一種巧合。驛站出於官設，是經過政府考量後的安排，置設網站必然是地理位置非常重要，交通繁忙，經濟效益極高，抑或戰略地位優

・古驛道

越處。京廣驛路，這條南北幹道不只是江西本身的交通主線，也是唐朝中原通嶺南最便捷的要道，故設立四處驛站並不為多。由驛站的分布也可看出江西地區重要性的原因之一是其交通地位[164]。

驛站中置有驛官、驛吏，以維護官道的暢通，為來往官、客提供各種方便。《太平廣記》中有不少關於江西驛站官吏事蹟的記載，如卷三六七《黃極》：黃極曾為江西館驛巡官；卷二一九《白岑》：白岑「曾遇異人傳發背方」，在九江為虎所食，「驛吏於囊中乃得真本」。官驛除了必要的交通工具船、車外，還設有茶室、茶庫，同上書卷四八七《江西驛官》載：江西某一官驛設有一茶庫，「諸茗畢貯」，以備來往官客消渴解乏，這頗具地方特色。驛站職能的行使，需要消耗地方一定的人力、物力和財力。咸通五年（864 年）一月，唐廷鑒於潭、桂兩道館驛接待繁多，各賜錢三萬貫，以助軍錢，同時也作館驛生利之本；江西和江陵、鄭州等三道也按例興置。這在某種程度上說明江西驛道在當時是相當繁忙的。

唐政府在水路渡口設「津」，置津吏，專掌橋、船之事。「津吏揮橈疾，郵童整傳催」[165]，江西境內水路縱橫，有良好的水路交通網，大量津渡的出現是交通發達的標誌。《唐六典》卷七

---

164 關於江西地區驛站的描述，主要參考黃玫茵《唐代江西地區開發研究》（「國立」臺灣大學出版 委員會 1996 年版），第 55-57 頁。按：黃著稱唐朝江西境內只有四個驛站，並不準確。

165 《全唐文》卷六十五蘇味道《九江口南濟北接薪春南與潯陽岸》。

「水部郎中員外郎」云：「其大津無梁，皆給船人，量其大水難易以定其差等。」其後注云：「蘄州江津渡、荊州洪亭松滋渡、江州馬頰檀頭渡船一艘，船別六人；越州、杭州浙江渡、洪州城下渡，九江渡，船各三艘，船別四人，渡子並須愛江白丁便水者充，分為五番，年別一替。」唐朝前期官方出資設置的渡口共二十四個，江西佔有三個。主要是為了保證長江、贛水官道交通的暢通。而實際上隋唐五代江西的津渡不止三個。李白《豫章行》云「半渡上遼津」，此「遼津」是指設在今南昌市西北百餘里的一個渡口。渡口有官方主持的官渡，行人過渡可不付錢或少付錢。如建昌（今永修）就設有官渡，韋莊《建昌渡暝吟》留有「月照臨官渡，鄉情獨浩然」的詩句。南昌縣武陽鎮位於撫河東岸，唐元和年間江西觀察使、武陽郡公韋丹在此地設置義渡，規定來往行人過渡免收船錢，百姓感其恩德，將此渡口稱為「武陽」渡。渡口更有大量的以私人船隻載客人與貨物而謀利的私渡。如唐天寶年間一崔姓縣尉去吉州赴任，「乃謀賃舟而去」[166]。

除了驛站、津渡外，寺院客舍和民間旅店也在南來北往、東奔西馳中發揮著重要作用。唐代佛寺的區群分布，自然形成間隔式布局，它們以接力的方式接待遠端行客，類似驛站傳舍的功能。寺院客舍主要提供給雲遊僧尼和香客使用，一般不以營利為目的。唐代額定的佛寺五千餘所，大都在州縣治所。這些佛寺只

166　《太平廣記》卷一二一《崔尉子》。

有和鄉間蘭若相結合，才能形成覆蓋中夏的「傳舍」系統。建中年間（780-783 年），戴叔倫某次從撫州返回豫章，撫州處士胡泛一路送行，直到南昌縣查溪蘭若為止[167]，充分顯示了寺院蘭若在交通行旅中的重要作用與地位。民間旅店是設在道路兩邊或城郭內供來往商客飲食住宿的地方。《通典》卷七記，開元年間（713-741 年），大多官道「皆有店肆以供商旅」。旅店在當時又稱為逆店、客舍、村店等，大多為私人經營，這是一種營利性質的服務性行業。唐代江西商業繁榮，水陸交通暢通，存在著眾多旅店。如《太平廣記》卷三九八《藏珠石》記：「江州南五十里，有店名七里店，在沱江之南。」同書卷五十二《陳師》記，「豫章逆旅梅氏，頗濟惠行旅。僧道投止，皆不求直」。劉長卿《餘干旅舍》詩曰：「搖落暮天迥，青楓霜葉稀。孤城向水閉，獨鳥背人飛。渡口月初上，鄰家漁未歸。鄉民正欲絕，何處搗寒衣？」這些私營旅店多集中在驛站附近，此外也有官吏兼營旅店。《太平廣記》卷八十五《華陰店嫗》記，天復年間，廬陵新淦人楊彥伯在華陰逆旅裡就曾會「豫章邸吏姓楊」。《唐律疏議・名例》曰：「居物之處為邸，沽賣之所為店。」邸店是兼商店和倉庫為一體的商業性組織，邸店贏利大。豫章邸既設吏，自然是官府所置。反映出江西地方政府看重邸店利益，也側身其間，與民爭利。而政府、官吏的參與，又從另一方面體現出旅店業的興盛。

167 《全唐詩》卷二七〇戴叔倫《撫州處士胡泛見送北回兩館至南昌縣界查溪蘭若別》。

有的酒樓也兼營旅店業，如元稹《琵琶亭》詩云：「夜泊潯陽宿酒樓，琵琶亭畔荻花秋。」由於江西地區水域廣闊，有的船隻除了載貨載客之外，也兼營旅店業，如韓翃《送客歸江州》詩云：「客舍不離青雀舫，人家多住白鷗洲。」這些旅店，從事的是商業經營，在繁榮商業經濟的同時，又有力地促進了道路交通運輸業的發展。

因政治、軍事、經濟、地理等因素影響與作用，隋唐五代江西交通條件得到了極大的改善，縱橫交錯的水陸路線，構成了本區乃至南方比較發達的交通運輸網路。交通是區域經濟文化進步的重要條件，道路交通的暢通，就是經濟文化之路的暢通。江西道路交通的改善，適應了經濟文化的需要，對加強本區內部及與全國各地區之間的連繫、促進經濟文化的發展，起了相當積極的作用。應該指出的是，江西地區的交通道路改善主要是在大江大河上，在州與州、縣與縣的官道上。其他地方特別是廣大山區，道路交通還是相當艱難的，並不能滿足人民生產生活的的需要。此外，道路的通暢與否也和社會秩序與政治環境密切相關。如唐末五代因戰火不斷，國無寧日，大庾嶺路因無人過問而逐漸荒廢。

第四節 ▶ 初步繁榮的商品經濟

隋唐比較長期的統一穩定的政治環境與強大的國力，相對發達的農業、手工業、交通運輸業等，使國內外市場空前擴大，商品經濟水準有了顯著的提高。安史之亂後，社會經濟雖遭到嚴重

的破壞，但商業因國家政策、各區域經濟不平衡的發展、農工產品商品化的進一步強化等，仍繼續維持繁榮景象。江西因經濟發展的良好形勢，農業、手工業產品更加豐富，大量產品成為投入市場的商品。加上非農業人口上升，商人活躍，交通運輸條件大大改善，從而有力地促進了商業的發展與繁榮，形成了若干的地區商業中心，初步形成了由州縣、市鎮及草市等組成的商業系統。

一　商人與商品經濟

　　隋唐五代是中國封建社會商品經濟繁榮、商人活躍的歷史時期，也是江西商品經濟起步、商人在經濟生活中開始引人重視的歷史時期。江西商人活躍、商品經濟繁榮，除了本區農業、手工業、交通運輸業等良性發展的作用外，還在於江西商品經濟的社會環境發生了深刻的歷史變化。這一時期，封建統治者在政治上仍然歧視、抑制商人，但對商人發家致富則採取寬容甚至鼓勵政策，商人的社會地位與前代相比得到了較大的提高。如唐代均田令首次出現了工商業者依法授田的規定。唐以來商人不僅最終可以從學為官，社會上也把經商視做是生產生活的一個重要職業，因而從事商業活動者眾多，稍有一點資力和才能的人，往往服牛駕馬，以週四方。與此相應，隋唐以來，無論是統治者還是普通民眾，生產生活與商品市場日益緊密，商業利益也漸成國家、民眾的追求。因此，統治者注意改善商品經濟的環境，制定了一些有利於商人的政策。如唐太宗貞觀初年，江州刺史左難當「以江中盜賊劫掠，為商旅之弊，詔以難當為靜江大使，自是江路肅

清」[168]，保證了江西與北上各地水上運輸的暢通，維護了長江流域的商品流通。又如糧食貿易是關係國計民生的重大商業活動。唐廷為了搞活社會經濟，平定糧價，解救災荒，鼓勵地區間的糧食流通，三令五申禁止地方政府閉糴。據《唐會要》卷九〇《閉糴》載，開元二年（714年）閏二月，敕：「年歲不稔，有無須通，所在州縣，不得閉糴，各令當處長吏檢校」；上元元年（760年）正月，敕：「先緣諸道閉糴，頻有處分，如聞所在米粟，尚未流通，宜令諸節度觀察使各將管內提挈，不得輒令閉糴」；大曆十一年（776年）六月，敕：「自今以後，所在一切不得閉糴，及隔絕榷稅」；貞元九年（793年）正月，「詔諸州府不得輒有閉糴」；大和三年（827年），因河南河北，朝廷嚴禁閉糴；咸通七年（866年）十月，御史台奏：「今後如有所在聞閉糴者，長吏必加貶降。本判官錄事參軍並停見任，書下考。仍勒州縣各以版榜寫錄此條，懸示百姓。每道委觀察判官，每州委錄事參軍勾當。逐月具申閉糴事由申台。」從之。這種鼓勵流通的政策措施，自然極大地促進了商業的發展與繁榮。五代十國時期，列國兼併割據，經濟萎縮，嚴重影響了商品經濟的發展，但各國統治者均實行「商戰」策略，商業並沒有停止。統治江西的南唐也極其重視發展商業。據《江西通志》卷六十三《名宦》載，保大年間（943-957年），餘干縣令高拯，因「居民凋敝，科役煩重，拯為貸私錢若干萬緡，每鄉責二人行商取息，以資公用，民賴以

---

168 《粵雅堂叢書》卷六九五《牧守部・屏盜》。

蘇」。封建政府重視徵收貨幣稅，又從另一層面促進了商品經濟
的普遍化與深入化。如唐玄宗時，「凡天下諸州稅錢，各有准
常。三年一大稅，其率一百五十萬貫；每年一小稅，其率四十萬
貫」[169]。又如唐代宗大曆元年（766 年），斂天下青苗錢，「得錢
四百九十萬貫」[170]。安史之亂後實行的兩稅法，大部分徵收貨
幣。這就迫使農民更加密切地連繫市場，也必然促使部分農民去
墾畝而經商。另外，我國古代市場機制始終不夠健全，價值規律
難以有效地發揮作用，導致農、工、商各業之間的利潤差別很
大，所謂「用貧求富，農不如工，工不如商」。唐姚合《莊居野
行》詩云：「客行野田間，比屋皆閉戶。借問屋中人，盡去作商
賈。」「盡去作商賈」當然是不可能，但因農商之間利潤差別的
作用，由務農轉為經商的人數大增卻是事實。開元時洪州刺史張
九齡作《候使石頭驛樓》詩曰：「山檻憑高望，川途眇北流。遠
林天翠合，前浦日華浮。萬井緣津渚，千艘咽渡頭。漁商多末
事，耕稼少良疇。」贛江水上交通的發達，帶來商品經濟的繁
榮，竟使人們趨商棄農。總之，隋唐五代封建政權對商人的政策
與前代相比是寬鬆的，商人的社會地位也有所提高，經商獲利也
較為豐厚。在這樣的政治經濟環境下，江西商人的隊伍和實力也
如全國其他地區一樣便迅速發展壯大。

　　商人作為一個社會階層，其內部構成複雜。根據其資財以及

169　《唐六典》卷三儼《尚書戶部》。
170　《舊唐書》卷五十二《食貨志》。

經商的規模，大致可分為大商人、中等商人與小商人。大商人資本雄厚、經營規模大、經商範圍廣，跨州過縣乃至越國境，獲利豐巨，經濟活動影響全國或某些區域，生活豪侈，富比王侯；中等商人，有一定的資本，經營的規模較大、區域較廣、獲利較多，生活小康安逸，富甲一方。小商人，本小利微，生活較為艱難，是商人中的下層。隋唐五代時期的大商人絕對數量不少，不過，中小商人仍是商人的主體。其中由農業、手工業生產者中分離出來的中小商人所占的比重空前增加，占絕大多數。江西商人大多數就是來自農民、手工業者，當然也有一些地主、官僚。《太平廣記》對此作出了鮮明的反映，例如「販薪於市」的九江人元初、廬山賣油者、賣餅胡氏、豫章人陳導、「日贏錢三百」賈人妻、廬陵賈人田達誠、軍吏宋氏「市木至星子」、軍吏徐彥成「恒業市木」，還有浮梁縣令也乘機「累金積粟」，等等[171]。大多數江西商人經營的仍是數量有限的糧食、布帛、茶葉等農副產品，木材、陶瓷等生活用品的低值商品。從其財力與經營規模看，基本屬於中小商人。

　　隋唐五代特別是中唐以來，江西農業、手工業得到顯著的發展。農副產品中的糧食、茶葉、魚、木材等，手工業品中的瓷器、鐵器等，都很豐富，投入市場的數量日趨增加，使得依賴於

---

171 分別見《太平廣記》卷一〇八《元初》、卷三九五《九江賣油者》、卷三八四《阿六》、卷三二八《陳導》、卷一九六《賈人妻》、卷三五四《田達誠》、卷四七〇《宋氏》、卷三五〇《浮梁張令》。

本區特色的商業貿易達到了歷史上的較高水準。以糧食貿易為例，輸往長江中、下游地區的上供米、和糴米以及市販米多來源於江西。皇甫湜《吉州廬陵縣令廳壁記》：吉州「土沃多稼，散粒荊揚」。又《景德傳燈錄・吉州青原山行思禪師》：「僧問：『如何是佛法大意？』師（行思）曰：『廬陵米作麼價？』」「廬陵米價」公案演變為禪門著名的「話頭」，生動地反映出糧食買賣在廬陵地域極為平常。江西「米穀至多，豐熟之時，價亦極賤」**172**，因此，江西糧商較多。《太平廣記》中即有不少記載。卷二四三《龍昌裔》：廬陵人龍昌裔「有米數千斛糴，既而米價稍賤」；卷三七四《胡氏子》：洪州姓胡的農民，曾命其子「主船載麥，溯流詣州市」出賣，以獲厚利；卷三五〇《浮梁張令》：浮梁張縣令，「累金積粟，不可勝計」。江西地區的商人，主要經營的就是這些本土生產的農副產品、手工業品。除此之外，某些生活必需品如鹽在江西並不生產；諸如珠寶之類的奢侈品，江西也很少生產。它們需要從外地輸入，這又從另一方面大大地推動了本區商品經濟的發展。以鹽為例，江西南部的廣東歷來是有名的產鹽區，唐以前，由於大庾嶺所阻，江西全境皆食兩淮鹽。淮鹽產區離江西，尤其離江西南部較遠，而且又是溯江而上，運鹽量不能多，價錢又貴。加上遙遠的運途中日曬雨淋、鹽丁舞弊，摻雜夾沙，以至江西的食鹽既少又貴，品質又差，民眾苦於淡食。唐開元間大庾嶺道拓寬後，大庾、南康等縣人民便開始翻

過梅嶺至廣東南雄附近的圩市去購買食鹽。稍後,廣東鹽商私販也紛紛把鹽運過嶺來,賣給贛南民眾。宣宗大中三年(849年),廣鹽已公開自嶺南經大庾嶺路運入江西,改變了贛南一帶素食淮鹽的歷史。到僖宗時每年約有四十萬緡的廣鹽運進贛州、吉安一帶。江西專食淮鹽的規矩打破,百姓得到了一定的便利。廣鹽、淮鹽的競爭,興旺了江西地區的鹽業市場。

根據經商的種類,江西商人主要有茶商、陶瓷商、木材商、糧商、鹽商等,當然也可能是多種經營。由於江西地區商品種類較多、數量豐富、品質較好,同時隨著本區社會經濟的發展,也需要外來的商品滿足民眾的物質、精神生活。特別是江西地區交通運輸條件的改善與進步,本區成商人關注與取利的重點地區之一。伴隨商業活動的頻繁,江西商業資本亦顯得非常活躍,商人在社會經濟生活中開始起著重要的作用。

人本是地理環境的產物,不同的地理環境影響著人們的謀生(經濟)方式。有些地方儘管是窮山惡水,但卻經商成風。如臨川的商業活動非常普遍,是當地民眾謀生的重要方式。臨川地形多為山地丘陵,不利於糧食作物的生產,卻成為諸如茶葉、藥材、竹木之類的經濟作物與土特產的重要產區。這些地方經商風氣的形成不是一個偶然現象,而是民眾生存本能所致。另外,由於江西人口的增長,帶來了人力資源富裕及其壓力。民眾因土地條件的限制,單純從事糧食生產維持生計或發家致富有較大困難,為了生存與發展,他們不得不因地制宜,多種經營,促進農業、手工業和商業的全面發展。如樂平洪氏善於農商結合。洪適高祖父遷居岩前村,為振起門戶,洪氏耕作之餘,兼營貨運,利

用樂安航道之便,往返於饒州郡城鄱陽與樂平縣,做魚鹽生意。交易大了,家境富了,便謀劃在鄱陽城外四十里的瀚港買地置新莊,以便囤積中轉商貨。洪氏的農商模式,是中唐以來江西許多民眾實踐的模式,說明長期困擾江西的自然經濟意識得到了明顯的改善。值得注意的是,社會經濟發展水準也是商人產生的重要前提條件,決定著當地的商品經濟水準必然處於中下階段。當時江西的絕大多數商人,還是處於養家糊口的階段。《太平廣記》卷一〇八《元初》載:九江人元初「販薪於市,年七十……晚歸江北,中流風浪大起,同涉者俱沒。唯初浮於水上,既漂南岸,群舟泊者悉是大商」。顯然這個元初做生意只是為了養家糊口。但養家糊口的小商人越多,越能證明當地從事商業這一職業的普遍性。當然,經商也成為江西地區一些人致富的重要途徑。《太平廣記》有不少記載:卷一三四《童安玗》載,唐信州貴溪縣乳口鎮人董安玗,開始很貧窮,後「借假錢六七萬,即以經販」,家業「遂豐富」;卷三五四《田達誠》記,「廬陵有賈人田達誠,富於財」;卷三七四《胡氏子》記,「胡本家貧」,「農桑營贍,力漸豐足」,又因經商期間,意外得錢數百萬,「由是其家益富」;卷四〇一《宜春郡民》記,宜春郡民章氏因得「銀人」,「江西郡內,富盛無比」;卷四〇四《岑氏》記,岑氏因與胡商交易,獲錢三萬,「以錢為生資,遂致殷贍」;卷一一九《熊慎》記,熊氏「殖產鉅富」。白居易《鹽商婦》詩中也講到揚州某小家女,因嫁給了江西的大鹽商,此後「不事田農與蠶績」,「綠鬟富去金釵多,皓腕肥來銀釧窄。前呼蒼頭後叱婢」,過著奢侈的生活。

　　唐代江西商人十分活躍，不少人已不滿足於在本鄉本土作小商小販，開始利用不同地區價格上的較大差異來謀取厚利，而江西融入全國的道路交通網絡則為長途販運提供了便利。這些商人把江西地區的一些土特產，諸如瓷器、布帛、竹木等遠銷全國各地，江蘇、湖南、湖北等周邊地區乃至遙遠的京都長安都留下了他們活動的足跡。如《太平廣記》卷二九〇記，鄱陽安仁里民呂用之父，「以貨茗為業，來往於淮荊間」。同書卷三二八記，「尼妙寂，江州潯陽人，初嫁任華，潯陽之賈也。與華往復長沙廣陵間」；豫章人陳導「以商賈為業。龍朔中，乃泛舟之楚」。費冠卿《九華山化城寺記》載：唐德宗時，九華山化城寺舊額另置，「江西估客」捐施「匹帛錢繒」。長途販運給江西商人帶來了豐厚的利潤，如《太平廣記》卷三三一《楊溥》記，豫章諸縣「盡出良材，求利者採之，將之廣陵，利則數倍」。

　　「大編商船一百尺，新聲促柱三十弦。揚州布粟商人女，來占江西明月天。」[173]商業活動是相互的過程，江西之外的大批商賈也紛紛湧入江西。唐代長江流域的商人大量往來於江西地區，獨孤及曾說：「豫章郡左九江而右洞庭……由是越人、吳人、荊人、徐人，以其孥行，絡繹薦至大江之涯。於是乎宏舸巨艦，舳接艫隘。」[174]《太平廣記》卷二〇四《呂鄉筠》載，洞庭湖地區的商人呂鄉筠，「常以貨殖販江西雜貨，逐什一之利」。同書卷

---

173 《劉禹錫集》卷三十八《夜聞商人船中箏》。
174 《毗陵集》卷十七獨孤及《豫章冠蓋盛集記》。

二十三《馮公俊》載，傭工馮俊，受雇於一道士，從揚州至潯陽，所雇船亦自揚州直駛「南湖廬山下星子灣」，道士故弄玄虛，對舟人說：「知汝是潯陽人，要當時至，以此便相假。」實際上道士應是屢見這一舟人經常往來於揚州和江州之間，故乘他的船歸廬山而已，並非有什麼預知的神通。《吳郡志》卷四十二《浮屠》載，五代時昆山人全付曾「隨父賈販至豫章」。不僅有中小商人，大商人也往來於江西地區。《唐國史補》卷下載，大曆、貞元間的女商人俞大娘，「航船最大……開巷為圃，操架之工數百。南至江西，北至淮南，歲一往來，其利甚大，此則不啻載萬也」。大商人往來於江西，說明本區的商品經濟水準已得到較大的提高。《敦煌零拾》載《長相思》詞三首，其一：「作客在江西，富貴世間稀。終日紅樓上，頻頻愛著棋。滿滿滿酌醉如泥，輕輕更換金卮。盡日貪歡逐樂，此是富不歸。」其二：「作客在江西，寂寞自家知。塵土滿面上，終日被人欺。朝朝立在市門西，風吹淚點雙垂。遙望家鄉腸斷，此是貧不歸。」其三：「作客在江西，得病臣毫釐。還往觀消息，看看似別離。村人曳在道傍西，耶娘父母不知。身上綴牌書字，此是死不歸。」這三首詞分別描寫了三個在江西從商者的不同生活情形，從側面反映了唐代江西都市繁榮與商業的發展。

　　隋唐時期，因中國富強，來自中亞、西亞等地的「商胡」（胡商）非常之多。胡商善於營生謀利，足跡遍於中國。江西由於地處交通要地，社會政治環境較好，經濟較為發達，也吸引了不少胡商。大食、波斯等國商人從廣東、福建等地紛紛來到江西進行商貿活動。如《饒州府志》卷二十四《人物志》記載：「有波斯

安息人自閩轉佑經饒。」洪州雖非海港，但為嶺南溝通中原道路所經，又是江西觀察使所在地，成為唐代胡商較為活躍的地區。《太平廣記》屢及洪州胡商，如卷三七四《胡氏子》：洪州胡氏遇見一胡商，「知其頭中有珠，使人誘而狎之，飲之以酒，取其珠而去」。卷四○四《岑氏》：臨川人岑氏，發現二塊寶石，拿到豫章，賣給波斯胡人。岑氏以賣寶石之錢「為生資，遂致殷贍」。卷四四一《莫徭》：莫徭得到一支象牙，「載到洪州，有胡商求售，累加值至四十萬。尋他胡肆，胡遽以草席覆之。他胡問是何寶，而輒見避，主人除席云：止一大牙耳」。眾多胡商在江西的頻繁活動，足見唐代江西與海外的連繫已大為加強。同時，胡商所經營的物品也往往是質高價高的奢侈品，表明江西商品經濟已達到較高的水準。事實上，胡商在江西可發財致富。唐肅宗時兩京糧餉不繼，江淮度支使征洪州波斯胡商財，以補時用，「胡樂輸其財而不為恨」[175]，就是明證。

新中國成立以來，江西文物工作者在南昌、贛州、黎川、高安、清江等地發掘了不少唐代墓葬，幾乎每座墓都有「開元通寶」、「乾元重寶」等唐代銅錢出土。如一九六三年在贛州市天竺山小學附近清理唐墓，出土開元通寶錢十二枚；一九六五年在南昌市北郊碑跡山唐墓出土開元通寶三十枚，一九七三年又在江西化纖廠基建工地發現唐開元通寶一○九枚。唐從武德四年起鑄

---

175 田余慶、李孝聰：《唐宋運河在中外交流史上的地位和作用》，載《運河訪古》，上海人民出版社一九八六年版。

造「開元通寶」錢，一直使用到五代，其間只有唐肅宗鑄造過「當十」與「當五十」的「乾元重寶」錢。唐代錢幣鑄造數量有限，民間物物交換盛行。江西地區「開元通寶」等銅錢的大量出土，正說明當時本區錢幣流通的頻繁與商品貿易的興盛。

豐裕的商品，便利的交通，活躍的商人，促使隋唐五代江西商品經濟迅速起步，並趨於繁榮。江西商業活動的開展，不僅極大地豐富了民眾的生活，而且有利於本區的經濟增長。江西社會經濟的發展是造成這時期商人較多的重要原因，商人的活動又促進了江西社會經濟的發展。江西商人的規模，無論從數量上，還是從經濟實力上都得到了前所未有的發展。當然，江西地區基本是中小商人，少見有影響的大商人；商人的個體行為多，沒有形成所謂的商幫或集團；商人形象也不見於正史，這些都表明江西商人還處於中下地位，在一定意義上反映出江西地區的商品經濟尚沒有步入中國的先進行列。江西地區也有若干的影響商人成長與商品經濟發展的不利因素，根本的就是本區的經濟基礎依然是農業為本的自然經濟。此外，「窘厄商徒」[176]的社會動盪也不時影響江西商品經濟的發展與繁榮。

二　城市商品經濟的初步繁榮

隋唐五代處於古代型市場向近代型市場轉變的過渡階段，即一方面市場仍是一種古代型市場，「坊市分設」、「日中為市」的

176　《唐大詔令集》卷一二〇《討草賊詔》。

制度繼續維持並發揮作用；但另一方面這種古代型市場又逐漸擺脫原始市場的性質，發生了一些新的變化。唐中葉以來，在商品經濟發育較好的地區，不僅逐漸打破坊市制度，而且還普遍出現早市、夜市、草市等，充分表現出前後交替的過渡性特徵。從都市、早市、夜市和草市發生的地區和規模看，江西已漸成為當時長江中游商業的中心地區之一，構成了長江中下游區域性市場的重要組成部分。

隋唐五代江西商品經濟得到極大的發展，突出體現在本區城市經濟上。洪州、江州、吉州、饒州等大中城市在唐代，已成為當時江南的大都會或重要的商品交換市場，對本區乃至全國的經濟和社會發展都產生了一定的影響。

唐代洪州城是江西乃至長江中游地區的商業中心。洪州城具有發展商品經濟的優越條件。一方面，洪州地區不僅糧食等農業新產品豐富，工商業產品也比較豐富，如在青瓷器的燒造以及漆器、紡織、造船、銅器和金銀器的生產工藝方面都有很大的發展。另一方面，洪州地處長江中游，水陸四通，據有「連巴控越」、「襟楚引甌」的地理優勢。尤其是自開元年間張九齡開通大庾嶺以後，海外和嶺南的貨物，大都由廣州越大庾嶺過洪州，再由洪州轉運各地。洪州成為一座扼國內交通兼有外商來往的著名商埠，號稱「江淮之間一都會」[177]。洪州商品經濟一向發達。《隋書・地理志下》載，豫章郡「衣冠之人，多有數婦，暴上市

---

177 《太平廣記》卷四〇三《紫・揭》。

廛，競分銖以給其夫」。可見，六朝以來豫章的一些婦女已積極從事商業經營。至唐時，商品經濟更加活躍。杜牧《懷鍾陵舊遊》詩云：「連巴控越知何有，珠翠沉檀處處堆」，「控壓平江十萬家，秋來江靜鏡新磨」。表明洪州是連接巴蜀與嶺外貿易的樞紐。洪州城內人口稠密，「控壓平江十萬家」，「噫息雷動，噓氣霧散，由是行里者駢肩礙，不得周旋」[178]，這些人口中，外來的人口眾多。因為唐代洪州地區人口在元和時為九萬餘戶，而洪州城就有雖為誇張的「十萬家」，顯然外來的流動人口佔有相當的比重，而這些流動人口無疑又對洪州城的商業起著極大的推動作用。當時的洪州城吸引了各地商賈，南昌城西章江門外向南直至南浦和城北的石頭驛分別為停泊大量南來北往商船的地方。杜牧《中丞業深韜略志在功名，再奉長句一篇兼有諗勸》詩云：「檣似鄧林江拍天，越香巴錦萬千千。」韋莊《南昌遠眺》描繪：「南昌城郭枕江煙，章水悠悠浪拍天。芳草綠遮仙尉宅，落霞紅襯賈人船。」獨孤及作《豫章冠蓋盛集記》稱：「三吳舟車，八使冠蓋，名公髦士，群後庶尹，輻輳鱗集」，「宏舸巨鷁，舳接艫隘，軺車鶯鑣，轄掛轂擊」，即是洪州城商業繁華生動的寫照。從前引《太平廣記》資料討論外來江西的商人可知，洪州與廣州、泉州、揚州等地一樣，成為經營質好價高的珠寶之類的商胡集中之地。洪州作為南北東西交通的重要樞紐與商貿比較發達之地，城內商胡眾多毫不奇怪。

178 《全唐文》卷六八九符載《鍾陵東亭湖記》。

江州城，「襟江帶湖，據三江之口，四達之衢，七省通連」[179]，故從六朝起就成為江南重要的軍事、經濟重心之一。隋唐時期，隨著大運河的暢通，江州成為附近數州的物資集散地，必然促使江州城的商品經濟的發展。符載在《江州錄事參軍廳壁記》中說江州航運：「地方千里，江涵九派，繒錢粟帛，動盈萬數，加以四方士庶，旦夕環至，駕車乘舟，疊轂聯檣。」孟浩然《自潯陽泛舟經明海》詩中也說：「大江分九流，淼淼成水鄉。舟子乘利涉，往來至潯陽。」可見，唐代江州城吸引了各地商賈，他們利來利往，日夜奔忙，出手很大。天時、地利、人和，使江州城「世稱雄鎮，且曰天府」[180]，其繁華程度庶幾與洪州城媲美。

唐朝時期的饒州、吉州、撫州等州城，雖比不上洪州、江州，卻也是商賈輳輻、百貨雲集的區域名城。如吉州，皇甫湜《吉州廬陵縣令廳壁記》曰：「廬陵戶餘二萬，有地三百餘里，駢山貫江，扼嶺之沖。材竹鐵石之贍殖，苞筐輝緝之富聚，土沃多稼，散粒荊揚，故官人率以貪敗。」又饒州，章孝標《送張使君赴饒州》：「饒陽因富得州名，不獨農桑別有營。日暖提筐依茗樹，天陰把酒入銀坑。江寒魚動槍旗影，山晚雲和鼓角聲。太守能詩兼愛靜，西樓見月幾篇成。」可見，這兩個城市也十分富庶，經濟繁榮。又撫州，唐人張保和在《唐撫州羅城記》中寫道，「臨川古為奧壤，號曰名區，翳野農桑，俯津闤闠。北接江

---

179 《全唐文》卷三八九獨孤及《江州刺史廳壁記》。
180 《全唐文》卷三八九獨孤及《江州刺史廳壁記》。

湖之脈，賈貨駢肩；南沖嶺嶠之支，豪華接袂。」可見當地商人往來之頻繁及商品經濟的發達。

東晉南朝以來，贛南日漸得到開發。《隋書·地理志》載及豫章郡風俗，稱人民「勤耕稼」，而南康郡「俗頗同豫章」。虔州是江西南部重要的水陸樞紐。唐代為了適應廣州對外貿易的發展，開元四年（716 年）張九齡奉命主持開鑿了大庾路。貞元（785-805 年）初虔州刺史路應又對贛江航道作了疏治。加上當時虔州東至汀州驛道的開闢，虔州商人不僅可以南下廣州，北上洪州，而且可以東出福建。這樣，虔州城遂成為海內外商人彙集之區，推動了當地經濟的發展。

「商業依賴於城市的發展，而城市的發展也要以商業為條件。」[181]江西商品經濟的發展推動了城市的繁榮，而城市的繁榮又帶動了商業的興旺。儘管如此，江西畢竟是後發展起來的經濟區域，只形成相對狹小的區域性的市場。除洪州外，還沒有足夠的經濟基礎形成影響全國經濟的大都市，比較起全國商品經濟發達的城市來，其城市經濟發展還是比較有限的。

有唐以來，江西的縣市發展較快。貞觀七年（633 年），唐太宗「廢州縣市印」，可知唐前期在縣治所在地普遍設市；中宗景龍元年（707 年），「敕諸非州縣之所，不得置市」[182]。言下之意市只能設立在縣級以上政府所在地，縣市是政府同意設立的最基

181 馬克思：《資本論》第三卷，人民出版社一九七五年版，第 371 頁。
182 《唐會要》卷八十六《市》。

層的商業市場。宣宗大中五年（851 年）頒敕：「中縣戶滿三千以上，置市令一人，史二人。其不滿三千戶以上者，並不得置市官。若要路須置，舊來交易繁者，聽依三千戶法置，仍申省。諸縣在州以郭下，並置市官。」[183]三千戶以上的縣設立市，三千戶以下的縣也可因「舊來交易繁者」設市，因此縣普遍設市成為事實。縣市由政府統一管理，市令要「州選」，不得用本縣人，以免營私舞弊。遵照政府的法令與滿足經濟發展的要求，江西各縣都先後設市。縣市與州市一樣，一般設立在河道旁和橋樑邊的交通便利之處，體現出較強烈的商業功能。通常一縣一市，但因商品經濟的需要，事實上在江西常有一縣兩市的情況出現。婺源縣城原設在清化鎮，自唐中和二年（882 年）鎮將汪武開始至弦高鎮判事，此後地方長官不再回到縣城辦公。五代楊吳大和年間升婺源為都制，在弦高鎮重築新城，「啟昇元二門，建東西兩市」。婺源建兩市，主要原因是「茶貨實多，兵甲且眾，甚殷戶口」[184]。

縣城的商品經濟雖然遠比州城為低，但畢竟是一地方的中心所在。在古代社會，縣市對普通百姓說來，通常是最重要的經濟中心，因此有時也顯得十分活躍。如江州都昌，因土地肥沃，「井戶之阜」，地處交通要道，商品經濟繁榮，發展而成為縣。又洪州新吳（今奉新），宋桂如《奉新華峰樓記》：「北趨江淮，南抵閩粵，道路四達，商賈會通。」洪州建昌，韋莊《建昌渡暝

---

183 《冊府元龜》卷五〇四《邦計部・關市》。
184 《全唐文》卷八七一劉津《婺諒諸縣都制覺新城記》。

吟》詩云：「市散漁翁醉，樓深賈客眠。」一派平和、富庶的情景。《太平寰宇記》卷一○六《分寧縣》記，武寧縣本常州之亥市。其他凡十二支，周千里之內，聚江、鄂、洪、潭四州之人。而分寧縣本是距武寧縣一百多公里的草市，由於商業的發展，「豪富物產充之」，於貞元十六年（800年）置縣。這些小城鎮處在大城市與鄉村的中間環節，是城市與農村商品經濟交換的場所，大大活躍了城鄉經濟。

這一時期，農民與市場、商業的連繫，主要靠縣市來完成的。江西縣市吸引了本縣的大宗物品及特色產品進入交換領域，影響波及縣城周圍及更遠的廣大農村，成為農村的中心市場，推動了農村經濟的發展。江西在唐五代時期大量設置新縣，標誌著縣市的更加普遍與合理地設立，實際上表明了農村基層商業中心的縣市分布和發展呈現出一個漸進的過程。不過，這一時期的江西縣城一般規模較小，人口不多。在縣城生活的居民主要是官員及其家屬、少量的武裝人員以及為這些人服務的少量工商業者，縣城並沒有完備的商業服務系統和對本地經濟發展舉足輕重的手工業，大部分的縣城僅僅作為一個行政據點而存在著，這和現代意義上的城市是一個完全不同的概念。偏居於縣城一隅的縣市，市場範圍有限。縣市和州城之間的商品網路關係並不清晰，大部分縣市的商業封閉性較強而自成一體，商品交換的涉及面局限於一定範圍內，表明自然經濟的體制依然是江西社會的基礎。從當時的實際情況來看，江西並沒有因縣市的發展帶來整個縣城在經濟和城市建設上的大突破，並不像諸多學者認定的那樣在向城市化發展。

三 農村集市的興旺

隋唐五代時期，廣大鄉村民眾為了交換、購買生產生活用品，因而自發地形成了大大小小的鄉村市場。這一類市場中，等級稍高一些的稱做草市或圩市。草市的形成與發展，是農村經濟發展的必然產物。「草市貿易的出現和發展，適應了分散於各地的小商品生產者的要求，同時也便利了消費者，買賣雙方不必長途跋涉，就近解決了民生所需的主要商品的交換，特別是遠離正規市場的地區。」[185]因而，草市貿易成為農村商品交換的主要形式，是州縣正規市場的有力補充。

非官方的草市始見於東晉南朝，起初只是鄉村的一個小店或城郭郊外的一個坊鋪，經過一段時期的發展，成為具有一定規模的商品集散地。隨著商業貿易特別是農村商品經濟的發展，唐代草市在六朝的基礎上進一步發展，數量增加、規模擴大。唐代草市大都設在城郊附近、交通要道或驛站附近以及大村鎮。一些大的草市，其繁華程度，並不亞於城市，有的還超過附近城市。市中有或多或少的常設店鋪、貨肆，也運銷全國各地的特產，故同樣是四方商賈聚集之地，往往成為農村集鎮的雛形。市中所售之物亦種類繁多，主要是農副產品與農村所需要的生產生活必需品，如糧食、鹽茶、魚蝦、農具、果蔬、柴薪等等。不過，受州縣市場以及農村經濟文化水準上升的影響，一些與農村生產生活

---

185 田昌五、漆俠主編・《中國封建社會經濟史》第二卷，齊魯書社、文津出版社一九九六年版，第594頁。

不甚緊密的物品，如大批珍奇奢侈品甚至名人的詩文竟也成為交易的商品。顯然，一些草市隨著社會經濟的發展，已超越了建市最初服務於當地農村的要求，融入了更大範圍的商品貿易網路，與外界的商品流通連繫起來。唐中後期江南地區的草市發展得較快，這種草市分布於沿江要津，成為地方小市場的中心。杜牧曾指出：「凡江淮草市，盡近水際，富室大戶，多居其間。」[186]江淮流域的草市多在河流附近，與當地的地理環境相合，也便於貨物轉輸。古人以干支紀日，長江流域許多地區每逢亥日有草市，所以這些地區的草市又稱為「亥市」。白居易敘述長江沿途風俗稱：「亥市魚鹽聚。」[187]張籍作詩描繪江南風土人情：「江村亥日長為市，落帆度橋來浦里。」[188]這種每隔十二天舉行的亥市，大大豐富了鄉鎮的經濟生活，促進了貨物的流通。

就目前史料，六朝至唐前期，江西還不見有關草市的記載。唐中期以來，江西的一些地區在縣城之外，逐漸自發地興起一些「草市」，並得到迅速的發展。如「本常州之亥市」的洪州武寧縣、建昌縣等。江西各州縣到底有多少草市？這個問題不要說今人，就是唐人也會糊塗。因為草市是自然產生的，又是非官方的。同時草市本身是個攏統的概念，它的內涵沒有明確的界定，有人認為它是圩市、村市，還有人就直指它是農村集市。從實際

186 《樊川文集》卷十一《上李太尉論劫江賊書》。
187 《白居易集》卷十七《江州赴忠州至江陵以來舟中示舍弟五十韻》。
188 《全唐詩》卷三八二張籍《江南行》。

情況看，既有津要渡口之處的民間市場，也有陸路驛站附近的集市，這是依交通環境而自發產生的草市；此外還有與商品產地相關的專業草市，如藥市、魚市、橘市等。所以唐代江西的草市難以統一，但可以認定的是草市的存在與分布應是相當普遍。江西的一些草市比較繁華，如白居易曾有詩描繪包括江西江州在內的沿長江一帶的草市：「水市通闤闠，煙村混舳艫。吏征漁戶稅，人納火田租。亥日饒蝦蟹，寅年足虎貙貐……樓暗攢倡婦，堤長簇販夫。夜船論鋪賃，春酒斷瓶沽。」[189]從詩中可見江西水鄉農村市場上的交易是非常的活躍。當然，也有些草市比較寂寞，如《南部新書》卷壬載，信州城西的草市，「所在仍多樹木」。總的說來，江西草市的發展應是比較突出的。唐初政府規定「非諸州縣不得置市」，但在州府縣治城市以外的郊區鄉村地方自然形成的市，政府即不加過問，也不派遣市官，因而是相對自由的。但中國封建勢力對地方控制素來嚴密，鄉村草市一出名即置鎮管理，形成官方管理下的市鎮。唐中葉以後，有些人口眾多，商業發達的草市，如果其地理位置也十分重要，政府認為有在那裡建城設治的必要時，往往會把草市升格為縣市。據《太平寰宇記》卷一○六《洪州分寧縣》記，分寧縣即是因草市而升格建置的。

草市之外，唐代還廣泛存在著其他類型的定時一聚的農村集市。有的集市，每年定期舉行一兩次。如在神廟定期舉行物品交易的廟會，一至會期，各地商賈便從四面八方聚集而來，這種集

---

189 《白居易集》卷十六《東南行一百韻》。

市除作為附近農民的農貿市場外，更多的是作為外地乃至外國商人販賣品類繁多的遠方和異域特產的場所。更多集市則是，每隔三五天舉行一次，集會時間很短，仍是日中為市的遺制。來這市場的人，大都是附近民眾，買賣的物品也都是農、林、牧、副、漁等剩餘產品。這種集市與城市市場、與常設店鋪的草市不同，雖然也有集會的固定地點，但實際上只是臨時一聚。農村村落之間這種定期交易的初級市場的出現，說明商品交易已突破城市界限而漸入農村。就目前資料而論，江西地區並沒有這方面的專門記載，然以理推之，作為農村經濟發展比較突出的江西，也應如全國其他大多數地區一樣，在中唐以來存在著這種集市。

唐中期以來，以草市為代表等各類固定或不固定的集市遍布於江西農村，適應了本區鄉村經濟發展的需要。農村集市的相對興旺，反映出本區農村的商品經濟活動相對興旺，農村經濟得到了較大的提升，個體農民與市場的連繫進一步加強，對農產品以及相關的手工業產品的商品化頗具積極意義。同時，它又是商品經濟發展的基礎，表明了江西商品經濟發展達到了一定的水準。

四　市鎮、場的興起

市鎮、場作為縣以下獨立的經濟實體，是社會發展到一定歷史階段的產物。市鎮本是含義各不相同的兩個概念，性質亦有區別。市又稱為集，或稱圩。東漢許慎《說文》釋「市」，謂「買賣之所也」；釋「鎮」，則稱「博壓也」。可見，市原指商賈進行商品交易之所，鎮原指軍隊駐戍之地。場的本義是指祭祀的場所或未開墾的空地和堆放穀物的廣場。東漢許慎《說文》釋「場」，

謂「祭神道也；一曰田不耕，一曰治谷田也」。隨著時間的推移，至唐五代場成了縣以下獨立的經濟地理實體，它不僅與市一樣為商業中心，同時又是手工業基地。

一些富於經濟意義的鎮、場在唐五代江西也開始出現，與城市貿易相配合而形成網路市場。貴溪上清鎮，武德八年（625年）開始設鎮，原名沂洋鎮、雄石鎮，是閩贛的交通要衝，也是重要的商貿集散地。來往的船隻源源不斷地將福建山裡的山貨、木材、藥材運到上清，然後再從水路或古道轉運出去，為信州西南一帶商貿航運之津。恒州槁城人倪亞，唐昭宗龍紀元年（889年）授侍御史，不久遷信州防禦使，又遷雄石鎮鎮遏使。民間傳說，倪亞任雄石鎮遏使時，有一夥強盜盤踞在一洞中。經常騷擾鎮上百姓，搶劫財物，倪亞率部多次出擊，終因地勢易守難攻而未能消滅。後來用計謀將強盜困於洞中，命士兵用辣椒草拌硫黃點燃，用風車將煙扇入洞中，將強盜熏死洞中，自己也同歸於盡，以身殉職。從此，街市井然有序。倪亞死後葬於上清宮三清殿址。又景德鎮在唐代稱昌南鎮，以悠久的制瓷歷史和精湛制瓷技藝而著稱於世，當時即為「煙火逾十萬家」的江右巨鎮。還有一些鎮由草市發展而來。《太平廣記》卷一三四《童安圩》記，唐宣宗大中末，「信州貴溪縣乳口鎮，有童安圩者，鄉里富人也。初甚貧窶，與同里人郭珙相善。珙嘗假錢六七萬，即以經販，安圩後遂豐富」。這乳口鎮，就是由草市發展而升級為縣級以下的鎮級單位。另外，與「鎮」相類似的還有「場」。如《太平廣記》卷三五四《徐彥成》記，軍吏徐彥成於「信州汭口場」買木材，結果無木可市，「泊船久之」。此「汭口場」也是一個

與「鎮」性質相同的交易場所。這些城鎮有著重要的仲介作用，「農村的農產品和小手工業品通過集市或仲介商流入城鎮，並一層層進入更高級的城市。而供農戶消費的鹽、鐵及其他手工業品也從城市逐級向鄉村、集市、墟落擴散」[190]。它同樣也是周圍農戶商品流通的聚集區。

楊吳、南唐時期，隨著社會經濟特別是商品經濟的發展，江西許多場、鎮、草市紛紛升格。這在第二章中已有敘述。鎮、場變為縣治，草市變為鎮市，這又進一步促進了商品經濟的活躍。

五 勞動力商品化的現象

由於社會經濟的發展，經濟結構的逐步轉變，使唐代雇傭關係比前代更為普遍。中唐以來，隨著均田制的瓦解和商品經濟的發展，大量浮客出現，為雇傭勞動提供了勞動力前提。這些勞動力或被雇傭於農業耕作或為手工匠徒或作家庭事務，其雇主主要是地主、商人和官吏。隨著江西的商品經濟氣息的濃厚，勞動力商品化現象也漸漸增多。

唐代江西地區的雇傭勞動，《太平廣記》記載頗多。有被雇傭農田勞作的，如卷四六七《葉朗之》記，南康縣人葉朗之，其家奴便被雇傭於「守田」，從事耕種；有被雇為放養的，如卷四三一《劉老》記，劉老為雇主養鵝。官吏家庭一般都置有奴婢，

---

190 鄒逸麟：《中國歷史人文地理》，科學出版社二○○一年版，第 358 頁。

他們之間也有屬於雇傭關係的，如卷一三二《劉知元》記，虔州司馬楊舜臣有一奴無病而死。卷一四四《王哲》記，虔州刺史王哲建府第，使「家人掘地」，這裡「家人」即家奴。富商之家通常也雇有傭僕，如卷一三四《童安玗》記，唐大中末，信州貴溪縣乳口鎮人童安玗家就曾「率童僕」前往郭珙家劫牛；卷三五四《田達誠》記，盧陵商人田達誠家奴因不守規矩被「笞數下」。除被雇傭為家奴傭僕外，也有被雇為書僕和乳母的。如卷八十五《華陰店嫗》記，盧陵人楊彥伯及第赴選時，就伴有「童僕」；卷四〇一《宜春郡民》裡記宜春章乙家有一「乳嫗」。也有在寺院當傭的，卷三八四《阿六》記阿六就是「饒州龍興寺奴」。上面所舉雇傭勞動力的時間較長。此外，還有一些短期雇傭或臨時雇傭勞動力的。如卷三九〇《盧陵彭氏》記，盧陵人彭氏葬其父時，曾雇人挖掘葬所。撫州人黃魯常游深山不歸，其家人為擒其歸家，「乃多募人，伏草間以伺之」。江西地區已出現出賣勞動力而按日或按月計算工錢的零散打工者，即所謂「傭工資生」者，唐時稱為「日傭人」和「月作人」。專門為他們介紹工作的「傭作坊」應運而生，而用工之家則往往採取貼出紙榜以招傭的辦法。如李公佐《謝小娥傳》：謝小娥「便為男子服，傭保於江湖間。內歲餘，至潯陽郡，見竹戶上有紙榜子，云『召傭者』，小娥乃應召詣門。」除了直接雇傭勞動力外，甚至相關的勞動工具也成為雇傭的對象。如《太平廣記》卷一二一《崔尉子》載：唐天寶年間，崔姓縣尉赴任吉州，「乃謀賃舟而去。僕人曰：今有吉州人姓孫，云空舟欲返，傭價極廉」。

唐代江西地區雇傭關係的增多而漸趨普遍，勞動力的商品

化，從一個側面說明當時本區的商品經濟相對發達。

綜上所述，隋唐五代特別是中唐以來，洪州、江州、吉州等較大的經濟中心城市已經形成，大量小城鎮已經出現，農村商品經濟的相對活躍，人口的聚居和經濟的發展又使江西出現了一批新城，這都說明江西地區商品經濟已得到快速的發展，商品市場網路已初見雛形，已成為全國商品經濟較為發達的地區之一。然而，中唐以來江西城鄉商品經濟水準，受當時生產力發展水準的制約，其城鄉商品市場體系的成熟還有待時日。主要表現在：一、江西商業中心少，在全國有影響的商業中心更少，就商業城市而言，江西在長江中下游地區只處於中等地位，與商業發達地區相比，仍有較大差距。二、江西市場的布局比較分散。市場對人們日常生活主要起一些調節功能，而對於地區經濟發展的影響還是有限的。江西輸出的大量農業、手工業產品，僅僅是作為租賦繳納給封建政府，並不全部進入流通領域，對商品經濟的作用不是很大。三、從商品流通手段上言，當時江西並沒有形成市場網路，有效的商業組織少見。江西的商品流通仍然是中國商人那種比較原始的調節有無的長途販運，雖然商品的流通量較大，有一定的規律，但沒有形成系統。四、隋唐五代自然經濟占絕對統治地位，商品經濟的存在和發展，仍處於從屬地位。就江西的商品經濟本身來說，商品生產還只局限於葛麻織、陶瓷、制茶、銅鐵器業等部門以及部分農產品（水果、蔬菜、米麥等）和畜牧、水產品等；商品交換也僅限於販運貿易和傳統的市肆交易；商品城市一般就是封建政治中心。特別是商業資本除部分轉向土地外，主要在流通領域內運轉，還沒有跡象表明有大規模轉向手工

業生產的可能。所以，隋唐五代江西的商品經濟並不存在封建經濟向資本主義經濟轉變的條件，它只是封建經濟的一個發展階段。

六 江西經濟與經濟重心南移

秦漢江西所屬地域，「地廣人稀，飯稻羹魚」、「火耕水耨」、「不待賈而足」、「無千金之家」[191]，處於比較落後的自然經濟狀態。六朝江西初步開發，豫章經濟區基本形成，經濟狀況有較大改觀，但自然經濟形態依然十分充分。《隋書・地理志下》揚州後敘說「江南之俗火耕水耨」云云，顯然不是針對三吳、荊州等經濟發達地區，而是指江西、湖南等相對落後的地區。當時江西的經濟水準遠落後於南方的江淮、兩浙和巴蜀等地，處於全國的中下水準，因此它對六朝所發生的中國經濟重心南移的趨勢並沒有產生多大的影響。

中唐以來，江西經濟迅速崛起並臻於興盛，崔龈謂江西「控帶七郡，襟連五湖，人推賦稅之饒，俗擅魚鹽之利」[192]。白居易亦謂「江西七郡，列邑數十，土沃人庶，今之奧區，財賦孔殷，國用所繫」[193]。表明江西的豐饒已引起朝廷的關注，本區經濟在全國佔有比較重要的地位，已成為中國的財賦重心之一。唐後期政權之所以仍能長期維持，與包括江西在內的江南地區的財賦支

---

191 《史記》卷一二九《貨殖列傳》。
192 《全唐文》卷七二六崔龈《授絿千泉江西觀察使制》。
193 《白居易集》卷五十五《除裴堪江西觀察使制》。

援密不可分。五代時期，南唐在南方割據政權中占主導地位，長期維持，也在一定程度上與江西地區的經濟支援分不開。

　　隋唐五代江西經濟的快速發展與經濟地位的迅速上升，從中國歷史發展的大趨勢來看，是中國經濟重心南移與南方經濟發展的必然結果。秦漢以來，隨著中國封建社會內部固有矛盾的發展和北方少數民族力量的作用，都使得長期是經濟、文化中心的黃河流域的發展勢頭受到限制，江淮流域的地位不斷上升，經濟重心逐漸南移。隋唐以來，特別是安史之亂後，北方戰亂頻繁，居民離散，大量向南遷徙。江南各地的發展速度進一步加快，經濟發展水準及其實力超過北方，經濟重心南移已成定局。韓愈在《送陸歙州詩序》中宣稱：「當今賦出天下而江南居十九」。這個歷史的大趨勢，「它對於江南，尤其是江西境內，是社會經濟發展的轉機」[194]，是江西在隋唐五代特別是中唐以來勃興的最重要的歷史機遇。

　　從江西自身而言，除了原有發展經濟的相對優越的自然條件外，唐代發展經濟的各種條件都漸趨成熟：社會秩序長期相對穩定；政府注重發展經濟，採取獎勵農桑，開發礦產，發展手工業，招來商旅等政策；江西人口增長迅速，勞動力十分充裕；隨著大運河以及大庾嶺道的暢通，江西成為長江中游地區南北東西的交通樞紐，融入全國的道路交通網絡。因此，唐代江西經濟的發展與繁榮成為歷史的必然趨勢。六朝以來，江西地區的經濟逐

194 許懷林《江西史稿》，江西高校出版社一九九八年版，第123頁。

第三章・經濟繁榮與中部崛起

385

漸發展起來，至唐前期，已呈現出迅速增長的勢頭。安史之亂後，全國戰火紛飛，社會生產力遭到嚴重破壞，但江西基本上保持安定的局面，導致北人大批遷入，大大增長了江西的勞動力與生產技術，加上統治者「以江淮為國命」，對江淮包括江西地區在內的南方經濟的重視，江西的經濟生產在以往的基礎上得到長足的發展，對江西乃至全國經濟都產生了積極的影響。《元和郡縣圖志》卷二十八載，安史之亂後，中原殘破，而洪州「既完且富，行者為歸」，人口劇增，由天寶元年的五五〇〇〇餘戶，增至元和年間的九一〇〇〇餘戶。唐末詩人王駕在其《社日》詩中描寫了當時江西鉛山縣農村的太平景象，「鵝湖山下稻粱肥，豚柵雞棲半掩扉。桑柘影斜春社散，家家扶得醉人歸」。五代十國時期軍閥割據戰亂頻繁，而楊吳、南唐數世則偏安於江南，佔有經濟文化條件比較優越的長江中下游地區，統治者實行「與民休息」的政策，輕徭薄賦，勸課農桑，經濟得到迅速發展，晚唐時期即已開始出現的經濟重心逐漸南移的趨勢更加明顯。江西初屬楊吳，後屬南唐，在南唐的三十九年間，人口增殖較快，州縣數目大增，社會秩序穩定，經濟持續發展，其如陸游《南唐書・烈祖本紀》所稱：「比他國最為富饒。」

　　隋唐五代江西農業生產力大大提高，掀起了農田水利、墾荒拓土的熱潮，糧食產量大增，經濟作物種植逐漸普及。雖然農業生產仍以種植糧食作物和桑麻為主，以滿足農民、地主自身消費的需要和封建政府賦稅徵收的需要，生產為自給性消費服務。但是，這一時期江西的農業經濟格局已在悄悄變化，突出表現就是農產品商品化趨勢增強，綜合性、經濟型農業取得了很大的發

展。江西農業經濟結構，是建立在以水稻為主的糧食業的基礎上的。租米屬於農民的剩餘生產物，被無償徵調，並不是商品生產。然而，當時商人運銷的大量稻米，則是地主、農民出賣的產品。江西的經濟作物以桑、麻、茶葉、水果為大宗，這些經濟作物與市場的關係甚為密切。一旦農業經濟從單一的「男耕女織」型轉向多種經營型，它的活動餘地就大大增加了。江西正是憑藉其優良的自然條件，在發展糧食、蠶桑麻的同時，擴大了茶葉、水果、藥材等的生產，增加了人們的經濟收入；把一部分勞動力投入商品生產，使農業活動範圍從糧食生產向經濟作物擴大、從平原向山區深入，使自然資源得到更為廣泛的利用，並且加強了地主、農民和市場的連繫。這種趨向是很有意義的，因為農業商品化傾向的加強，為封建經濟的進一步發展注入新的血液。中國封建經濟發展的最重要標誌是商品貨幣經濟的發展，隋唐五代江西社會經濟新動向即在於此。

在農業發展的基礎上，江西手工業得到普遍發展，手工業門類增多，手工業產品與市場連繫更為緊密，商品化趨勢增強。手工業的發展最能反映出地方經濟特色，江西手工業以當地資源為原料，發揮地方優勢，豐富了人們的生產生活用品；手工業促進了商業繁榮，它不僅提供了交通工具（船舶），還提供了商品與市場。就市場而言，茶農和制茶工人需要糧食、薪柴、制茶及運載工具；制瓷工人需要鐵木工具、糧食、薪柴；礦冶工人需要鐵木工具、茶葉、糧食。各個手工業行業之間互為市場，加上與鄰州的經濟交流，商品經濟必然發達。在農業、手工業發展的基礎上，江西商品經濟進一步發展，城鄉商品經濟取得重大進步，商

品構成也漸趨社會化、生活化，人們日常生活對市場的依賴性大大增強。江西之所以成為唐中期以來，政權財政依賴的重點區域之一，成為中國古代經濟重心南移的前沿地帶，並不單是以傳統農業優勢取得的，而是手工業、商業綜合發展的一個結果。

農業、手工業的發展，商業交通條件的改善，使江西地區整個經濟連繫得到加強，社會物質生產承受的消費能力不斷提高，人口增長而且生活得到改善，新置鎮、場、縣、州不斷出現，江西經濟正向前良性發展。這就是唐五代江西各州縣由唐向宋過渡，其封建經濟在運動中得到充實、豐富。方家指出，唐以來，商業由古代型向近代型轉變，即由純粹的販賣性商業轉向由眾多市場、市鎮及草市等組成的商業區[195]。江西商業也是相當符合這一轉化規律的。唐代江西已從比較單純的自然經濟狀態進入到了農業、手工業和商業共同繁榮的新階段，無論是農業、手工業生產都有商品化趨向，反映出社會發展的一個新動向。儘管江西社會經濟的發展仍規範在傳統農業社會之內，但商品經濟的傾向已十分明顯，已從自給自足的相對封閉的經濟模式中得到了一定的突破。可以說，江西綜合發展的農業、商品生產的手工業及有系統配套的商業這一經濟格局，在唐中後期以來已經初步確立。這正是江西經濟發展與社會變遷的一個動力。一個地區的經濟發展的重要指標，是民眾的生活水準。由於新的經濟模式的積極作用

---

195 傅築夫：《中國封建社會經濟史》，人民出版社一九八六年版，第379頁。

和影響，江西地區民眾的生活也得到一定程度的提高。

　　秦漢六朝江西開發主要集中在鄱陽湖沿岸和贛江幹支流河谷。隋唐五代江西經濟開發得天時、地利、人和，因而經濟開發無論是廣度還是深度都大大向前拓展。經濟開發，已由自然條件較好的平原和低丘陵地域，轉向以山區、邊區、湖區等條件較差的地區，並取得了令人矚目的成績。這從江西在唐五代時期不斷新增州縣可以清楚地說明。安史之亂前，江西共有七州三十四縣，唐後期增加一州五縣，五代增一州十四縣。北宋統一後的十餘年間，在五代基礎上又增設三軍八縣，轄縣達六十餘個。地域不變而州縣行政區一再增多，直接原因就是經濟發展，人口繁多。新增設的縣就分佈而言，有一個明顯的特點就是大部分分布在贛江支流的山區地帶，如修水流域的武寧縣、分寧縣，盱水流域的南豐縣，禾水流域的永新縣等，這反映了唐代隨著江西經濟的發展，對贛江支流開發的深入，落後的山區地帶經濟已有了很大的改善。

　　隋唐五代江西地區經濟的快速發展，反映了中國經濟重心南移在本區的趨勢，以及本區在經濟重心南移中的地位與作用。東漢以降，由於氣候變遷及其帶來的水土變化等自然因素，以及黃河流域土地被過度開發等人為因素，中原地區的經濟發展遭遇到越來越多的困難，相反，淮河以南地區在經濟發展上的自然優勢則日益顯著。中國古代的經濟重心，魏晉南北朝時期已現南移的趨勢，「在長江流域，東晉以下，經濟繼續上升，南朝末年，已

經顯出超越黃河流域的趨勢」[196]。此期江西經濟在南方處於中下游的落後狀態，對此並無多大貢獻。隋唐五代江西經濟全面發展與繁榮，擺脫了秦漢六朝以來的荒蠻落後，迅速崛起於長江中下游地區，最終成為南方乃至整個中國比較發達的地區，極大地改變了中國封建社會的經濟地理格局。它不僅進一步推動了中國經濟重心南移，也確立了自己在經濟重心南移中前沿地帶的歷史地位。正是在這種經濟發達的基礎上，隋唐五代江西開始逐漸形成了人傑地靈、物華天寶的景象，為宋代經濟文化的大發展奠定了強大的物質基礎。當然，這一時期的江西經濟，與江南經濟發達地區如三吳地區相比較，還有比較大的差距，經濟地位在長江中下游地區大致處於中游。江西經濟地位的進一步上升，有待於兩宋的發展。

---

196 范文瀾：《中國通史》（第三編），人民出版社一九六五年版，第 242-243 頁。

第四章——

教育勃興與人文

日新

隋唐五代特別是唐中期以來，江西文化一改秦漢六朝的低迷狀態而呈興盛之勢：官學與私學交相輝映；科舉成就斐然；文化人士輩出；贛文化圈出現。這一時期江西文化的發展與興盛是以經濟大發展為根源的多種良性因素綜合作用與影響的結果。伴隨著中國古代經濟重心的步步南移，江西作為長江中游人文昌明區域的地位也逐漸形成。

第一節 ▶ 文教勃興

秦漢六朝，江西文化教育已有一定的成就，但形成相對完備的教育體系則是從唐代開始的。承南朝之勢，在經濟漸趨發達、政治相對穩定以及社會上科舉之風隆盛的大氣候的影響和作用下，江西文化教育事業有了明顯的進步。特別是安史之亂後，當北方的學校趨於衰微時，江西諸州公私學校卻呈興旺之勢。學校是文化的載體，唐五代江西各類學校的興盛，反映出本區文化教育發展水準已進入了一個新的階段。

一 州縣學的舉辦

中國古代的文化教育雖有官學、私學兩大系統，但「學在官府」素為傳統。隋唐五代官學在國家統治穩定時期比較正規、發達。隋代官學對江西幾乎無影響，我們略而不談。唐代京師設國子學、太學、四門學等中央官學，地方置府學、州學、縣學之類，中央與地方形成自上而下的官學系統。唐政府對地方官學較為重視，高祖武德元年（618年）初即令府、州、縣學各置生

員，大都督府、中都督府、上州各六十人，下都督府、中州各五十人，下州、上縣四十人，中縣、中下縣各二十五人，下縣二十人。每學有經學博士一人、助教一人，以五經教授諸生。府州縣學生由其長官選補，學生入學資格，雖無士庶界限，但人數少、非品官子弟往往被拒於門外。地方府州縣學的學習內容較之京師相對淺些，大略可視為中級程度。玄宗開元年間，曾在敕令中規定：「州縣學生年二十五以下，八品子若庶人年二十一以下通一經以上及未通經而聰悟有文辭、史學者，入四門學為俊士。」[1]可見在州縣讀書僅一般性的知識傳播，程度較低，學生能通一經以上，或未通經但年齡合格、有培養前途，方能由州縣長官薦舉到中央入四門學讀書。州縣學生除了學習規定的課程外，還需兼習現行的吉凶之禮，此亦可見唐人對禮儀的重視。官學在武后時曾一度衰落，《舊唐書・儒學傳》稱：「則天稱制，以權道臨下，不吝官爵，取悅當時。……博士、助教，唯有學官之名，多非儒雅之實。……二十年間，學校頓時隳廢矣。」不過大體而言，官學在唐前期尚屬興盛。武德初令州縣置經學博士、助教、學生後，各州縣尚未普遍設學，由咸亨元年（670 年）下詔，令所司營造生徒肄業之所可知，隨後即有州縣應詔興學，至開天年間州縣學已漸普遍。據《通典・選舉典》記，州縣學生達六〇七一〇員。

　　唐代江西地區官學，也有一定的發展。官學施行狀況，據光緒《江西通志・建置略・學校》所記如次：一、南昌府學，晉太

1　《新唐書》卷四十三《選舉志上》。

康中，豫章太守胡淵始建於郡西。唐大曆十三年（778 年），御史中丞杜亞徙學於城北，觀察使張鎰、鮑防複先後營建。二、豐城縣學，永徽二年（651 年）始建學。三、袁州府學，天寶五載（746 年）州守房琯立文廟而建。乾元元年（758 年）刺史鄭審移郡治西。大曆元年（766 年）刺史蕭定改建。大中九年（855 年）刺史溫璠複房琯舊所。四、萍鄉縣學，武德年間（618-626 年），縣令唐萼建。五、新淦縣學，貞觀十四年（640 年）建。六、新喻縣學，大曆八年（773 年）縣令杜臻改建。七、撫州府學，天復二年（902 年）刺史危全諷始立學廟。八、饒州府學，始建於西晉末，唐時亦有興復。九、餘干縣學，始建年代不詳，舊址在信江濱。開元二年（714 年）縣令顧錫以水患移縣左。十、永新學宮首建於咸亨年間（670-674 年）。十一、都昌縣學，咸通年間（860-874 年）縣令陳杲建。此外，還有一些州縣有關官學的記載極為含糊，難以確定。值得注意的是，為配合官學的建置，推崇儒家文化，江西各地也有一些孔廟的修建。如武德年間萍鄉、大通年間新喻，都興建起一定規模的孔廟，反映出當地重文興教的濃厚風氣。

就上述史實而言，唐代江西官學雖自貞觀以來多已設立，迅速發展則在中唐以後。分布偏重北部洪、袁、撫、饒四州，南部吉州、虔州與最北江州未見置有官學。或可說江西的官學設立時間上要滯後於時代，空間上分布不平衡，數量上也並不太多。不過，一批官學的

・萍鄉孔廟

建立為江西學子提供了一個固定的學習場所，對江西文化的發展
還是十分有利的。官方教育繫乎國運，統治穩定，官學興旺；統
治衰微，官學隨之敗壞。同時，受中國古代行政體制的影響，地
方官學需要地方財政的支撐。江西州縣官學的建設，在一定程度
上反映出當地的政治生態與經濟發展水準。洪州在江西州郡中經
濟最為發達，官學興盛；而虔州經濟最為落後，一直未有官學的
建置。撫州致富在唐中後期，其開發速度較他州遲緩，在人文發
展上亦然，直到唐末僖宗天復二年（902 年），才有刺史危全諷
立學廟。地方官學興盛與否，也往往取決於當地官員的重視程
度。袁州在唐後期進士人數劇增，顯著南方，此即與袁州官員重
視官學建設相關。如大曆年間（766-779 年）袁州刺史蕭定，將
文宣王孔子廟修葺一新以接待學人。「入其室，若聞講誦之音；
升其堂，如聆金石之響。冀夫袁江之上，將宏洙泗之風；袁山之
人，能傳鄒魯之學。儒行充於比屋，中庸化而為俗矣，非曰能之
也，冀能者賡之。」[2]袁州州治有州學，所轄三縣各有縣學，這種
情形在江西他州乃至整個南方少見。唐代江西州縣官學的情形，
在一定程度上檢驗出當地主政者對文化教育的態度。值得注意的
是，江州、吉州與虔州一樣，並無官學記錄，但江、吉二州的文
化教育水準並不低，因其私學發達，極大地彌補了官學的不足。

　　五代南唐時期，江西官學因廬山國學的建立而特別突出。其
情形見後文敘述。

2　《全唐文》卷四三四蕭定《袁州文宣王廟記》。

二 鄉村學的普及

唐朝法律規定，官學諸生年齡限制在十四歲以上，十九歲以下，而律學更是在十八歲以上，二十五歲以下，一般而言，十四歲前的啟蒙教育都是在家庭或村學中完成的。其中男子教育標準程式的要求是：「男子六歲，教之數與方名。七歲男女不同席，不共食。八歲習之以小學，十歲從以師焉。」[3]由於種種原因，某些家庭中的兒童啟蒙只能由家中的親人完成，形成所謂「父教其子，兄教其弟」的教學模式[4]。饒州司馬宋庭芬世為儒學，「生五女，皆聰惠，庭芬始教以經藝，繼而課為詩賦，年未及笄，皆能屬文」[5]。如宋氏一樣的家庭教育在唐代不少，但社會上普遍的還是由鄉、里、村、坊所建學校以及由一些家族所建的如蒙學館、書院之類所提供的童蒙階段的基礎教育。

唐代鄉學，或稱村學、鄉校、村校、鄉塾、小學等，有的設學於鄉村間，如《太平廣記》卷三五八《齊推女》所記的唐元和間饒州潘亭村學；有的則在城中城郊。如《太平廣記》卷五十五《伊用昌》記，唐天祐年間，撫州南城縣設有鄉校。這類鄉學，主要是國家政策扶持，由地方基層單位或鄉里眾人集體興辦，帶有民辦官助的性質，屬特殊意義的私學。唐玄宗開元二十六年（738 年）正月詔令：「宜令天下州縣，每一鄉之內，別各置學，

3 　《女孝經》「母儀章第十七」，宛委山堂本《說郛》。
4 　《通典》卷十五《選舉三》杜佑注。
5 　《舊唐書》卷五十二《後妃傳・尚宮宋氏》。

仍擇師資，令其教授。」⁶表明開元後期，即在全國的每一鄉都設置學校，並由官府配備師資，教授生徒。至天寶三載（744年），因令百姓讀《孝經》，下制曰：「鄉學之中，倍增教授；郡縣官長，明申勸課。」⁷唐德宗貞元三年（787年）正月，右補闕宇文炫曾上疏：「請京畿諸縣鄉村廢寺，並為鄉學。」⁸這些都足見唐政府對鄉學的重視與支持。唐朝文教昌明，科舉興盛，推動了社會基層教育的普及。日僧空海在貞元末年到唐留學時看到當時教育普遍的情形說：「大唐城，坊坊置閭塾，普教童稚；縣縣開鄉學，廣導青衿。」⁹即是對唐代初級教育的概括描述。五代時期，雖然社會動亂，因文化發展趨勢，鄉學依然處於發展之中。

與州縣學一樣，江西鄉村學在隋代並無大的建樹，至唐則有較大改觀。有唐一代，本區鄉學普遍，入學容易，受學人數當為不少。所教學童，目的大致是使粗識文字、計算，便於今後立身行事，教授的主要內容卻是儒家的經書《論語》、《孝經》等。《太平廣記》卷三五八《齊推女》記，唐憲宗元和間，有一位姓田的先生在饒州潘亭村教學，「與村童授經」。不過根據村學的實際情況，這種經學的講授，內容大約是較為淺近的，或類似於

6　《唐大詔令集》卷七十三《親祀東郊德音》。

7　《全唐文》卷三一〇《天寶三載親祭九宮壇大赦天下制》。

8　《唐會要》卷二十五《學校》。

9　空海：《綜藝種智院並序》，轉引自徐連達：《唐朝文化史》，復旦大學出版社二〇〇三年版，第278頁。

啟蒙性質。另外，唐代科舉考試以詩賦為重，鄉學無疑也受其影響。白居易的好友元稹為《白居易集》作序時稱：「予常於水準市見村校諸童競習歌詠，召而問之，皆對曰：『先生教我樂天、微之詩。』」可見當時學詩的風氣已深入到了包括江西地區在內的鄉村學校中。另外，由於鄉村之學貼近普通民眾，教學內容中當也有不少關於日常生產生活的基本的知識。

鄉校一般很簡陋，多為一師一校。教師多系一般知識份子，有的是待舉之士靠授學收取微薄的收入以等科考，有的則完全把授學於村學等私學當做謀生的手段。上述饒州潘亨村的田先生，一次有人找他時，學生說「先生轉食未歸」。顯然田先生的飯食是由學生家庭輪流提供。豫章人來鵠，咸通中科舉不第，寫《聖政紀頌詩序》稱自己「鄉校小臣」，說明他也曾做鄉間的教書先生。又如僧文瑩《湘山野錄》卷上記載：南唐李建勳出鎮豫章，「一日，與賓僚遊東山，各事寬履輕衫，攜酒肴，引步於漁溪樵塢間，遇佳處則飲。忽平田間一茅舍，有兒童誦書聲。相君攜策就之，乃一老叟教數村童」。這些以教授於鄉間的民間知識份子，雖然社會地位較低，生活清苦，默默無聞，卻為江西鄉村文化教育的普及與發展作出了貢獻。唐五代江西教育發展的標誌，就是除了有一定數量的州縣學以外，還有為數眾多的鄉村之學。

三　書院的興盛

自春秋孔子開私學之風，中國古代私學教育方興未艾。隋代四方皆有私學。《隋書・儒林傳》「序」曰：「京邑達乎四方，皆啟黌校。齊、魯、趙、魏學者尤多，負笈追師，不遠千里，講誦

之聲，道路不絕。中州儒雅之盛，自漢魏以來一時而已。」唐前期統治者企圖壟斷文化，曾一度禁止百姓擅立私學，也不得不因形勢轉而鼓勵私學。開元二十一年（733 年）敕令曰：「許百姓任立私學，欲其寄州、縣受業者亦聽。」[10]唐中期以來，私學更是盛行。主要原因是，官學生員有家庭出身、招生數額等限制；一些傳統文化大族，格於自己的文化傳統和官學學習內容的局限，喜私學而不好官學。特別是，唐科舉日盛，官學與科舉疏離，士子求科舉反重私學。誠如呂思勉先生言：「隋唐之世，科舉浸盛，而學校日微，此即教育之權由公家移於私家之證。然學子之負笈尋師者，亦或依附其名而求著籍，未必真有所得，欲深造博涉者，實仍在自為也。」[11]另外，唐安史之亂後，統治秩序紛亂，庠序不修，士子求進唯有倚重私學。當時私學已趨發達，既有名儒宿學開館設學，也有各類家庭教育。某些家族為了進入或保持上流社會地位，以光宗耀祖、擴大勢力，往往設置族學以教育族人。

　　唐五代時期，由於雕版印刷術的發明與推廣，除了官方藏書、著書的麗正書院、集賢書院外，又出現了一批散處各地的民間創建的書舍、書屋、書樓、書堂、書院。這為學子創造了更為方便的接觸圖書的條件，從而促進了求學方式的迅速轉變，使

10　《唐會要》卷三十五《學校》。

11　呂思勉：《隋唐五代史》，上海古籍出版社一九八四年版，第 1270-1271 頁。

「訓詁句讀，皆由口授」的狀況變為「可視簡而育」了。不少民間私家藏書樓舍、讀書堂院，適應中唐以來文化發展與社會需要，逐漸演化為學者講學授徒，士子讀書求師的場所。私家書堂、書樓，既藏書，復教學，有高於蒙學的程度，並由私家和地方公眾舉辦，形成既不同於隋唐的官學，也不同於漢代精舍的新型教育機構——書院。這是在新的政治、經濟、文化形勢下，民間社會自主進行的教育改革創新。中唐以來，隨著社會經濟文化的發展，江西地區以書院為形式的私學迅速萌芽成長，大有超越官學之勢。

江西最早的書院是幸南容創辦的桂岩書院。幸南容（746-819 年），又名顯，字惕微，祖籍今河北滄縣。武周萬歲通天元年（696 年），其曾祖父茂宏丞南昌，因家高安之洪城裡。據光緒《高安洪城幸氏族譜》所載柳宗元《唐故開國子祭酒文貞公墓誌銘》記，幸南容「少穎異，卓犖不群，日記數千言。稍長，益篤於學，文名籍甚」。薦舉於鄉，登德宗貞元九年（793 年）進

・幸南容像

士。幸氏頗有政治才幹，崔群《唐開國子祭酒文貞公傳》稱：幸「歷守邯鄲郡，異政卓然，名播海內」。自德宗末年以來，太常官非其人，贊相失職，朝儀廢弛。憲宗登基，召幸為太常卿。幸「整肅朝儀，贊相禮樂，百官各得其職，朝不易班，位不亂次」。吐蕃犯唐，朝廷曾命其出使講和，幸「氣直詞壯，不辱使命」。幸氏因此頗得憲宗器重，升之為國子祭酒，兼太子賓客。幸治國子監成績卓著，「一時禮教為之重新，始復太宗舊制。且師道莊平，踐履篤實，超然物表，頓洗陋習。太學諸生咸沐作育之化焉」。唐憲宗在詔書中贊他「在翰林有論恩之益，兼官僚有輔導之功。掌教成均，師道惟嚴」。元和九年（814 年），幸氏告老歸鄉，得以修舊好，肆力文學，創建桂岩書院。據同治《高安縣誌》載，桂岩書院位於高安城北六十里，其地「環兩山之間，厥地邃而深，水泉清冽而草木敷茂者」，是讀書修身的好去處。書院創辦伊始即「開館授業」[12]，足見該書院不單是藏書之所在，實是聚徒式書院的雛形[13]。幸南容之所以創辦書院，源於重視子弟科舉的思想。幸氏致力於科舉功業，年近五十，始金榜題名。屢試京門深知科場取士之難，尤感日課子弟之切，這是幸氏創辦書院的初衷。這也是唐五代江西書院的一大特點。桂岩書院自元和九年（814 年）創辦，至其孫幸軾於咸通七年（866 年）

12　同治《高安縣誌》卷二十二幸元龍《桂岩書院記》。

13　關於桂岩書院與幸南容的關係，參彭石居：《桂岩書院考》，見《宜春師範專科學校學報》一九八六年第二期。

中三史科，中和二年（882年）為太子校書郎，家徙於郡城，書院自此荒蕪。桂岩書院存在六十餘年，時間並不很長，但卻是中國最早的聚徒講學的書院之一，影響較大。因幸南容一生做官有為，文化上貢獻突出，唐憲宗諡曰「文貞」。

　　唐代江西地區著名的書院還有不少，如：一、江州景星書院、李渤書堂。穆宗長慶（821-824年）初，李渤任江州刺史，於郡治潯陽東面創建書院。韓愈《遺李渤書》稱，「朝廷士引頸東望若景星，鳳鳥始見，爭先睹之為快」[14]，時人名之為景星書院。李渤還於郡城西南風景秀麗的使君山築堂以為書院，人稱「李渤書堂」。二、盧陵皇寮書院，原址在永豐縣境內，為渝州人劉慶霖所創建。劉曾為吉州官吏，後流寓至盧陵，遂建書院講學授徒。三、飛麟學塾（虎溪書院），在今新建縣境內，為乾符五年（878年）程天器所建。程氏原居江南東道歙州婺源縣，僖宗時官至御史大夫，因數以言論忤宦官，於乾符四年被貶黜為洪州司馬。同治《新建縣誌》稱其「刺洪州即家於此，始置飛麟學塾」，延師以教宗族子弟及四方學者。四、登東書院，遺址在吉水縣，由解世隆於乾符末（879年）創辦。五、元和年間（806-820年），洪州西山建有施肩吾書院[15]。

　　江西書院發展較快，至唐末近十所，其中最為著名且特色鮮

14　《舊唐書》卷一七一《李渤傳》。

15　「施肩吾書院」本佚名，為當代研究者所定名。參鄧洪波：《中國書院史》，中國出版集團，東方出版中心二〇〇四年版，第21頁。

明的是江州陳崇創辦的東佳書堂。陳崇是南朝陳文帝之後，唐末江州潯陽縣蒲塘場太平鄉永清村東佳莊義門陳氏家長。陳崇掌族權二十八年，朝廷曾贈以銀青光祿大夫、散騎常侍、御史大夫、上柱國等榮譽稱號，並賜紫金魚袋，實授江州長史、助教等職。陳崇深知要修身齊家治國，唯有重視教育，培養人才，遂針對族人實際與教學特點，出資創建宗族「書屋」、「書堂」兩級學校。並於大順元年（890）立《陳氏家法三十三條》中，特在第八、第九兩條訂「書屋」、「書堂」之事。「書屋」是蒙館，設在住宅區之西。每年正月開學，冬月散學，兒童七歲入學，十五歲出學。逐年於書堂內次第抽二人作訓導，一人為先生，一人為副。其紙筆墨硯並出宅庫，由管事收買應付。「書堂」教旨於人品修養與科舉進取並重，族中子弟人賦性聰敏者令修學，稍有成就者應舉。於書生中立一人掌書籍，出入須令照管，不得遺失。五代徐鉉《陳氏書堂記》云：陳氏「以為族既庶矣，居既睦矣，當禮樂以固之，詩書以文之，遂於居之左二十里曰『東佳』。因勝據奇，是蔔是築，為書樓、堂廡數十間，聚書數千卷，田二十頃，以為遊學之資。子弟之秀者，弱冠以上皆就學焉」。東佳書堂成為中國書院史上最早具備學田、教規、聚徒講學的私辦書院。書堂起初僅收本族子弟就學，後向外開放，成為江南著名書院。宋僧文瑩《湘山野錄》云：東佳書堂「延四方學者，伏臘皆資焉。江南名士皆肄業於其家」。明末文德翼《江州義門陳氏族譜序》稱：江州陳氏經過世代積聚，至宋初，所藏書、帖「號天下第一」。江州義門陳氏於北宋仁宗嘉祐七年（1063 年）因政治原因分家析產，東佳書堂在鄉下無人照顧，遂遷至德安縣城博陽河之

·《義門陳氏碑記》殘碑

東，改名「義門書院」，學田由官方管理。明嘉靖十年（1531年），改稱「河陽書院」。清道光三年（1823年），改名「敷陽書院」。光緒二十七年（1901年），清廷通令全國將書院改為學校，敷陽書院於是改名縣立高等小學堂。東佳書堂從唐末至清末，延續千年，其時間之長，為中國教育史上之最。

五代之際，中原一帶兵戈相尋，文化遭到極其嚴重的破壞。《新五代史・一行傳》曰：「五代之亂極矣！《傳》所謂天地閉，賢人隱之時歟」，「干戈興，學校廢，禮義衰，風俗墮壞」。然當時江西所屬吳、南唐境內文教卻依然興盛。馬令《南唐書・儒者傳》云：「五代之亂也，禮樂崩壞，文獻俱亡，而儒衣書服盛於南唐。豈斯文之未喪，而天將有所寓歟？不然，則聖王之大典掃地盡矣！南唐累世好儒。而儒者之盛見於載籍，燦然可觀。……故曰：江左三十年間，文物有元和之風，豈虛言乎？」江西居吳、南唐後方，社會相對安定，經濟文化持續上升，建於唐代的那些書院不僅大多數得以維持，而且有新的發展勢頭。這一時

期，江西新建書院即近十所，成為全國新建書院最多的地區[16]。

留張書院，在高安縣北六十里的太平鄉雲峰壇麓（今屬宜豐縣同安鄉），為後梁時張玉所建。張玉字雲仙，唐末由新吳（今奉新）徙居高安之橫岡。天復二年（902年）以詩舉進士，韓偓引為起居郎。天祐元年（904年）為九江觀察使。唐亡掛冠歸，閉戶不出，構書堂名「留張」，並講學其間。留張書院是五代時期創建最早的一所書院。

匡山書院，在吉州泰和縣東匡山下，創建人為泰和（或說盧陵）羅韜。羅韜（886-969年），字洞晦，一字晦夫。一生清修苦學，學富五車，淡於名利，號靜逸先生。後唐明宗長興間（930-933年）以文學征授端明殿學士。羅氏向朝廷進《大學》，析解「平天下宜以修身為本」，得到明宗稱許。因見朝廷宦官弄權，政治腐敗，不久即引疾求歸。長興三年（932年），羅韜選擇風景秀麗的匡山腳下隱居讀書。許多人仰慕其學問與品德，紛紛前來請益。他便慷慨出資，創建了書院，還在書院建孔聖殿、五經閣，並置學田。書院的創建，受當時朝廷的高度讚揚，明宗特頒賜院額，敕書表彰：「爾（羅韜）還鄉後學者雲起，館起匡山之下，民風日善，俗成東魯之區。朕既喜聞，無可嘉勵。茲敕翰林學士趙風大書寫『匡山書院』四字為匾額，俾從游之士樂有瞻

16　參見鄧洪波：《中國書院史》「五代十國時期各書院情況一覽表」，中國出版集團，東方出版中心二〇〇四年版，第48頁。

依，而風教之裨未必無小補焉。」[17]匡山書院由此成為中國歷史上第一個由皇帝發文表彰的書院。在官學廢壞的五代，匡山書院影響很是深遠。明人曾皋作《匡山書院記》記其事云：「匡山之有書院肇自南唐長興間，是時天下未有興學之議。士大夫亦無講於學者。洞晦羅先生崛起匡山，慨然以聖人之學為己任，朋來自遠，書院築焉！……宋儒黃勉齋、饒思魯去先生且三百年，猶想慕遺風而來，反覆精粗，道器之辨，若就先生質證於一堂，學者得聞，遂各有省。」匡山書院至北宋宣和年間，羅韜裔孫羅宏重修。元代邑人康震任書院院長，重修匡山書院並講學其中。明清兩代均有史跡可尋，歷代名人也多有題詞。羅韜是泰和縣「士大夫辦學」的先驅。

梧桐書院，在奉新羅坊鎮梧桐山，由南唐羅靖、羅簡兄弟所建。羅靖，字仁節，著有《宗孟集》十四卷（已佚），辨王霸仁義之說，門人私謚曰「中庸先生」；羅簡，字仁儉，人稱誠明先生。羅氏兄弟聚徒講學之所，因依「嵯峨而特秀」的梧桐山建造，故名梧桐書院。據康熙《奉新縣誌・人物志》載，其時「二先生伯仲相師，以聖賢性理之學教授生徒」，「從遊者擔簦躡屬，爭師事之」，可謂興盛，以致南唐國相、郡守交相辟召。又據同治《奉新縣誌》卷二載，二百餘年後，即南宋嘉熙四年（1240年），其裔孫徐伯虎「尊祖以善其德，因舊基築書院，扁以梧

17　轉引自鄧洪波：《中國書院史》，中國出版集團，東方出版中心二〇〇四年版，第44-45頁。

· 華林書院舊址

峰」，恭請名士徐應雲作《梧桐書院記》，重開書院「士友會文」之風。

華林書院，在奉新縣城西南五十里的華林山，創辦人為胡璫。胡璫生平不詳，去世於南唐保大四年（949 年），其書院創建應早於此時。書院「築室百區，廣納英豪，藏書萬卷，俾咀其葩。出其門者，為相為卿，聞其風者，載褒載嘉」[18]，影響一時。該書院在南唐、趙宋時都曾得到朝廷表彰，更是遠播海宇。

雲陽書院，在洪州建昌縣（今永修），為南唐進士吳白創辦。吳因事謫歸隱居，建書院自處。

光祿書院，在吉州盧陵縣（今吉安），邑人劉玉興建於南唐

18 宣統《甘竹胡氏十修族譜》卷一胡逸駕《祭華林始祖侍御史城公祖批耿氏夫人二墓文》。

開寶二年（969 年）。劉後仕宋，曾官至國子祭酒。

除以上六所書院外，五代時期江西還有一些新書院。據萬曆《南昌府志》所載，新建縣之西山有歐陽拾遺書堂和陳陶書堂。歐陽拾遺書堂創辦者為高安人歐陽持，唐天復元年（901 年）進士，為太學博士。天復四年權臣朱溫迫唐昭宗遷都洛陽。歐陽持遁歸鄉里，隱於洪州之西山。當時楊行密佔據江淮，奏除歐陽持為左拾遺、團練判官。歐陽持見楊氏之心思不在匡復唐朝，故又辭官歸西山，在西山鳳翔洞側建書堂讀書、講學。陳陶書堂乃陳陶讀書授徒之處，其書堂原在西山香城寺左（陳陶事蹟詳見後述）。洪州新建縣尚有一所得名於宋太平興國四年（979 年）的書院——秀溪書院。其創辦者為南昌人鄧晏，太平興國二年（977 年）江西安撫使兼知洪州王明請典教州學。鄧氏二年後歸鄉里，眾多生徒侍從習學，其原先講學之所易南精舍容納不下，因此擴而大之，改名秀溪書院。鄧氏在應聘講州學之前已因講學易南精舍而盛名，故易南精舍之建應在太平興國元年（976 年）之前，時在南唐。

據萬曆《南昌府志》稱，毛炳在南臺山曾聚徒數十人，「講誦迨數年」。南臺山學舍，實乃一所佚名的書堂或書院。

關於沈彬進士書院，詳情不知。所憑依《全唐詩》卷八四四錄有僧齊己的《沈彬進士書院》一詩：「相期只為話篇章，踏雪曾來宿此房。喧滑盡消城漏滴，窗菲初掩嶽茶香。舊山春暖生薇蕨，大國塵昏懼殺傷。應有太平時節在，寒霄未臥共思量。」研

究者或認為建於唐末，或認為始於五代[19]。

宜豐劉式所建墨莊也有書院的性質。劉式字叔度，五代後期清江（今樟樹市）人。劉曾為南唐廬山國學生徒，精於《春秋》公、穀之學。張泊知貢舉，試《三傳》，獨放劉一人狀元及第。劉後歸里建墨莊，教訓宗族子弟。入宋，太宗趙光義重其名望，授鴻臚、大理丞、太常博士，最終官至刑部郎中而卒。

中唐五代江西所創辦的書院大都與北方流寓入贛的人士有關。一些大族世家，致力於文化傳家，以圖修身齊家治國；一些文化人士，以傳播知識弘揚文化為己任，於是他們紛紛設校興教。以家族為中心的書院創建值唐五代官學遭受嚴重破壞之時，其影響遠遠超出家族的範圍，也大大超出江西的範圍。江西人才在中唐以後通過科舉成批地走向全國，成為各個領域裡的精英人物，書院的作用不可忽視。

隋唐五代是我國儒學發展的第二個階段。江西學人繼承了六朝以來的儒學傳統，如隋建昌人凌恭，潛心力學，精通五經，被隋煬帝召為學士。唐開元間，南昌人餘欽為四門直講官、太學博士、集賢院學士。與諸儒撰《六典》三十卷、《初學志》二百卷、《群書四錄》二百卷，與張說、徐堅等並稱「十八學士」。熊執易於貞元、元和年間著《化統》五百卷，類九經。自隋唐開始的科舉考試制度得以施行，唐五代以傳統儒文化為內容的書院

19　李勁松：《五代時期江西書院考述》，見《贛文化研究》總第九期，二〇〇二年。

教育開始興盛，所以儘管這一時期佛老之學極盛，卻未違儒學之傳播。江西本是維持儒學的傳統地區，儒學在本區持續發展，不僅有地緣之得，更有書院與求學者之劇增的內在原因。這一時期的江西書院，都不同程度地為弘揚儒學作出了貢獻。如華林書院以儒家經典作基本教材，所謂「萬卷詩書堆四檻，四方賓客到儒家」[20]。當然，儒學教育並非都依賴書院進行。如《南唐國史・江夢孫》載，唐末五代之際，九江溢城人江夢孫，「祖禰不仕，以儒道自高。夢孫少傳先業，頗蘊藝學，旁貫諸書，籍茂聲譽，遠近崇仰。諸生弟子不遠數郡而至者百人。春誦夏弦，以時講聞，鼓篋函丈，庠序常盈」。可見書院之外的文化教育作用和影響亦不可低估。

四　山林修學

文人學子依山林寺院修學，以陶冶心性或謀舉仕宦的風氣，大抵始於六朝、盛於唐。中唐以來，這一現象在江西地區常見，成為本區文化教育的重要特色。江西地區士子山林修學之風，以廬山為最。廬山所依江州城為江西北方門戶，當長江中游水道之樞紐，所謂「四方士庶，旦夕環至，駕車乘舟，疊轂聯檣」[21]，素為經濟人文興盛之區。廬山風景秀美，幽靜怡人，素為養性修

20　轉引自賴功歐：《江西儒學史簡論》，見《贛文化研究》總第八期，二〇〇一年。

21　《全唐文》卷六八九符載《江州錄事參軍廳壁記》。

學佳地,六朝以來已是著名的學術中心。所謂「盧山自陶(淵明)、謝(靈運)泊十八賢已還,儒風綿綿,相續不絕」[22]。中唐五代,中原文教漸臻衰落,江西文化勃興,盧山兼占地利與傳統之便,南來北往的一些文人士子遂至盧山掀起了修學的高潮。

唐代較早隱於盧山讀書的是德宗貞元年間的李渤。《新唐書‧李渤傳》云:「(李渤)嘗以列禦寇拒粟,其妻怒,是無婦也;樂羊子舍金,妻讓子,是無夫也。乃摭古聯德高蹈者,以楚接輿、老萊子、黔婁先生、於陵子、王儒仲、梁鴻六人圖像贊行。」力求仿行之,表現了當時的風節。李渤隱居時,詩書自娛,廣交學友。白居易《代書》記:「貞元初,有符載、楊衡輩隱焉,亦出為文人。今其讀書屬文,結草廬於巖谷間者,猶一二十人,即其中秀出者,有彭城人劉軻……異日必能跨符楊而攀陶、謝。」據《唐才子傳》記,符載、楊衡、崔群、宋濟在天寶之末即與李渤、竇群同隱於盧山讀書,號稱「山中四友」。符載對自己在盧山修學的情形多有描述,《荊州與楊衡說舊因送游南越序》云:「載弱年與北海王簡言、隴西李元象泊中師高明會合於蜀……乘扁舟,沿三峽,造潯陽盧山,復營蓬居,遂我遁棲。二三子以道德相磨,以林壑相尚,精綜六籍,翱翔百氏。……居五六年……」又《送袁校書歸祕書省序》云:「中朝珪組君子,大半皆匡盧之舊,間闊久矣,為余揖其休暢也。」此言雖不免誇侈其事,不少朝廷士大夫曾修習於盧山卻是事實。為白居易賞識

第四章‧教育勃興與人文日新

的劉軻，於元和中進士及第。劉軻在《上座主書》中稱自己本出身於耕讀結合的農家，因安史之亂「徙貫南鄙」，「元和初方結廬於廬山之陽，日有芟夷畚築之役。……農圃餘隙，積書窗下，日與古人磨礱前心。歲月悠久，寖成書癖。故有《三傳指要》十五卷，《十三代名臣議》十卷、《翼孟子》三卷」。他又在《與馬植書》中稱廬

・紀念李渤的白鹿洞思賢台

山「有隱士茅君，腹笥古今史，且能言其工拙贅蠹。……予又從而明之者，若出井置於泰山之上」；「脫祿不及厚孤弱，名不及善知友；匡廬之下猶有田一成，耕牛兩具……雜書萬卷，亦足以養高頤神」。此外，《北夢瑣言》卷十二：「唐相楊收，江州人……少年於廬山修業……堅進取之心。」又云：「廬山書生張璟，乾寧中，以所業之桂州，欲謁連帥。」《太平廣記》卷十七《薛肇》條：「（薛肇）與進士崔宇於廬山讀書，同志四人，二人業未成而去。崔宇勤苦，尋已擢第。」一些時人詩歌也反映出士子在廬山學習的生活情形。許彬《酬簡寂熊尊師以趙員外廬山草堂見借》：「廬山得此峰，……窮經業未慵。」許渾《贈元處士》：「紫霄峰下絕韋編，舊隱相如結襪前。」本注：「元君舊隱廬山

學《易》。」李群玉《勸人廬山讀書》：「憐君少雋利如峰，氣爽神清刻骨聰。片玉若磨唯轉瑩，莫辭雲水入廬峰。」杜荀鶴《哭山友》：「十載同棲廬嶽雲，寒燒枯葉夜論文。」王建《題別遺愛草堂兼呈李十使君》：「曾住爐峰下，書堂對藥台……君家白鹿洞，聞道亦生苔。」這些詩文描繪出：學子們享用廬山幽靜的環境，刻苦攻讀經、史、詩文；有時相聚切磋學問，並向前來遊歷的文人學者請益求教；深相結識過往的達官顯宦，借其援引推薦，以走終南捷徑。

修學者中除了一些是自起茅廬外，相當部分則是依附於當地寺院[23]，這與寺院的經濟文化功能密切相關。眾所周知，佛教自漢代傳入中國後，逐漸形成一套富有特色的教育制度，每一個寺院實即一個佛教學校[24]。江西地區的寺院教育素來發達。東晉時廬山已出現早期「義林」，高僧道安、慧遠、竺道生等講學其中。唐朝時，隨著佛教開宗立派風氣的盛行，寺院尤重自身的文化教育。《太平廣記》卷五十四《楊真伯》記：「弘農楊真伯，幼有文，性耽書史……過洪饒間，於精舍空院肄業半年餘。」唐人陳詡《唐洪州百丈山故懷海禪師塔銘》云：「大師好耽幽隱，

23　值得注商的是，道觀也是士子修學的地方之一，如貞元進士呂溫《夏日尋真觀李寬中秀才書院作》詩云：「披卷品宜生白室，吟詩好就步墟壇。願君此地攻文字，始煉仙家九轉丹。」表明廬山也有士子修學於道觀。就江西地區而言，士子依道觀的情形較少，筆者在此不予展開敘述。

24　毛禮銳等編：《中國古代教育史》，人民教育出版社一九七九年版，第304頁。

棲止雲松，遺名德稱益高，獨往而學徒彌盛。⋯⋯由是齊魯燕代荊吳閩蜀，望影星奔。」《宋高僧傳‧唐天臺紫凝山慧恭傳》載，釋慧恭「遊玉山，至信州，刺史營西禪院而禮之，其徒數百人。居歲餘，以郊郭喧繁，復入福州長溪馬冠山」。此數例中棲賢院、玉山西禪院、懷海禪師處均為大規模教學，學徒達數百人。與此同時，寺院為了自己的發展，努力擴大在知識份子階層中的影響，充分利用自己的教育資源與世俗社會相交流。早在東晉之初，一些江南士人寄居名山佛，開釋門助學之端。至中唐時，士人修習於山林中的寺院已蔚然成風。宋陳舜俞《廬山記》卷二比較全面地記述了當時士人傍依廬山寺院修學的情形：貞元中，李渤初隱廬山之陽的折桂庵、棲賢寺，曾與數百僧人交遊，後徙少室，「以讀書業文為事」；李逢吉「依李渤學於此山」而居折桂庵，貞元十年（794 年）舉進士，後任宰相；元和初（806 年）劉軻遊學來此，讀書凌雲庵，元和末舉進士；韋應物侄成緒，讀書於西林寺精舍；慧日禪院，「唐乾寧中，僧如義始結庵舍。⋯⋯如義之居山也，朱樸嘗依以肄業，今謂之朱樸書堂」；薛諫議書堂，「會昌中，薛自南海書記滿秩，親經營之」。此外，一些詩文也對此有反映。如韋應物《題從侄成緒西林精舍書齋》云：「慕謝始精文，依僧欲觀妙⋯⋯郡有優賢楊，朝編貢士詔。」《唐才子傳‧李端》記，李端少時居廬山，依皎然讀書，後於大曆五年（770 年），擢進士第。需要指出的是，士子修學於寺觀，並有經濟、藏書、教學三方面的考慮。士子生活食糧可倚仗寺觀及其莊田供給；寺觀藏書豐富，極有利於士子讀書；不少僧人文化水準頗高，《唐才子傳》中即有多人列名，《全唐詩》、《全唐文》

· 廬山李頊讀書台遺址

中亦多僧人作品。江西地區僧人眾多，以廬山最為雲集，其寺院歷來人文薈萃。中唐以來眾多士人樂於在廬山寺院習業，利於自己精進學識。

唐末五代，中國紛亂，文化頓挫，相對安定且文化昌明的廬山更成為文化人士的嚮往之地。不過，處於「置君猶易吏，變國若傳舍」時代，此時士人的隱逸性格比較堅強，所謂賢人君子「皆自引於深山大澤之間，以不仕為得」[25]。《雲笈七籤》卷一一三下《續仙傳》記：唐末閭丘方遠「年十六，精通《詩》《書》，學易於廬山陳元晤」。《雅言雜載》載：廬山人陳沆「立性僻野，不接俗士」，師事黃損、熊皎、虛中。齊己贈沆詩云：「四海方磨劍，深山自讀書。」陸元浩《仙居洞永安禪院記》載：廬山永安禪院，於後梁朝乾化四年（914 年）建成以來，「仙居禪宇，

第四章・教育勃興與人文日新

自是聿興，參學之流，遠邇輻輳」，禪師「以詩禮接儒俗，……羈旅書生咸成事業，告行之日，複遺資糧，登祿仕者甚多，榮朱紫者不一」。李征古《廬江宴集記》載，吳乾貞年間（927-928年），李至廬山遊旅，「得國朝（唐朝）四門博士庭筠書堂故基」，「乃結廬而止。俄而長樂從弟兄洎親友十餘人繼至」。次年又於五老峰下復營小堂以自居。《十國春秋・陳貺傳》記，閩人陳貺，「性澹漠，孤貧力學，積書至數千卷，隱廬山幾四十年」，學者多師事之。南唐中主李璟聞其名，以幣帛往征。馬令《南唐書・江為傳》載：建陽人江為，「游廬山白鹿洞，師事處士陳貺，居二十年，有風人之體」。同書《劉洞傳》載：廬陵人劉洞少遊廬山，「學詩於陳貺，精思不懈，至浹日不鹽。貺卒，猶居二十年」。同書《鄭元素傳》：華原人鄭元素「避亂南游，隱居於廬山青牛谷，高臥四十餘年，採薇食蕨，弦歌自若，構椽剪茅，於舍後會集古書殆至千餘卷」。《十國春秋・史虛白傳》載：魯人史虛白，值中原喪亂而南渡，家於九江落星灣。他曾見南唐先主李昇，獻收復中原策，不聽。史頗失意，遂南遊廬山，與佛老之徒，耽玩泉石，以詩酒自娛而不幹世物。後來，中主李璟亦召見問計，虛白自謂：「草野之人，漁釣而已，邦國大計不敢預知」。李璟賜田五百石遣還。史壺，本北州之右族，「五代迭興，中原多故，李氏之據有江表也，觀士之去就，為國之重輕」，「且聞廬山泉石幽勝，杖策獨往，結茅在茲……不復預人間事」[26]。

26　《贈大理評事史壺墓誌銘》，見陳柏泉編著《江西出土墓誌選編》，江

李璟亦曾深受廬山隱逸讀書之風薰染，在他未登基之前，不惜巨金於廬山瀑布前營建讀書台。後來李璟登九五之尊，以廬山讀書地開他做皇帝的先聲，乃舍讀書台為開先寺。這對於廬山讀書風氣，更有推波助瀾之效。

士子就讀廬山之風盛，白鹿洞尤為諸生聚處之中心，南唐昇元中遂於白鹿洞建國學。這不僅在於官方興復儒學的努力，更在於廬山深厚的文化底蘊與濃厚的修學風氣。而廬山國學的建立，又反過來進一步推動了當地的山林修學風氣。總之，廬山在中唐五代，既是一個佛教中心，又是一個名士薈萃、藏書豐富的文化教育中心，成為推動江西文化發展的策源地。由於廬山好學的風

· 分宜盧肇讀書台碑

尚，形成了頗有特色的文化群體。如陳貺、劉洞、江為、夏寶松等四人，關係為師徒，詩情又秉賈島，因而在五代中期的廬山共同創建了一個獨特的苦吟詩派[27]。這種修學風氣，對廬山成為著

西教育出版補一九九一年版。

27　聞一多先生在《賈島》一文中指出：「由晚唐到五代，學賈島的詩人不是數字可以計算的，其餘一般的詩入大眾，也就是大眾的詩人，則全屈於賈島，從這觀點看，我們不妨稱晚唐五代為賈島時代。」聞一

名的文化區頗具積極意義，也在一定程度上反映出唐代後期以來江西教育事業日益發達。

當然，江西士子山林修學並不限於廬山，習業於其他山林者也大有人在。略舉數例：同治《饒州府志》卷四《建置・寺觀》記：饒州鄱陽薦福寺有戴叔倫讀書堂；《唐摭言》卷八記：虔州南康人鍾輻，「始建山齋為習業之所，因手植一松於庭際，俄夢朱衣吏白雲，松圍三尺，子當及第」；《太平寰宇記》卷一〇九記：吉州永新縣有姚公石寶，「開元宰相姚崇布衣之時曾至其處，愛此殊狀，蔔居於側，讀書數歲，業成而去」；同書同卷又記，袁州宜春縣「書堂山」即因會昌三年狀元「盧肇讀書於此」而得名。又據《洪武圖志》載：「盧肇讀書台，在（分宜）縣東十里，地名鍾山。唐狀元盧肇讀書之所，故名。有龜硯石池在其旁。」此或因盧肇中舉之前讀書不止一處之故。此外，貴溪人吳，嘗讀書於溪南五面峰下一線洞天，匾曰「潛谷」，故被學者稱為「潛谷先生」。

江西地區的寺觀教學性質較接近於私人講學，反映出世俗化的特點。本區山林修習之風氣，也與書院互相影響。如書院的選址上，大都在山林之地。江西最早的桂岩書院遠離村落，偏隅一山，與慈雲寺遙相對峙，讀書講學之聲與晨鐘暮鼓相應。又如在書院的功能建設上也深受寺觀教學的影響。前述陳氏位於廬山之陽的東佳書堂，實已具私人圖書館或私立學校的性質，由一般士

多：《唐詩雜論》，上海古籍出版社一九九八年版，第36頁。

子山林肄業發展成為一個粗具規模的學術活動中心。此外，私家講學與寺觀教學在江西地區頗相似，乃以一名士或一僧為師，士子往從其學，是一對多的講學方式，差別處僅在其僧俗身份以及一些教學內容而已。

五　盧山國學

唐德宗貞元年間，中原文士李渤於盧山五老峰南麓的後屏山之南隱居讀書。李養一白鹿，白鹿頗通人性，行常自隨，並能聽從驅使，入市沽酒，傳遞信件。當地山民奉這頭白鹿為神鹿，尊稱李渤為「白鹿先生」。李氏隱居處是個山丘環合，樹木蔥郁的河谷小盆地，周圍突起而中間低窪，像一個朝天的洞穴，人稱之為白鹿洞。李渤長慶間任江州刺史時，又在此處廣植花木，增建亭榭，白鹿洞從此成為一處名勝，四方文人學子紛紛前來聚會研讀。晚唐時，顏真卿裔孫顏翊，曾率子侄到白鹿洞講學。據正德《南康府志》載，顏翊「少孤，篤志先業。善詞翰，謹禮法。子姓三十餘皆受經學，住盧山白鹿洞」，「進修士業」。從教學角度言，顏氏應是白鹿洞最早的老師。唐末五代天下大亂，又有一批人隱居白鹿洞或其附近，如名士史虛白、陳貺等，乃至後來為南唐國主的李璟、李煜在未登基時也曾在此讀書。

正是盧山優美的環境與深厚的文化底蘊，白鹿洞濃厚的文化氛圍，推崇文治、宣導教化的南唐李氏朝廷於昇元四年（940年）在白鹿洞建起盧山國學。這是一所與前兩年建立在南唐國都金陵秦淮河畔的國子監類似的學校，與民間書院完全不同，故史書也將它稱為「辟雍」。

南唐朝廷極為重視盧山國學，專選太學之通經者，授以他官，以領洞事。首任洞主是李善道。李身份是國子監九經，登科後赴盧山國學任教並主持那裡的學務，奠定了盧山國學良好的發展基礎。其次是朱弼，頗有作為。據馬令《南唐書・朱弼傳》載，朱弼，字君佐，建安人，「精究五傳，旁貫數經」，中舉後「授國子助教，知盧山國學」。朱弼以禮法懲治了盧絳、諸葛濤、蒯鼇等橫逆之徒，整肅了教學紀律。朱弼「每升堂講釋，生徒環立，各執疑難，問辯蜂起。弼應聲解說，莫不造理，雖題非己出，而事實聯綴，宛若宿構。以故諸生誠服……四方肄業者多造焉」。在盧山國學教學活動比較有名的尚有陳貺、毛炳、劉元亨等。如前引馬令《南唐書・劉洞傳》、《江為傳》，記劉洞、江為在盧山白鹿洞都師從陳貺，得益匪淺。又據馬令《南唐書・毛炳傳》，豐城人毛炳，好學而入盧山國學講經。明李夢陽《白鹿洞書院志》載，南康人劉元亨，「讀書白鹿洞，有操行，弟子禮事之」。其中江夏黃載就學於劉氏，精究經史，能為文章。

盧山國學教學品質較高，學徒百數人，頗多知名之士。其中劉洞、江為、伍喬、盧絳、孟歸唐、蒯鼇、黃載諸生，馬令《南唐書》皆為之立傳。此外尚有孟貫、李中、劉鈞、劉式、諸葛濤、李寅、李續、何畫、王儼、夏寶松、彭會、羅穎、楊徽之，等等。其中，伍喬是白鹿洞的第一位狀元。馬令《南唐書・伍喬傳》載：「喬，盧江人也，性嗜學。以淮人無出己右者，遂渡江，入盧山國學，苦節自勵」，數年後「出與郡計」獲第一名。國主李璟讀其《畫八卦賦》、《霽後望鐘山詩》後，令人將它們刻於石以作範文。

廬山國學教學活動，主要是傳播儒家經典，《孟子》等經書是「洞中日課」。以廬山國學諸生的特長看，有的長於軍事、政治，有的精於經史，能為文章詩賦，尤其是作詩。《五代詩話》卷三引《廬山雜記》云：「南唐孟歸唐能詩，肄業廬山國學，嘗得瀑布詩：『練色有窮處，寒聲無盡時』。鄰房生亦得此聯。遂交相爭之，助教不能辨。」最後只得由江州太守評判而歸孟。同書卷二引《閩書》稱：「楊徽之，少通群經，尤刻意於詩……嘗肄業廬山白鹿洞。」又據《南唐野史・江為》記，李璟移都南昌時，途中游廬山國學，見壁上題一聯云：「吟登蕭寺旃檀閣，醉倚王家玳瑁筵。」遂對左右說：「吟此詩者大是貴族矣。」儒家經典和詩賦都是廬山國學重要的教學內容，與當時南唐重視重振儒家文化及科舉內容密切相關。

　　值得注意的是，據洪邁《容齋隨筆》和李燾《續資治通鑑長編》載，廬山國學曾置學田數十頃，收取田租以支付各項開支。有人認為「學田之設，始於北宋」，僅此一例即可將我國歷史上關於學田設置時間推前七八十年。至少是官學田應始於此。另外，廬山國學採取了「升堂講釋」或者「升堂講說」的教學形式。前者見於馬令《南唐書・朱弼傳》，後者見於陸游《南唐書・朱弼傳》。傳稱：「每升堂講說，座下肅然。」「升堂講說」類似於今日的講座，不同於「個別傳授」，也不同於「班級授課」，這是教學理論研究中被長期忽視的問題。

　　北宋建隆二年（961 年），南唐中主李璟由金陵遷都南昌途中暫駐江州落星渚時，曾率領隨行群臣遊宴廬山，特別視察了廬山國學。此時廬山國學已成為南唐乃至整個中國重要文化學術中

‧白鹿潤書院

心，其影響似已超出洛陽、開封、金陵的國學。開寶九年（976
年），宋軍攻佔江州，盧山國學結束。但其辦學和教學經驗，諸
如選擇環境比較安定，交通比較方便，景物比較幽雅的校址；有
比較固定的，且長期保證的經費來源；選派有相當學識的教師掌
教；師生之間質疑問難；學徒之間互相切磋，師徒各有專攻，各
有所長；教師悉心教學授徒，四方學者聞風聚合等等，都對後來
的白鹿洞以及其他的書院辦學和教學活動，產生很大影響，甚至
盧山國學有堂長之設也成為朱熹興複白鹿洞書院的借鑑。「紫陽
學接千年統，白鹿名高萬仞山」，盧山白鹿洞宋初置為書院，與
睢陽、石鼓、岳麓書院並稱為四大書院，在中國文化歷史上具有
崇高的地位。這與南唐盧山國學的活動無疑是密不可分的。

第二節 ▶ 科舉與人才

　　唐五代時期,受科舉政治與經濟文化的影響,江西科舉風氣日漸濃厚,成就日漸突出。科舉不僅極大地促進了江西文化的發展與繁榮,而且使本區士人因此更多地參與國家政治。

一 科舉風氣漸濃

　　封建教育為封建統治培養人才,選舉則是從這些人才中加以選拔,來組織各級統治機構。由於社會秩序與階級結構發生了重大變化,隋煬帝大業二年(606 年),廢除了魏晉南北朝以來的門閥九品中正制,人才選舉施行科舉制。與其他政治措置一樣,唐承隋科舉制並加以發展,不僅增加了科目,而且重視以詩賦取士。唐代科舉考試的常舉科目有:秀才、明經、俊士、進士、明法、明書、明算、一史、三史、開元禮、道舉、童子等。不過,「大約終唐之世,為常舉最盛者,不過明經、進士兩科而已」[28]。選士於常舉及第後,列入唐朝品官。唐初科舉並不受士人重視。《封氏聞見錄》卷三《銓曹》云:「貞觀中,天下豐饒,士子皆樂鄉土,不窺仕進。至於官員不充,省符追人,赴京參選。遠州皆衣糧以相資送,然猶辭訴求免。」然至玄宗以後,進士科已「為士林華選」,否則官位雖極人臣,終不為美。雖然隋唐五代的科舉制度受當時政治、經濟、階級關係等的制約,還不完善,但相較於此前的官吏選拔制度,無疑有較大的進步性與積極意

28　《十七史商榷》卷八十一「取士大要有二」。

義。一方面，科舉制的實施，改變了魏晉南北朝時期門閥氏族地主壟斷政治權力的局面，有利於吸收廣大庶族地主及平民階層參與國家政權，擴大統治基礎並加強中央集權。另一方面，科舉制度是真正的「學而優則仕」，不僅激發了士子治國平天下的政治熱情、建功立業的進取精神以及「天生我材必有用」的主體意識和自信心，而且使整個社會重視文化教育，國民素質得以較大提高。

與中原、江浙一帶文化先進地區相較，江西科舉風氣的形成與濃厚經歷了一個較長的時期。自先秦以來，本區由於長期偏離政治中心及其他條件的影響，絕大多數文人缺乏足夠的參政議政意識，漢魏六朝徐孺子、陶淵明等隱士式人物似乎正是江西文人的寫照。加之世卿世祿或察舉、九品中正制的時代，江西名家大族稀少，更限制了本區士人的政治企求。隋朝統治時間短暫，科舉名額亦非常之少，錄取之人在政治上並不占重要地位，江西人士對科舉置之度外。就目前史料來看，隋代江西尚無人通過科舉而進入仕途。直到唐代中前期，本區也少有人願意參與科舉而進入仕途。據《全唐文》卷三七一彭構雲小傳載，開元年間，宜春士人彭構雲因刺史李璟薦舉至京城。玄宗待以優禮，「欲官之」，彭終不願就仕而辭歸。這一事例也許能說明江西士人由於遠離政治中心，表現出相當的閉塞和自卑，缺乏仕進的熱情。本來南方就因遠隔兩京被視為「非求進之所」[29]，朝中無人入仕不易，士

29　《太平廣記》卷一四八《崔圓》。

人的冷漠更加深了當地政治文化上的落後。

　　唐代科舉作為仕進的主要門徑，科舉風氣競扇，至唐中期各類教育差不多都圍繞著這一目標。時稱：「太平君子唯門調戶選，徵文時策，以取祿位，此行己立身之美者。父教其子，兄教其弟，無所易業，大者登臺閣，小者仕郡縣，資身奉家，各得其足，五尺童子，恥不言文墨焉。是以進士為華林士選，四方難聽，希其風采，每歲得第之人，不浹辰而周聞天下。故忠賢雋彥韞才毓行者，咸出於是，而桀奸無良者或有焉。」[30]「朝之公卿以此待士，家之長老以此垂訓。」[31]「草澤望之起家，簪紱望之繼世；孤寒失之，其族餒矣；世祿失之，其族絕矣。」[32]對統治者來說，通過科舉可以選擇人才，據《唐摭言‧進士上》載，唐太宗曾「私幸端門，見新進士綴行而出，喜曰：『天下英雄入吾彀中矣！』」為寒士開路，這實際上是唐政權的大政方針，下至貧寒的庶人則通過科舉考試亦可得致身通顯的機會。敦煌寫卷P.二五一八號上說：「或有業在典墳，心惟孝悌，竟從鄉賦，自致青雲，謹身節用，以養父母，此庶人之本也。」這反映了當時一般庶人通過「鄉賦」致身通顯的觀念。隨著江西社會經濟與文化教育事業的發展，人們眼界的開闊，科舉入仕對廣大江西士子來說，也開始具有廣泛的吸引力與參與效應，本區的科舉之風遂

30　《通典》卷十五《選舉三》。
31　《舊唐書》卷一一九《楊綰傳》。
32　《唐摭言》卷九《好及第惡登科》。

日臻隆盛。

《唐摭言》關於江西道各州科舉記載中，有不少民眾重視科舉的事蹟。如卷八《以賢妻激勸而得（第）者》條云：「彭伉、湛賁，俱袁州宜春人，伉妻即湛姨也。伉舉進士擢第，湛猶為縣吏，妻族為置賀宴，皆官人名士，伉居客之右，一座盡傾。湛至，命飯於後閣，湛無難色。湛妻忿然責之曰：『男子不能自勵，窘辱如此，復何為容！』湛感其言，孜孜學業，未數載一舉登第。」據說當時彭伉正騎驢郊遊，忽遇報喜者飛報湛郎及第，伉聞報驚墜驢下，故袁人謔曰：「湛郎及第，彭伉落驢。」袁州宜春人潘唐，與會昌三年進士、同鄉人黃頗友善，作有《下第歸宜春酬黃頗餞別》：「一從此地曾攜手，益羨江頭桃李春。」詩中充滿了落第失意之情，「故國猶慚季子貧」道出了袁州地域有相當濃厚的重視功名的氛圍。會昌五年狀元、宜春易重作《寄宜陽兄弟》：「故里仙才若相問，一春攀得兩重枝。」詩人沉醉於登第之喜，「故里仙才若相問」同樣道出了袁州重視功名的氛圍。袁州如此，江西的大多數州亦如此，其情形詳見本章第三節有關敘述。

安史之亂後，隨著經濟重心南移，包括江西地區在內的南方諸州辦學相對地興旺起來。在一種重視文治的思潮之下，仕宦於江西者大都是有相當文化水準的官僚，他們以興學化民為己任，積極推動本區文化事業，注重人才培養。袁州在唐朝中後期以來科舉取得令人矚目的成就，就是典型的說明。有關房琯、蕭定等人在宜春重視辦學的事蹟前已敘述，韓愈、李德裕對宜春科舉文化的貢獻也不小。韓愈（768-824 年），河南南陽人，唐宋八大

家之一。憲宗朝任刑部侍郎，元和十四年（819 年）因諫阻憲宗迎佛骨，被貶為潮州刺史，不久量移袁州。至任後頗有政聲，而於文化上的功績尤大。他在潮州任上，因該州「學廢日久，進士明經百十年間不聞有業成於王庭試於有司者」[33]，遂興置鄉校，嘗聚徒「擇師訓之，人皆篤於文，行與中州士」[34]，疑其在袁州也開辦過類似於書院的教育陣地。後人黃樹嘉有詩贊道：「左遷來袁州，矯矯賢刺史；惠政紀豐碑，書院自公始。」[35]可見他為造就袁州人才出過大力。《唐摭言》卷四載：「韓文公名播天下……（宜春）郡人黃頗師愈為文，亦振大名。」黃頗為會昌三年（843 年）進士，工詩，官至監察御史。《唐摭言》卷十記，南昌人來鵠，咸通間登進士，其「師韓、柳為文，大中末、咸通中聲價益籍甚」。同治《宜春縣誌》卷四評曰：「袁自韓文公倡明道學，嗣是守郡者類以造就人才為中心」，「昔韓昌黎自嶺南移守於此，教化既洽，州民交口頌之」。在韓愈的影響下，袁州地區好學重科舉之風更盛。李德裕（787-850 年），河北趙州人。李富於文才，史稱「幼有壯志，苦心力學，尤精《西漢書》《左氏春秋》」[36]。李出身於世家大族，以門蔭入仕。大和九年（835年）在「牛李黨爭」初起之時即告失敗，被貶為袁州長史。後起

33　《全唐文》卷五五四韓愈《潮州請置鄉校牒》。

34　正德《袁州府志》卷十四。

35　謝祖安修、蘇玉賢撰：《民國宜春縣誌》，見《中國地方誌組成・江西府縣誌輯》，江蘇古籍出版社一九九六年版，第 754 頁。

36　《舊唐書》一七四《李德裕傳》

·李德裕寄寓修學的宜春化成岩寺

為刺史，官至宰相。《玉泉子》卷一記，李出自恩蔭，不重進士科，但能「抑退浮薄，獎拔孤寒於時」。李德裕在袁州期間對該地學子的培養及學風的形成都作出了一定的貢獻。李不僅自己苦讀於城外化成岩精舍中，而且有意與袁州文人士子相交。《唐語林》卷三載，宜春「盧肇、黃頗，同游李衛公門下，王起再知貢舉，訪二人之能，或曰盧有文學，黃能詩。起遂以盧為狀元，黃第三人」。又《玉泉子》載，會昌三年，盧肇考科舉時，「王起知舉，問德裕所欲。答曰：『安問所欲？如盧肇……豈可不與及第耶？』」隨後宜春易重亦舉狀元。顯然，這一時期袁州科舉出色，與李德裕的扶持大有關係。在科舉政治文化的影響和作用下，一些土生土長的官僚也紛紛予以重視。如前所述，唐末洪州鍾傳，吉州彭玕，撫州危全諷等，都能鼓勵士子向學，重視科舉和學術。江西地方官鼓勵學問、獎掖士人，大大激發了本區士子讀書科舉的熱情，致使本區科舉成就日漸顯著。

二　科舉人才輩出

　　科舉成就的基本標準就是中舉人數的多少以及中舉等級的高低。唐代江西地區進士中舉名額，據光緒《江西通志》卷二十一載，唐代江西及第進士共有六十五名（若加上婺源 1 人，為 66 名）[37]。這六十五名進士，按清朝江西的府縣區統計：袁州十六名；宜春十一名；德興九名；南昌七名；餘干六名；高安五名；貴溪二名；建昌（今永修）二名；弋陽、豐城、于都、鄱陽、贛縣、永豐（今廣豐）、新吳（今奉新）各一名。按歷史階段分，唐玄宗開元以前為八名，占百分之十二；開元以後五十七名，占百分之八十八。唐代科舉考試特別重視進士科，而每次錄取的名額極少，全國多的時候也不過三四十名，少時只有幾名，一般只有一二十人，相較於應舉者動輒上千人，舉進士之眾與及第人數之寡，二者的比例極不相稱。江西應舉者在強手如雲、競爭激烈的科舉場上，能夠一次次地金榜題名，有人數六十五名，確屬不易。

　　為了進一步明晰唐代江西進士基本狀況，根據光緒《江西通志》卷二十一《選舉表》所載，參考其他史料，特列表如下[38]：

37　倘若將各府府志所列進士的數目綜合起來計算，則有唐一代江西進士數目為一〇四名，遠遠超過《江西通志》的記載。

38　據光緒《江西通志》卷二十一《選舉表》所載，唐代江西進士雖有六十五名，但其中有相當部分無其他史料所佐證，此處不列入表中統計。本表參考黃玫茵《唐代江西地區開發研究》所載《唐代江西地區進士登科表》，見該書第 207-211 頁。

· 唐代江西地區進士登科表

姓名	及第年份	地區	史料根據 （光緒《江西通志》之外）
楊相如	神龍年間	洪州南昌	《全唐文》卷三〇三
李思元	神龍年間	洪州高安	《全唐文》卷二〇一
熊曜	開元年間	洪州南昌	《元和姓級》卷一
禁毋潛	開元十四年 （726 年）	虔州	《元和姓媒》卷二
劉慎虛	開元中	洪州新吳	同治《奉新縣誌》卷八，《唐 才子傳》卷
賴裴	乾元年間	虔州霄都	《元和姓桀》卷八
本子叢痀	大曆年間	居廬山依 皎然讀書	《唐才子傳》卷四
吉中孚	大曆年間	饒州鄱陽	《新唐書》卷二〇三
熊執易	貞元元年 （785 年）	洪州南昌	《唐會要》卷七十六，《元和姓 煤》卷一
彭伉	貞元七年 （791 年）	袁州宜春	《唐詩紀事》卷三十五，《登科 記考》卷十二
湛賁	貞元十二年 （796 年）	袁州宜春	《唐詩紀事》卷三十五，《登科 記考》卷十四
宋迪	貞元十三年 （797 年）	袁州宜春	《登科記考》卷十四

姓名	及第年份	地區	史料根據 （光緒《江西通志》之外）
幸南容	貞元年間	洪州高安	《登科記考》卷十三
錢識	元和五年 （810 年）	袁州宜春	《登科記考》卷十八
賈梓	元和七年 （812 年）	袁州宜春	《登科記考》卷十八
熊儒登	元和時	鐘陵 （南昌）	《唐才子傳》卷六，《唐詩紀事》卷三
舒元輿	元和八年 （813 年）	江州	《登科記考》卷十八，《舊唐書》卷一六九本傳
劉柯	元和十三年 （818 年）	習業廬山後登第	《登科記考》卷十八，《唐摭言》卷十一
施肩吾	元和十五年 （820 年）	登第後隱洪州西山	《登科記考》卷十八，《唐摭言》卷八
易之武	寶曆元年 （825 年）	袁州宜春	《登科記考》卷二十
鄭史	開成元年 （836 年）	袁州宜春	《登科記考》卷二十一，《唐詩紀事》卷五十六
楊鴻	開成二年 （837 年）	袁州宜春	《登科記考》卷二十一
謝防	會昌元年 （841 年）	袁州宜春	《登科記考》卷二十二

姓名	及第年份	地區	史料根據（光緒《江西通志》之外）
宋震	會昌二年（842年）	袁州宜春	《登科記考》卷二十二
盧埜	會昌三年（843年）	袁州宜春	《登科記考》卷二十二，《全唐文》卷七
黃頗	會昌三年（843年）	袁州宜春	《登科記考》卷二十二
易重	會昌五年（845年）	袁州宜春	《登科記考》卷二十二，《唐詩紀事》卷五十二
魚自又總	會昌五年（845年）	袁州宜春	《登科記考》卷二十二
劉駕	大中六年（852年）	江西	《唐才子傳》卷七
徐渙	大中十年（856年）	袁州宜春	《登科記考》卷二十二
伊播	咸通四年（863年）	袁州宜春	《登科記考》卷二十三，《唐詩紀事》卷七十
袁皓	咸通六年（865年）	袁州宜春	《登科記考》卷二十三，《新唐書》卷六十
曾鐻	咸通十二年（871年）	袁州宜春	《登科記考》卷二十三
何迎	廣明元年（880年）	袁州宜春	《登科記考》卷二十三

姓名	及第年份	地區	史料根據 （光緒《江西通志》之外）
鄭谷	光啟三年 （887年）	袁州宜春	《登科記考》卷二十三
蔣朧	大順二年 （891年）	袁州宜春	《登科記考》卷二十三
易標	景福二年 （893年）	袁州宜春	《登科記考》卷二十四
唐粟	乾寧元年 （894年）	袁州宜春	《登科記考》卷二十四，《全唐 詩》卷六九四
王貞白	乾寧二年 （895年）	信州永豐	《唐才子傳》卷十，《全唐詩》 卷七〇一
王載	乾寧五年 （898年）	袁州宜春	《登科記考》卷二十四，《唐才 子傳》卷十
何幼孫	乾寧五年 （898年）	袁州宜春	《登科記考》卷二十四
工定保	光化三年 （900年）	洪州南昌	《登科記考》卷二十四、《十同 春秋》卷六十二
歐陽持	天復元年 （901年）	洪州高安	《登科記考》卷二十四
李旭	天復匹年 （904年）	袁州宜春	《登科記考》卷二十四，《唐詩 紀事》卷七十一
李中	唐末	九江	《唐才子傳》卷十，《全唐詩》 卷七四七

　　唐前期江西舉進士者極少，其原因除本區文化水準不夠以外，朝廷重北輕南的政策以及本區士子缺乏入仕激情也是重要原因。隨著經濟文化地位的上升，中唐以後的江西，無論是官方還是民間都極為重視科舉入仕。前述彭伉、湛賁之例中，湛賁之妻已知促其夫苦學自勵。另一例中盧肇與黃頗同日赴舉，刺史郡牧餞別黃頗而不顧貧寒的盧肇，雖是官人勢利，卻也足見當地人對於求仕應舉者已抱支持態度，與天寶時彭構雲固辭而返已不可同日而語。

　　唐代江西的科舉士子，大多來自於本區普通的庶族地主和一般的農民。如盧肇《送弟》詩云：「去日家無擔石儲，汝須勤苦事樵漁。古人盡向塵中遠，白日耕田夜讀書。」值得注意的是，由於政府的崇佛重道，僧、道亦可以成為士子入仕為官的終南捷徑。不少讀書人往往出入僧、道，如不能達到目的，還俗之後又參加科舉考試而求功名。江西是佛道繁盛之地，這種人物自然不少。如《唐摭言》卷十一載：劉軻少年為僧，繼而又在廬山「求黃老之術」，後進士及第，「文章與韓、柳齊名」。《唐才子傳》卷四載：吉中孚最初做道士，因不甘寂寞，赴長安，出入王侯之門，既第進士，又登宏辭科，做了翰林學士。另外，在江西進士中，也有一些原本不是江西籍人士，如施肩吾、李端、劉軻等，因長期在江西學習與生活，也就成為江西士人了。可見，外地人士對江西的進士文化也作出了一定的貢獻。

　　秉隋唐之法，五代十國的各政權，仍然在政治相對平穩時期施行科舉。據光緒《江西通志》選舉表，自後樑至後周，江西有

四人進士中舉[39]。楊吳時期，有廬陵人蕭儼，童子科及第；廬陵人張翊，謝策中第。南唐建國後，人才政策曾較長時期內「隨材進用，不復設禮部貢舉」[40]，文化的繁榮與科舉的不發達形成強烈的反差。為了適應人才建設與文化協調發展的需要，保大十年（952 年）中主李璟命翰林學士江文蔚主持貢舉事，此後至金陵失陷的二十餘年間，共放十七榜，幾乎是每年都錄取進士數名。南唐一代，江西約有八人考中進士[41]。

南唐江西進士如下：一、李征古，宜春人，昇元末，舉進士第。二、郭鵬，永新人，保大初進士。三、張惟彬，廬陵人，幼以通誦二經中童子科，有文章名。及長，先後授蘄州黃梅尉、武昌崇陽主簿、廬陵令。四、王克貞，廬陵人，保大十年（952 年）狀元，累官至觀政院副使。五、羅穎，南昌人；後主李煜時舉進士。羅穎涉獵經傳，以辭賦稱於鄉里。及試，後主手圈為第

39　雍正《江西通志》與光緒《江西通志》所記江西中舉人士，有不少錯訛之處。筆者對所記後梁至後周的江西中舉人士的存在很大疑問，又限於資料，遂不作認定，以待能者。後梁至後周的江西進士名單，請參陳文華、陳榮華主編：《江西通史》，江西人民出版社一九九九年版，第 281 頁。

40　《十國春秋》卷二十五《江文蔚傳》。

41　筆者對南唐江西進士的認定與前輩時賢的研究有較大的差異，主要是以中舉時間為標準，如王載中舉是在晚唐、蕭儼中舉在楊吳、陳彭年中舉是在北宋，就不把他們算做是南唐進士。另外，如果僅有地方誌記載而沒有確實史料相印證，筆者也不作認定，如地方誌所載的南唐新建狀元鄧及。前輩時賢的相關研究，請參見許懷林：《江西史稿》，江西高校出版社一九九八年版，第 227-228 頁；陳文華、陳榮華主編：《江西通史》，江西人民出版社一九九九年版，第 281 頁。

二。六、樂史，宜黃人。後主李煜時舉進士。樂史入宋後，於太平興國五年（980 年）以見任官再舉進士，樂史畢生勤奮，著述宏富，最要者為《太平寰宇記》二百卷。七、劉式，袁州人，後主李煜時舉進士。劉式治《春秋》經，舉左氏傳、穀梁傳、公羊傳中第，入宋，官至刑部郎中。八、胡昌翼，據《江南通志》卷一一九《南唐進士》記載：婺源人胡昌翼也曾中舉進士。五代十國時期因政治比較混亂，科舉艱難，江西地區這一時期科舉成功人數儘管不是很多，但就當時全國特別是就南唐政權而言，還是算比較突出的，一定程度表現出本區文化在紛亂的歷史時期仍在努力向上發展的趨勢。

三 科舉制下的士人生態

隋唐以來的科舉政治，科舉風氣興盛，帶來了江西社會的深刻變化。本區的文人士子由此上演科舉人生的悲喜劇，或落寞貧困一生，或通過科舉正途參與國家政治活動。

科舉成功帶來的利益巨大，但從事科舉需要大量的人力、物力、財力投入，對於普通庶民階層的讀書人來說，不能不是一種沉重的負擔，直接帶來生活的貧困。《雲溪友議》卷一載，撫州人楊志堅，嗜學而家貧，其妻子因受不了生活的艱苦，於是向他索取離婚書。《十國春秋》卷三十一《周彬傳》載，唐末五代的禾川人周彬，杜門苦讀，其妻道：「君兄皆力田畝，致豐羨，乃獨玩故紙以自困。寧有益邪？」周彬答道：「耕田不如耕道，非兒女子所知也。」直到李昇受禪後，周彬因其才學得以入仕，生活境遇始得改變。由於科舉之途狹隘，中者寥寥，故而對江西大

多數士子而言，科舉帶來的不僅是物質財富、經濟生活的損失，還會帶來巨大的人生失落。洪邁《容齋隨筆・五筆・唐曹因墓銘》記，寧宗慶元三年（1197年），江西信州的某村莊，挖掘出一塊唐碑，「乃婦人為夫所作」。碑文寫得相當簡單，不到百字，其中後半篇寫道：「惟公三舉不第，居家以禮義自許。及卒於長安之道，朝廷公卿，鄉鄰耆舊，無不太息。」這位曹君，世居鄱陽，既非大姓右族，且又累舉不第，可見朝中乏人，其客死於長安道上，碑銘乃出於妻子之手，則所謂「朝廷公卿」，「無不太息」，也不過是修飾之詞罷。但這塊碑文卻相當真實地昭示了一個默默無聞的讀書人為科舉而奔死一生的命運。

「學而優則仕」，通過科舉參與政治往往是文人士子所特別追求的。受時代風潮的影響，江西士人大都有經世致用的思想。唐中宗神龍元年（705年），舉進士的楊相如，補當塗縣尉。奏獻《君王政理論》三卷，拜右拾遺。開元末楊上書二千餘言，引隋煬帝亡國唐太宗興邦之實例，勸懲荒淫，崇教化。指出「曆觀有國有家，莫不以驕奢放縱而滅，畏慎謙恰而興」。鐘陵臧嘉猷，天寶間（742-755年）任採訪使，著《德政》八章以獻，受朝廷表彰。萍鄉唐稟，乾寧進士，官秘書正字，輯唐太宗貞觀時期之文章，編《貞觀新書》三十卷。不過，唐前期江西士人於政治較為淡漠，通過科舉進入國家政權系統的寥寥無幾，在政治上難有突出的表現。唐中後期以來，隨著江西地區政治、經濟、文化地位的上升及科舉的成就，本區的士人進入政治系統的人數大增，有的甚至進入中央權力核心，在政治上的作用愈加顯著。餘干人李儇，大曆進士。德宗時為左司諫，時方士桑道茂奏奉天有

天子氣，皇帝欲行屠城。李儼進諫曰：「陛下始登元極，當懲忿
窒欲，選賢任能，以安社稷，怎能輕信妖言，以害生靈？乞斬道
茂。」帝悟，乃罷之。後遷浙西節度判官，時遇饑荒，賑濟之，
免數萬人於難。江州人舒元輿，是唐後期擔任職務最高的江西
人。據《舊唐書‧舒元輿傳》，元和八年（813 年）登進士第，
釋褐諸府從事。大和初，入朝為監察，轉侍御史。與朝中李訓相
交甚厚。及李訓為文宗寵遇，擔任宰相，舒被召為尚書郎。大和
九年（835 年），拜禦史中丞，兼判刑部侍郎。九月，以本官同
平章事，與李訓同知政事，權重一時。後因「甘露之變」事發，
被誅。另信州貴溪人吳武陵也是較為有影響的人物。吳為元和二
年（807 年）進士，拜翰林學士。吳年輕時胸懷大志，倜儻不
群，淮西吳少陽久聞其才，欲羅致幕中，遣客鄭平致意，吳婉
拒。後少陽子吳元濟叛唐，吳去長信，曉之以理，動之以勢，元
濟不悟。裴度東討。韓愈為司馬，吳通過韓愈屢獻良策，為裴度
所賞識。元和三年，因得罪權貴，流放永州，與貶為永州司馬的
柳宗元相遇，兩人意氣相投，同遊永州山水。後柳宗元調任柳州
刺史，吳北還。吳多次向宰相裴度陳述柳宗元的不幸，並給工部
侍郎孟簡寫信，請求他們將柳宗元從邊地調回，改變境遇。長慶
初（821 年），吳主持北邊鹽務。他評議時政說：「天下不治病，
權不歸有司也。鹽鐵度支，一戶部郎中事，今三分其務，吏萬
員，財賦日蹙。」大和初（828 年），吳入為太學博士。禮部侍
郎崔鄲試進士於東都，吳力薦杜牧，並出示《阿房宮賦》，因第
一已定，旋列異等。大和中出任韶州刺史。大和八年遭權貴構
陷，以「髒罪狼藉」貶為潘州司戶參軍。時上敕令廣州幕史查

問，逼之甚急，吳不勝其忿，題詩在路旁佛廟說：「雀兒來逐颺風高，下視鷹鸇意氣豪。自謂能生千里翼，黃昏依舊入蓬蒿。」在《貢院樓北新栽小松》詩中寫道：「拂檻愛貞容，移根自遠峰。已曾經草沒，終不任苔封。葉少初陵雪，鱗生欲化龍。乘春濯雨露，得地近垣墉。逐吹香微動，含煙色漸濃。時回日月照，為謝小山松。」表達他不阿附奸佞的節操。不久吳武陵便鬱憤而逝。其他江西進士，熊儒登任西川從事，鄭史終國子博士，盧肇任州刺史，劉駕終國子博士，伊播任涇陽令，袁皓任撫州刺史、內任集賢殿圖書使，鄭谷雖享文名而官位僅至都官郎中，王轂任尚書郎中，李中終水部郎中……江西進士其官職外為縣令、刺史，內為郎中，所任除舒元輿一例外，官品多為五品上下；所處皆非重權機構，僅元輿一人進入中央權力核心。雖然江西的人文精英仍未進入中央的權力核心，但已在逐漸積累力量。如前所述，到五代吳、南唐時期以宋齊丘為代表的江西人物已在政權中發揮重要作用，影響一時。

唐中後期以來，地方政治與幕僚的關係極其密切。因為觀察使（節度使）、刺史、縣令等雖然是該級統治區域的最高行政首長，但其權力的決策與實施，往往通過幕僚進行，地方政治也在一定意義上可以說是幕僚政治。唐代江西地區的行政首長觀察使、刺史、縣令等依例是由中央派遣任命，到唐代末期才轉由地方自主。中央對地方首長以下的幕府幕僚，較諸行政首長少加干預，是以選任幕僚時，身為地方行政首長的江西觀察使有其自主權。文人在應舉不第或科舉仕途不順的情況下，幕府重視人才、條件優厚、離職自由，是文人士子的另一安身之所。錢起《送王

季友赴洪州幕》云：「煙波帶幕府，海日生紅旗。⋯⋯諸侯重才略，見子如瓊枝。」錢起此詩頗能代表當時求才幕府之況。文士將赴幕府任職作為應舉的經濟收入與日後仕途的背景；方鎮則藉幕府優禮文士來網羅人才，擴大自己的影響力，為日後儲備實力，二者互有需要，也各得其利。因此不少文士應舉不第，或中舉後也願意投身於幕府。江西觀察使的幕僚以外地人居多，出身於本區者，史料僅見王季友、王紹與陳象三人。據《唐才子傳》卷四載，豐城人王季友，「洪州刺史李公（勉），一見傾敬，即引佐幕府」。王紹由入幕登上宦途的情形，李絳《兵部尚書王紹神道碑》記：「（王紹）少以厚實，為士友所重，太師顏魯公守吳興，特器之，表授武康尉，相國蕭徐公察守馮翊，並隨府授檄。丁繼太夫人憂，服除，累授殿中侍御史、江西觀察推官。」陳象為袁州新喻人，受鍾傳聘而出仕。《唐摭言》卷十《海敘不遇》記：陳象「少為縣吏，一旦憤激為文，有西漢風骨⋯⋯南平王鍾傳鎮豫章，以羔雁聘之，累遷行軍司馬、御史大夫。傳薨，象複佐其子文政。」江西士子任職幕府者比例不高，人數不多。或表明江西士人仍視科舉為正途，對入幕作賓並不太重視。這不能不影響到江西士人在政治上的作為。

通過諸科考試出仕的江西籍進士中，不少人不僅在政治上有所作為，在文化上也有不凡的成就，在祖國文化寶庫中留下了一份份珍貴的遺產。其中盧肇就是其中的代表。盧肇（818-882年），字子發，袁州宜春文標鄉人。據《袁州府志》、《宜春縣誌》載，盧肇出仕之前家境貧寒，但聰穎好學，「夜無脂燭，則爇薪蘇，曉恨頑冥，亦嘗懸刺」。他寫文章，「馳騁上下，偉麗可

觀」，得到達官宿儒的推重。唐武宗會昌二年（842 年），盧肇和同縣的黃頗一起進京應試。黃祖上有地位，家中殷富，而盧卑寒。地方長官只給黃餞行而不理盧。盧遂寫《別宜春赴舉》一詩明志：「離山且作銜蘆雁，入海終為戴角魚。長短九霄飛直上，不教毛羽落空虛。」據《登科記考》卷二十二所記，會昌三年共舉進士二十二人，盧肇狀元及第，成為自有科舉制度以來江西地區的第一個狀元。

　　盧肇入仕後，初為鄂岳盧商從事，後任著作郎，遷倉部員外郎，充集賢院直學士，曾出知歙州，後移宣州、池州、吉州刺史，政績較著。盧肇生活的時代，正是唐朝歷史上「牛李黨爭」最激烈的階段。太和九年（835 年），李德裕被牛僧孺挫敗，貶袁州。李在宜春和盧肇有交往，並曾點撥盧肇攻讀儒經、寫作詩文。《登科記考》卷二十二引《玉泉子》稱，「（李）德裕嘗左宦宜陽，（盧）肇投以文卷，由此見知」。後來李被重新起用，官至同平章事，執掌宰相大權。據稱盧肇「隨計京師」時，李德裕還每每在接見他時「待以優禮」。這一切對於盧肇的得名以及中狀元不無裨益，但盧肇沒有因此攀附李德裕。他在《進海潮賦狀》中表白自己：「在名場則最為孤立，於多士則時負獨知」，「全無親黨，不能吹噓」。正由於此，這位宰相的舊友兼狀元，不獲大用，只做了幾任幕僚和州官。盧肇不去「奔走於形勢之途」，或是李黨特別強調家世門閥，而盧肇「門地衰薄，生長江湖……為業之初，家空四壁」，不願去受士族的歧視；或是牛李黨爭激烈殘酷，他們本人免不了失勢貶逐，依附者也難逃牽連責罰，安穩地在江南任職，比「阿附而得富貴，至於失勢頓挫一跌

而不振者」，自然要好得多。盧肇此舉是明哲保身，卻也是不阿附權貴、操行高潔的表現。

盧肇雖「志在為儒」，卻對天文很感興趣，潛心研究潮汐現象，「以二十餘年前後詳參」的結果，撰成五千多字的《海潮賦》及序、後序，與此相關的還有《進海潮賦狀》、《日至海成潮入圖法》、《渾天法》、《渾天載地及水法》等，於咸通年間獻給懿宗皇帝。盧肇認為：「夫潮之生因乎日也，其盈其虛係乎月也。」說明潮汐的成因與

· 江西第一狀元盧肇塑像

太陽、月球都有直接關係，這是對的。但盧肇強調「因其（太陽）灼激而退焉，退於彼盈於此，則潮之往來不足怪也」，這是不對的。近代科學證明，海潮是由於月球和太陽對地球引力不同所致，而月球的引潮力約為太陽的二點一七倍，故潮汐現象主要隨月球運行而變化。盧肇成果雖有不足，但已在前人的基礎上前進了一步，成為當時最新的研究成果。盧肇的研究成果受到朝廷的重視，唐懿宗說：「盧肇文學，優贍時輩，所推窮測海潮，出於獨見，徵引有據，圖像甚明，足稱一家之言，以去萬載之惑。其賦宜宣付史館。」明代葉涵雲故而稱讚曰：「古人可不朽，豈藉科第留？三覆海潮賦，誠足傳千秋。」《海潮賦》等科技文漸

為今天的學人重視[42]。

　　盧肇政事之餘，勤於筆耕，一生著述很多，有《文標集》、《廟堂高抬貴手》、《盧子史錄》、《逸史》、《愈風集》、《大統賦注》等一百幾十卷詩文。因盧肇為江西第一狀元的事蹟及其為人操守，一直受家鄉人民的尊敬與懷念。至今在宜春地區還有不少關於他的遺跡，如袁州的狀元橋、狀元洲等。

第三節 ▶ 文學與復興與超越

　　隋唐五代尤其是唐代是我國封建社會的鼎盛時期，經濟繁榮，國力強盛，文學領域也出現了嶄新氣象。在濃郁的文學氛圍中，古老的贛鄱大地，湧現出一大批文學之士，江西文學出現了令人矚目的新成就。

一　外地文人引領風騷

　　唐五代江西文化的發展與興盛，得力於那些遊學、仕宦或避難於江西

王勃畫像

· 王勃畫像

42　許結：《説「渾天」談「海賦」》，載《南京大學學報》一九九九年第一期。

的外地文化人的扶植與推動。由於眾多外籍文人普遍比江西本土文人的水準高、影響大，所以對江西文學的貢獻非凡。實事求是地說，江西文壇在唐五代時期起步與繁榮是由他們引領的。

早在東晉南北朝時期，王羲之、謝靈運、鮑照、江淹等名流就曾被江西的無限山水風光所吸引，留下了不少人文足跡，寫下了許多膾炙人口的詩文。這一風氣到唐朝時期更加濃郁。唐朝全國大統一，南北經濟文化交流大大加強。特別是贛水、大庾嶺交通道路的暢通，唐前期過往江西的文士人物已是絡繹不絕。唐朝初年，洪

・白居易像

州都督閻公曾於重陽日在滕王閣舉行過一次以文會友的大宴，即有「初唐四傑」之首的絳州龍門人王勃，趕赴宴會作《滕王閣序》，傳為文壇佳話。又據《容齋隨筆》卷一《歐率更帖》載，唐代大書法家歐陽詢「年二十餘，至鄱陽，地沃土平，飲食豐賤，眾士往往湊聚，每日賞華，恣口所須。其二張，才華議論，一時俊傑；殷、薛二侯，故不可言；戴君國士，出言便是月旦；蕭中郎頗縱放誕，亦有雅致；彭君摛藻，特有自然。至如《閣山神》詩，先輩亦不能加。此數子遂無一在，殊使痛心。茲蓋吾鄉故實也」。這一文化「沙龍」的成員今天無法詳考，然多半為遊宦之輩，殊少本地人士應屬無疑。儘管其中不乏溢美之詞，但亦大可反映唐代前期饒州許多文士學者、遷客騷人曾經在江西道特別是洪州、臨川一帶活動過，並與當地文人學士相交往。

有唐一代，江西較為安定的社會環境，富庶的經濟，優美的

山川，對各地的文人士大夫有相當的吸引力，他們自然而然地拿
起紙筆抒發自己的激情。宋之問、王勃、張說、李嶠、姚崇、張
九齡、孟浩然、李白、元結、劉長卿、盧綸、柳渾、白居易、韓
愈、孟郊、劉禹錫、李涉、李渤、劉軻、李群玉、徐凝、許渾、
柳希玭、曹松、顧況、權德輿、牛僧孺、李德裕、戴叔倫、羅
隱、皮日休、韋莊……他們在江西留下了大量的詩文，其中許多
是千古傳誦的名篇。如宋之問的《度大庾嶺》，王勃的《滕王閣
序》，孟浩然的《下贛石》、《晚泊潯陽望香爐峰》，李白的《望
廬山瀑布》、《望廬山五老峰》、《廬山謠寄盧侍御虛舟》，白居
易的《琵琶行》、《題大林寺桃花》等，還有號稱「天下第二書」
的顏真卿的《撫州南城麻姑山仙壇記》碑刻，世界第一部茶葉專
著陸羽的《茶經》等。毫無疑問，他們在江西的活動和創作，多
與本區的山川風物連繫在一起，其詩文既得江山之助，江山亦因
之增色，不僅為江西文學史增添了華彩樂章，更濡染了當時的江
西文壇，對江西文化的推進和提高是不可低估的。這裡僅舉白居
易在江西的文學活動為例進行說明。

　　唐憲宗元和十年（815 年），盜殺宰相武元衡，身為贊善大
夫、時年四十四歲的白居易率先上疏：「急請捕賊，以雪國恥。」[43]
朝廷怒其越職奏事，貶為江州司馬。江州之貶對白居易是一個沉
重的打擊，在前期還只是偶爾浮現的佛道思想，這時未免潛滋暗
長，他終於在廬山香爐峰下築起草堂，將時光虛擲在修仙學佛和

山水詩酒之間。他糅合儒家的「樂天知命」、道家的「知足不辱」和佛家的「四大皆空」來作為「明哲保身」的法寶，日漸走上了消極避世的道路。但另一方面，卻促使白居易的文學創作發生了重大轉折與突破，邁上一個新的高峰。

江州司馬的生涯雖然使白居易放棄了「諷諭詩」的寫作，但卻促成了其「感傷詩」的代表作《琵琶行》的誕生。《琵琶行》寫於白居易貶江州的次年（816 年）。全詩大意是：深秋月夜，詩人送客潯陽江頭。宴飲之時，忽聽琵琶聲傳來。移船相問，方知是一個獨守空船的女子。詩人邀請她演奏，曲調激越動人。交談中知道她當初是長安的一名歌妓，後因年長色衰，「嫁作商人婦」。但重利寡情的商人又把她獨自拋在江州，使她過著寂寞淒涼的生活。詩人不禁聯想起自己的坎坷遭遇，於是興起「同是天涯淪落人，相逢何必曾相識」的強烈共鳴。情節過程十分短暫，置於楓葉荻花、月白風清的淒清秋夜的背景上展開，因而極富戲劇性，並收到了以景托情，情意相生的藝術效果。《琵琶行》具有長篇敘事詩人物形象鮮明，故事情節完整，結構層次分明，主題寓意深永的特點，被詩界譽為「千古絕作」；又因其獨特的以「聲」與「情」的藝術魅力，被譽為「千古第一音樂詩」。不僅如此，琵琶女的形象，典型地概括了封建社會中備受蹂躪和壓迫的妓女的不幸命運。作者站在無限同情的立場上，代她們對不合理的社會現實進行了控訴，從而使這首詩獲得了積極的意義；與此同時，詩人借琵琶女的身世感歎自己深受排擠、橫遭貶謫的不幸，則更加深了全詩的現實主義內容。作為「感傷詩」中的敘事長詩《琵琶行》，比詩人早年寫出的另一敘事長詩《長恨歌》更

‧廬山石刻白居易《大林寺桃花》詩

富於現實意義，藝術的感染力也更強烈，堪稱其現實主義詩篇中的扛鼎之作。

《與元九書》是白居易貶江州當年歲暮寫的，借向摯友元稹抒憤懣而詳陳文學主張的一篇詩論傑作。諸如：「詩者，根情，苗言，華聲，實義」；「事物牽於外，情理動於內，隨感遇而形於詠歎」；「文章合為時而著，歌詩合為事而作」，都是當時著名的詩論。全書洋洋三千餘言，融議論、敘事、抒情於一爐，析理精闢，感情激越，文氣酣暢，充分顯示了白氏作為詩壇巨擘而兼古文家的獨特風範。白居易是杜甫之後的傑出的現實主義詩人，他繼承和發展了《詩經》和漢樂府的現實主義傳統，沿著杜甫所開闢的道路進一步從文學理論和創作上掀起了一個波瀾壯闊的現實主義詩歌的高潮[44]。《與元九書》是當時一篇最全面、最系統

的現實主義詩歌理論綱領，也是我國中古文學批評史的重要文獻。

　　此外，白居易還創作了一些富有文學欣賞價值的詩歌、散文篇章，對江西的優美山水風物作出了深情的抒發。白居易仰慕「匡廬奇秀，甲天下山」，因而有不少關於廬山的優美詩文。白曾在廬山遺愛寺建草堂，元和十二年（817年）春天遷入草堂。《與元微之書》云：「僕去年秋始遊廬山，到東西二林間香爐峰下，見雲水泉石，勝絕第一。愛不能舍，因置草堂。前有喬松十餘株，修竹千餘竿，青蘿為牆垣，白石為橋道。流水周於捨下，飛泉落於簷間，紅榴白蓮，羅生池砌。」白居易專作《草堂記》敘寫其居住的廬山草堂堂前景物，井然有序，歷歷如畫：「是居也，前有平地，輪廣十丈；中有平臺，半平地；台南有方池，倍平臺。環池多山竹野卉，池中生白蓮、白魚。又南抵石澗，夾澗有古松、老杉，大僅十人圍，高不知幾百尺。修柯戛雲，低枝拂潭，如幢豎，如蓋張，如龍蛇走。松下多灌叢，蘿蔦葉蔓，駢織承翳，日月光不到地，盛夏風氣，如八九月時。下鋪白石，為出入道。」廬山《草堂記》成為寫景狀物的古代散文名篇，而大致同時創作的《大林寺桃花》則是極富哲理與情趣的名詩。白居易暮春四月上廬山訪大林寺，平原地區桃花李花早已謝盡，百花凋零時節，在人跡罕至的大林寺卻是「山桃始華，澗草猶短」[45]，

116頁。

45　《白氏長慶集》卷四十二《游大林寺序》。

恍然到了另一春天世界，遂吟詠《大林寺桃花》：「人間四月芳菲盡，山寺桃花始盛開。長恨春歸無覓處，不知轉入此中來。」詩作造語清新，意與景會，充分表現出詩人珍惜春光美景，鄙棄塵世功名利祿的高潔情懷。當時詩人正處於「俟罪潯陽」的失意中，能保持這樣曠達的精神境界，尤為難得。

　　白居易在江州期間，創作了《琵琶行》、《與元九書》、《大林寺桃花》等近二百篇詩文，成為他一生創作最為旺盛與成就最大的時期。可以說沒有這段貶官江西的經歷，白居易不可能創作出如《琵琶行》那樣傳誦千古的詩作，不可能通過《與元九書》提出現實主義的詩歌理論，也不可能創作出反映江西民眾生活與社會風情的大量詩文。江西的山水人情賦予了白居易巨大的創作源泉，反過來，他又為江西文壇譜寫了一段華彩樂章。白居易貶江州，是他官場上之不幸，卻又是他文學創作及江西文壇之大幸。

　　外來文化人士在江西活動，加深了他們對江西的瞭解，從而在文化層面上提升了江西的形象。隋唐以來，處於長江中游的江西儘管交通已較便利、經濟已上升，但在一般北方人的心目中，此地仍未免稍嫌僻遠、落後。張籍《送從弟濛赴饒州》詩有句云：「京城南去鄱陽遠。」李建勳《送王郎中之官吉水》則形象化地描寫道：「南望廬陵郡，山連五嶺長。」白居易甚至有「江州望通州，天涯與地末」之慨[46]。不僅如此，很多人在意念中便未免為它塗上一層蠻荒的色彩。前引李建勳詩末句有云「惟應勞

贊畫，溪峒況強梁」。陳陶《鍾陵道中作》亦稱：「煙火近通槃
瓠俗，水雲深入武陵鄉。」白居易《送人貶信州判官》：「地僻
山深古上饒，土風貧薄道程遙。不唯遷客須恓屑，見說居人也寂
寥。溪畔毒沙藏水弩，城頭枯樹下山魈。若於此郡為卑吏，刺史
廳前又折腰。」白詩中間兩聯所傳摹的氣氛，簡直已非人類所能
居。由這三條資料所反映的三個地點，可以概見江西的普遍情
形。然而當這些外來文人一旦在當地生活經年，對其地理環境有
所瞭解之後，得出的評判幾至完全相反。如李嘉祐《題前溪館》
云：「兩年謫宦在江西，舉目雲山要自迷。今日始知風土異，潯
陽南去鷓鴣啼。」其後兩句大可玩味。鷓鴣啼在古代文人的耳朵
裡是頗有含義的，自宋以來的通解是「行不得也哥哥」，此詩寫
作的時候該通解尚未流行[47]。但當時人曾有「唯能愁北人，南人
慣聞如不聞」的提示[48]，可知作者對於「風土異」的知覺即因此
而起。此前並不覺得風土有異，顯然是在此謫宦兩年，對當地的
環境已經適應的緣故。白居易在江州的生活情形也非常典型地反
映了這一轉變。初至江州時，作《孟夏思渭村舊居寄舍弟》稱：
「九江地卑濕，四月天炎燠。苦雨初入梅，瘴雲稍含毒。」如果
不是作者在詩首已標明其地點，簡直讓人懷疑他是在講一派熱氣
蒸騰、瘴毒彌布而令人不安厥居的嶺南邊地。然而當他生活了一
段時間以後，對當地的自然環境的評價已完全兩樣：「江州風候

47　賈祖璋：《鳥與文學》，上海書店一九八二年版，第 111-114 頁。
48　《全唐詩》卷四三五白居易《山鷓鴣》。

稍涼，地少瘴癘，乃至蛇虺蚊蚋，雖有甚稀。溢魚頗肥，江酒極美，其餘食物，多類北地。……去年秋，始遊廬山，到東西二林間香爐峰，見雲水泉石，勝絕第一，愛不能捨。」[49]先後對照，幾乎難以相信這兩件文字出自同一人手筆。前件中感覺不祥的因數在後件中都得到了否認，並且還發現了不少前件中感覺不到的好處。這兩者的差別，不能不說是前件包含了諸多成見和誤會。作者有一首詩《代春贈》單道此點：「山吐晴嵐水放光，辛夷花白柳梢黃。但知莫作江西意，風景何曾異帝鄉？」所謂「意」顯然即前述成見。除此之外，作者前後認識的巨大變化，其實也是在比較深入瞭解江西地域後，對當地文化的一種認同和欣賞。唐宣宗時江州刺史崔黯在《赴東林寺碑》中不僅讚美「而廬山為山，峻與秀兩有之」，而且還認為「潯陽為四方之中，有江山之美」。這種「四方之中」的感覺實在是反映了對江西作為一個文化地域的肯定。

外來文化人在江西的文化活動，不僅豐富了他們自己的文學創作，也繁榮了江西文學，構成江西文化的有機部分，極大地促成了江西文化區的形成與發展。他們通過文學形式與內容，深刻影響了江西本土文化，並向外大力宣揚了江西文化，使區域外的人們更加瞭解江西；同時也直接地培養了江西本土文化人。總之，江西文化在唐代中後期猛然崛起，不僅是江西本土文化人的努力，還與外來的文化人士在江西的活動分不開，他們為江西文

化的發展作出了重要貢獻。

二 「地多章名客」

唐五代江西文學的發展與繁榮，最終取決於本土文人的奮發自強。自東晉陶淵明之後，中經宋、齊、梁、陳、隋諸代直到唐初的二百多年間，江西文壇後繼乏人，一派沉寂。有唐一代，隨著社會經濟發展，文教事業興盛，本土文人積極進取，江西文壇開始復甦。至晚唐五代，江西文學家如雨後春筍般成長，文壇蔚為大觀。他們以江西為根基，躋身中國優秀文人之列，低吟高唱，預演著宋元明清江西文壇的繁盛。

唐玄宗天寶年間，進士殷璠選擇了當時二十四位著名詩人的二三四首詩歌編成一部詩集。殷氏認為這些作者都是「河岳英靈」，即當時全國文壇傑出代表，所以名為《河岳英靈集》。由於殷氏本身具有很高的詩歌審美和鑒賞力，所立擇錄標準又相當精嚴，所以直到現在，詩集仍是學術界所公認的權威性的盛唐詩歌選本之一。集中所選之人，幾乎囊括了開元、天寶期間活躍在文壇上的最優秀的詩人，其中綦毋潛、劉眘虛、王季友是江西人，二十四家中江西占了三家。若以盛唐時期江西文壇的實力而言，這個比例大得有點不相稱；若從政治影響來說，這三人也都是微不足道的，這正說明了殷氏《河嶽集自序》中所言的「如名不副實，才不合道，縱權壓梁竇，終無取焉」。

綦毋潛，虔州南康（或說荊南）人，字孝通，一作季通。約生於天授二年（691 年），十五歲入長安遊學求仕，開元十四年（726 年）進士及第，授宜壽（今陝西周至）尉。開元十八年前

後入集賢院待制，為校書郎。開元二十一年冬掛冠歸隱，次年秋遊歷江南。天寶初，因家境拮据，又重返京洛謀求複職。天寶十一載（752 年）任右拾遺後升至著作郎。安史之亂爆發後，唐政權陷入混亂，綦毋潛痛感國無寧日，官場險惡，再度棄官歸隱江淮。王維曾賦《送綦毋秘書棄官還江東》：「明時久不達，棄置與君同。天命無怨色，人生有素風。」表達了對綦毋潛擺脫官場俗氣、保持人生純樸風範的讚賞。綦毋潛在開天之際詩名很高，與張九齡、王維、李頎、儲光羲、孟浩然、盧象、高適等為文章之友，相互酬唱。殷氏尤稱其詩：「屺岵茜足佳句，善寫方外之情，至如『松山殿冷』，不可多得；又『塔影掛清漢，鐘聲和白雲』，歷代未有。荊南分野，數百年來，獨秀斯人。」楊希閔《鄉詩摭談》稱他「清回拔俗處，故是摩詰一路人」，說明他不僅在盛唐詩壇具有相當的地位，而且詩歌風格接近王維，詩作舉體清秀，流露出追慕隱逸之意。王維《別綦毋潛》中，讚揚綦詩「盛得江左風，彌工建安體」，說明綦氏詩積極追求風骨。後人對綦毋潛的作品評價較高，如嚴羽在《滄浪詩話》中稱他為唐詩人中大名家之一。《贛州府志》記「盛唐時，江右詩人惟（綦毋）潛最著」。《河岳英靈集》收錄其詩六首，《全唐詩》存其詩一卷共二十六首，代表作為《春泛若耶溪》，詩云：「幽意無斷絕，此去隨所偶。晚風吹行舟，花路入溪口。際夜轉西壑，隔山望南斗。潭煙飛溶溶，林月低向後。生事且彌漫，願為持竿叟。」詩人以春江、月夜、花路、扁舟等景物，描寫在一個春江花月之夜泛舟溪上，抒發自己「生事且彌漫，願為持竿叟」的超然出世思想。詩句頗有不事雕琢的自然美，《唐音癸簽》引殷璠語評論

說，整首詩「舉體清秀，蕭蕭跨俗」。

劉眘虛（慎虛），字全乙，亦字挺卿，號易軒，新吳（今奉新）人。據一九八九年版《靖安縣誌》卷三十五《人物》載，劉眘虛定居在建昌縣桃源里（今靖安縣水口鄉桃源村）。卒葬於該村雲山，墓塋尚存。其生卒年不詳，殷氏說「惜其不永，天碎國寶」。《河岳英靈集》編成於天寶十二載（753年），可見劉眘虛在此前已謝世，而且壽命較短。劉眘虛幼時聰穎，據說其九歲即作文上書給皇帝，被召拜「童子郎」。開元十一年（723年）中進士，十九年應制舉，又中博學宏詞科。進士及第後，曾授洛陽尉，遷夏縣（今屬山西）令，後為崇文館校書郎、秘書郎。他性情古樸愛好山水，不慕名利，無意仕途，晚年生活在江南一帶，與賀知章、包融、張旭等詩人交好，世稱「吳中四友」，和孟浩然、王昌齡、高適等亦相友善，留有相互唱和的詩作。劉眘虛和綦毋潛都可以歸入王維、孟浩然的山水田園詩一派。殷璠所編的《河岳英靈集》，推崇劉眘虛為一家，選錄其詩多至十一首，排在常建、李白、王維之後居第四位，列為「河岳英靈」中的上乘作品，並稱其詩「情幽興遠，思雅詞奇，忽有所得，便驚眾聽。當時東南高唱者數十人，聲律婉態，無出其右，唯氣骨不逮諸公。自永明以來，可傑立江表」。「永明」是南朝齊武帝年號（483-493年），自此至於唐玄宗開元二百多年間，劉眘虛是江南的傑出詩人。對這個評價，歷來文學史家都是贊同的。王士禎《香祖筆記》卷十二中說，劉眘虛的「十四（首）詩足以不朽其人，他文可不必傳，正如白頭花鈿滿面，不如美人半妝耳」。鍾惺《唐詩歸》云：「讀眘虛一字一句一篇，若讀數十篇，隱隱

隆隆，吾取此為少者法。」劉眘虛詩作多為五言，以寫自然景物為主。《闕題》為其代表作，詩曰：「道由白雲盡，春與青溪長。時有落花至，遠隨流水香。閑門向山路，深柳讀書堂。幽映每白日，清輝照衣裳。」這首詩句句寫景，詩情畫意，佳句盈篇，如前四句，一句一景：白雲、青溪、落花、流水；每句首用一字交代地點、時間：道、春、時、遠；句尾皆一字收句：盡、長、至、香。後四句：閑門、深柳、幽映、清輝道出地點、時間；而山路、書堂、白日、衣裳，則描寫詩人來到了一個安謐、舒適的專心讀書的好地方。詩雖短小，卻讓人回味無窮。詩人的行動、神態、情趣，甚至身份、地位等等，皆包含在其中，給人以清新明麗、餘韻縈繞的藝術享受。據今人考證，此詩有題，應是「歸桃源鄉」，在道光《靖安縣誌》和民國《長岡劉氏宗譜》中都錄入此詩，並注曰：「白雲山在桃源，青溪潭在亙田，深柳堂在劉坊坑。」[50]劉眘虛的詩歌成就使他名留千古，五卷詩集《鶺鴒集》到清康熙年間還在流傳，卻毀於《四庫全書》修成之日。現今只有《全唐詩》存其詩十五首。《全唐文》卷四〇八，錄有他一篇判詞《對不知名物判》。劉眘虛不僅詩才出眾，人品也高。據道光《奉新縣誌》載：因劉眘虛「孝友恭儉，哲悟過人」，時任洪州刺史吳兢特改其所居奉化鄉為「孝悌鄉」，以示表彰。

　　王季友（714-794 年），名徽，字季友，自號雲峰居士，原

50　廖延平：《劉音虛的『闕題』詩有題》，《文學遺產》一九八五年第一期。

籍河南洛陽，遷居豐城。王早年家貧，靠賣履為生，但志向遠大，堅持攻讀，誦書萬卷，以至論必引經，聲名大振。據說於開元二十四年（736 年）舉進士[51]，歷任華陰尉、虢州錄事參軍、監察御史、御史中丞，因不滿李林甫專權而回歸江西，約廣德二年（764 年）洪州太守李勉愛其才華，引他佐幕府。後又回豐城，隱居龍澤智度寺設帳教授學徒。王時有詩名，與杜甫、張九齡、岑參、錢起、沈千運等相友善，曾攜手暢遊名山大川，作詩唱和。杜甫曾寫詩稱讚他：「丈夫正色動引經，豐城客子王季友。群書萬卷常暗誦，孝經一通看在手。」[52]岑參推許他：「王生今才人，時輩賢所仰。何當見顏色，終日勞夢想。」[53]王季友因出仕晚，長期生活充滿艱辛，詩歌充滿愁苦之音，具有較強的現實感和藝術表現力。如《古塞曲》：「進軍飛狐北，窮寇勢將變。日落沙塵昏，背河更一戰。驊馬黃金勒，雕弓白羽箭。射殺左賢王，歸奏未央殿。欲言塞下事，天子不召見。東出咸陽門，哀哀淚如霰。」就是通過一位建功將軍的遭遇，訴說人生的不公。王著有《季友詩集》、《河嶽集》輯其詩六首，元結《篋中集》輯其詩二首，《全唐詩》共存其詩十一首。另外，他還著有

51　近年來，有些學者主要依據豐城白土鎮王氏族譜《王氏家乘》和《豐城縣誌》的記載，提出了「王季友為江西最早的狀元」的觀點。筆者認為，若沒有更有力的資料證明，此說恐難成立，畢竟家譜和地方誌存在不實的成分。另外，筆者據《唐才子傳》卷四《四季友》所載王季友事蹟推測，王季友中舉進士的事蹟，亦可置疑。

52　《全唐詩》卷二二二杜甫《可歎》。

53　《全唐詩》卷一九八岑參《僮關使院懷王七季友》。

《龍澤遺稿》、《四書要注》、《六經通義》等。

綦毋、劉、王三人除入《河岳英靈集》外，又都入元代辛文房編的《唐才子傳》。這一時期，江西地區有名的詩人還有：南昌人喻鳧，嘗與詩人方干交遊，詩賦往還，著有《喻鳧詩集》一卷、《全唐詩》收有所作《樊川寒食》一詩。南昌人熊曜，與達奚珣、王維為文章之友，《文苑英華》中收所作《瑯琊台觀日賦》，《全唐詩》收所作《送楊諫議赴河西節度判官兼呈韓王二侍御》等詩。這充分說明盛唐時期江西的文學人士已開始崛起，產生了一定的影響。當然，與當時全國文壇相比，無論作家數量還是作品品質，江西地區仍然處於中下地位。

中唐以來，隨著全國經濟文化重心的逐漸南移，江西經濟文化水準的穩步上升，文壇處於高潮的醞釀期，湧現出了許多有名的文學家。清代臨川人李紱《南園答問》稱：「洎乎有唐，以詩取士，時則劉眘虛開元之奇，吉中孚拔大曆之萃；任濤、鄭谷，稱『十哲』於咸通；盧肇、黃頗，鬥兩龍於秀水。南康綦毋，鄱陽穎士；來氏兄弟，豐城季子，或矜《西山》之篇，或侈《靈溪》之制。莫不馳譽寰區，蜚聲域外。至於文律恢奇碩大，吳武陵則西漢可興，幸南容在枚、馬之次。媲柳配韓，角張競李，猶未足盡江南之能事。」的確，中唐以後，江西文壇百花競放，星漢燦爛，呈現出空前繁榮的局面。無論是作家人數還是著作種類，都遠非以前各代所能比擬。又據光緒《江西通志·藝文略》的不完全統計，在漢代，江西籍作家為四名，著作為九種；晉代為十七名，著作為二十一種；南北朝時作家為四名，著作為七種，其中除東晉的陶淵明，劉宋時的雷次宗，其人其文仍為當代

所稱道外，其他文人及其著作大都鮮為人所知了。而中唐後這種
情況大有改觀，江西籍作家激增至六十餘人，著作也達八十五種
之多。作家的人數和著作數比以前各代的總和還要多。

吉中孚，鄱陽人，生活於唐代宗、德宗時代，「初為道士，
山阿寂寥，後還俗」[54]。至長安以詩作得到代宗的賞識，一時名
揚京師。盧綸形容他「名高閑不得，到處人爭識」[55]。大曆年間
舉進士，官拜校書郎，登宏詞科，歷任翰林學士、諫議大夫、戶
部侍郎判度支司等職，與盧綸、司空曙等並稱「大曆十才子」[56]。
「十才子」詩歌大多是唱和應景之作，基本主題是歌舞昇平、餞
迎友朋、吟風弄月、稱道隱逸，很少切入現實去反映中唐的社會
動盪和民生疾苦。但他們在藝術方面都有相當修養，尤其擅長五
言律詩。吉中孚的詩作也是如此，從中可以看出他「神骨清虛，
吟詠高雅，若神仙中人也」的風采，頗得道家的飄逸之趣[57]。
《新唐詩・藝文志》存其詩目一卷，《全唐詩》錄《送歸中丞使
新羅冊立弔祭》詩一首。

施肩吾，字希聖，號東齋，睦州人（因長期生活於洪州，亦
作洪州人）。元和十五年（820 年）進士，不待除授，即隱居洪
州西山修道，自稱棲真子，終身不仕。施雖身為道士，卻極好交

54　傅璇瓊主編：《唐才子傳校箋》（第 2 冊），中華書局一九八九年版，
　　第 14 頁。

55　《全唐詩》卷二七六盧綸《送吉中孚校書歸楚州舊山》。

56　《新唐書》卷二〇三《盧綸傳》。

57　傅璇瓊主編：《唐才子傳校箋》（第 2 冊），中華書局一九八九年版，
　　第 18 頁。

遊，與張籍、徐凝等友善，張籍曾作有《送施肩吾東歸》、《贈施肩吾》詩。前詩云：「知君本是煙霞客，被薦因來城闕間。世業偏臨七里瀨，仙遊多在四明山。早聞詩句傳人遍，新得科名到處閑。惆悵瀟亭相送去，雲中琪樹不同攀。」從中可知施肩吾詩文才名。施氏終於不求科名而「仙游」，應是出於對仕途的失望。這也是當時具有典型意義的「入道」文人的命運。徐凝的《回施先輩見寄新詩二首》中則說「料得仙宮列仙籍，如君進士出身稀」。施肩吾學問淵博，才情富贍，詩風綺麗，冠於當世。其詩歌內容廣泛，題材多樣，有描繪自己寄情山水悠然自得的隱居生活，表達友人之間深厚感情的清新雋永之作，如《山居詩》一百韻，「荷翻紫蓋搖波面，蒲瑩青刀插水湄」、「煙粘薜荔龍鬚軟，雨壓芭蕉鳳翅垂」等詩句，大行於時。施氏詩也有的反映當時下層勞動人民的生活情況，如《江南織綾詞》：「卿卿買得越人絲，貪弄金梭懶畫眉。」施氏雖處方外，但他的詩卻充滿著濃厚的人情意味。如《幼女詞》：「幼女才六歲，未知巧與拙。向夜在堂前，學人拜新月。」短短的五言四句詩，將詩人小女兒的天真可愛刻畫得惟妙惟肖。詩人對小女的鍾愛在詩中不止一次流露出來，如《效古詞》：「姊妹無多兄弟少，舉家鍾愛年最小。有時繞樹山雀飛，貪看不待畫眉了。」施氏作品不僅描寫幼女，還有描寫成年女子思念丈夫的內容，如《望夫詞》是描寫一位婦女對出征在外的丈夫的深深思念，末句云：「自家夫婿無消息，卻恨橋頭賣蔔人。」將思夫女子的不可理喻、無處發洩、遷怒於人的情感生動細膩地刻畫出來，這一戲劇性的結尾正是詩的高潮，也是詩的獨到之處。施氏受時代道教風流的影響，也做了不

少豔情詩文。據五代蜀何光遠《鑒誡錄》卷八之「屈名儒」條記施肩吾《夜宴曲》：「蘭釭如晝買不眠，玉爐夜起沉香煙，青娥一行十二仙，欲笑不笑桃花然。碧腮弄嬌梳洗眠，戶外不知銀漢轉，被郎嗔罰塗蘇盞，酒入四肢紅玉軟。」吟之閨房青娥之醉容嬌態，躍然於紙上。胡震亨《唐音癸籤》卷七稱施氏「章句尚豔碩，乏韻致」。施氏著有詩集《西山集》十卷，《全唐詩》編為一卷。《全唐文》錄其賦二篇，文七篇。

鄭谷（約 849-911 年），字守愚，袁州宜春人。其父鄭史，開成元年（836 年）進士，授易學博士，咸通初年（860 年）授官永州刺史。著有賦百篇，編為《鄭惟直集》；有詩十二首，見於《宜陽集》中。《全唐詩》收其所作《永州送侄歸宜春》等詩三首。鄭史子鄭啟、鄭谷均有詩名，人稱「鄭氏三父子」，其中以鄭谷最為著名。鄭谷受鄉風和家風影響，少時聰穎絕倫，自稱「自騎竹馬之年則有賦詠」，「七歲侍行湖外去，岳陽樓上敢題詩」。《唐才子傳》卷九記，司空圖見而奇之，曾撫其背曰：「當為一代風騷主也。」鄭谷少時曾遊歷東南各地及京師長安，吟詠不已。至二十歲時已「篇幅盈笥」。黃巢義軍入長安時，鄭谷隨僖宗奔蜀，客居成都六年。光啟元年（885 年）隨駕返回長安。這年十月，又發生了宦官田令孜逼迫僖宗出幸興元的事件。鄭谷為避禍而再次入蜀。光啟三年，鄭谷舉進士，授京兆鄠縣尉，遷右拾遺，乾寧四年（897 年）任都官郎中，故被稱為鄭都官。天復三年（903 年），鄭谷因見國事無可救藥，遂潔身自好，歸隱家鄉，在距今宜春城六十里的仰山構築讀書堂，專心讀書寫作，並和許棠、任濤等共十人唱答往還，時號「芳林十哲」。鄭谷致

力於五、七言律詩，寫景敘情善於貼切，屬對煉句亦極工致，但氣象風骨不及唐代大家。鄭谷有詩四百多篇行於世，所為詩多寫景詠物，風格清新通俗，其中七律《鷓鴣詩》最為著名，詩曰：「暖戲煙蕪錦翼齊，品流應得近山雞。雨昏青草湖邊過，花落黃陵廟裡啼。遊子乍聞征袖濕，佳人才唱翠眉低。相呼相應湘江闊，苦竹叢深春日西。」詩歌彌漫著一層淡淡的羈旅思愁，景象幽冷淒清，讀罷不禁令人黯然神傷。詩中「青草湖」、「黃陵廟」一聯所烘托的氣氛，所表達的神情風韻，尤為稱絕，而尾聯筆墨渾成，清金聖歎在《聖歎選批唐才子詩》中評鄭詩末句「深得比興之遺」。此詩一出，時人爭相傳誦，因此鄭谷又被稱為「鄭鷓鴣」。鄭谷的離情詩也頗具才情，如《淮上與友人別》：「揚子江頭楊柳春，楊花愁殺渡江人，數聲風笛離亭晚，君向瀟湘我向秦。」清沈德潛在《唐詩別裁集》卷二十中評云：「落句不言離情，卻從言外領取，與韋左司（韋應物）《聞雁詩》同一筆法也。」鄭谷的一些詩篇，也注意寫實，頗有杜甫現實主義詩風的餘韻。如描寫唐末戰禍給社會帶來的災難，《亂後途中憶張喬》：「傷心繞村路，應少占耕夫」；《初還京師寓止府偶題屋壁》：「秋光不見舊亭台，四顧荒涼瓦礫堆」；

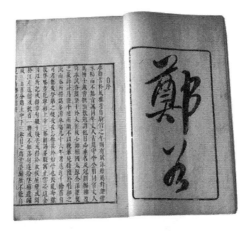

· 明嘉靖大字精刻本《晚唐鄭谷詩》

· 鄭谷手跡

《偶書》：「不會蒼蒼主何事，忍饑多是力耕人」；他希望結束藩鎮割據，重新實現國家統一。《送進士許彬》：「泗上未休兵，壺關事可驚」；《江行》：「關東多事日，天末未歸心。」鄭谷詩名著天下，當時有不少人向他學詩。如《南唐野史》卷七《孫魴》載，當鄭谷從北方回歸江南時，南昌人孫魴從之遊，盡得其詩歌體法，「後有能詩名」，其「天多剩得月，地少不生塵」被諸多詩家贊為騷情風韻之絕唱。廣豐王貞白，曾寄詩五百多首請其修改。《唐才子傳》卷九載，詩僧詩人齊己攜詩卷來拜訪鄭谷，請鄭鑒賞其《早梅》一詩。詩中有「前村深雪裡，昨夜數枝開」。鄭谷指出：「數枝，非早梅也，未若一枝佳。」齊己不覺敬佩萬分，認鄭谷為「一字師」。「一字師」由此而來，一直傳為文壇佳話。直到北宋初年，據歐陽修《六一詩話》稱，當時人家還多以鄭谷詩教小兒，歐陽修本人幼年也曾誦讀鄭詩。童宗說在《雲台篇》中作序曰：「惜其有補於風教，而重之者以村學堂中兒童諷誦，往往視為發蒙之具。」《四庫全書總目提要》卷二十九評價道：「（鄭）谷以鷓鴣詩得名……而其詩格調卑下。……至其他作，則往往於風調之中，獨饒思致，汰其膚淺，擷其菁華，固亦晚唐之巨擘矣。」持論較為公允。鄭谷詩作較早編成的有《雲

台編》三卷，歸隱後又有《宜陽集》三卷、《外編》三卷，《全唐詩》中收所作詩四卷。

　　來鵬，豫章人，家住南昌東湖徐孺子亭邊，大約生活在唐穆宗到僖宗時期，自幼喜讀韓愈、柳宗元的文章，家境貧寒，屢試不第。黃巢農民戰爭的烽火遍及中原，來鵬放棄科舉應試，在湖南、湖北、江西、安徽一帶過著旅居流浪的生活，見多識廣，瞭解民間疾苦。長於詩歌創作，以才馳名大中、咸通間。作品本有一卷，今失傳，《全唐詩》輯其弟來鵠詩二十九首，疑為來鵬所作。來鵬長於七絕，詩作通暢清麗，詞淺意深，大多記敘羈旅愁懷窮困潦倒的生涯。如《金錢花》：「青帝若教花裡用，牡丹應是得錢人。」《夏雲》云：「無限旱苗枯欲盡，悠悠閑處作奇峰。」《偶題》云：「可惜青天好雷雹，只能驅趁懶蛟龍。」也寫了不少體現人民生活的佳作。如《蠶婦》：「曉夕採桑多苦辛，好花時節不閑身。若教解愛繁華事，凍殺黃金屋裡人。」《鄂渚清明日與鄉友登頭陀山》：「冷酒一杯相勸頻，異鄉相遇轉相親。落花風裡數聲笛，芳草煙中無限人。」據《唐摭言》卷十載，江西地區還有一批與來鵬一樣有名於時的文人。豫章人閔廷言，「文格高絕。咸通中，初與來鵠齊名。王棨嘗謂同志曰：『閔生之文，酷似西漢。』有《漁腹志》一篇，棨尤所推伏。」豫章筠州人任濤，「詩名早著，有『露團沙鶴起，人臥釣船流』。他皆仿此。數舉，敗於垂成。李常侍騭廉察江西，特裡放鄉里之役，盲俗互有論列，騭判曰：『江西境內，凡為詩得及濤者，即與放色役，不止一任濤耳。』袁州新喻人陳象，「少為縣吏，一旦憤激為文，有西漢風骨。著《貫子》十篇」。

　　陳陶[58]（約 812-885 年），字嵩伯，鄱陽人。世以儒業名家。年輕時遊學長安，常以國器自負，卻屢試不舉，感歎生不逢時，無人薦賢，於是寫詩感歎：「中原不是無麟鳳，自是皇家結網疏。」[59]自號「三教布衣」，於唐宣宗大中年間隱居於洪州西山學神仙，學道修行。與同時隱居西山碧雲寺的施肩吾、歐陽持詩酒往來，人稱「西山三逸」。陳陶人生閱歷豐富，精研儒、佛、道三學，並善天文曆法，詩文俱佳。陳陶在《飛龍引》、《謫仙詞》、《步虛引》及《將進酒》等詩中，表現了嚮往神仙和追求長生等虛無消極的道家思想，而在《贈江西周大夫》、《續古》、《避世翁》等詩中，又抒發了建功立業為帝王師的政治抱負。《北夢瑣言》說，陳陶「歌詩中似負神仙之術，或露王霸之說」。其七絕《水調詞十首》及《隴西行四首》，寫征戍之苦與征夫思婦的哀怨，刻畫細膩，淒婉動人。《隴西行》的「可憐無定河邊骨，猶是春閨夢裡人」二句，尤為歷來傳誦。七古《小笛弄》、《錢塘對酒麴》、《巫山高》、《贈別離》、《殿前生桂樹》諸篇，意境詭異，色彩濃郁，酷似李賀；而《西川座上聽金五雲唱歌》，曲折深婉，生動流轉，又似白居易。陳陶原有《文錄》十卷傳世，後散佚，有人曾輯《陳嵩伯詩集》一卷，《全唐詩》錄為二卷。陳陶卒後，詩人方干、曹松、杜荀鶴等皆作詩弔唁。其

58　晚唐五代時期，先後有兩位「陳陶」活動於洪州西山一帶，史籍所載他們生平事蹟往往混同，難以區分，此處按晚唐陳陶敍述。

59　《唐才子傳》卷八。

中，方干《哭江西處士陳陶》云：「壽盡天年命不通，釣溪吟月便成翁。雖雲掛劍來墳上，亦恐藏書在壁中。巢父精靈歸大夜，客兒才調振遺風。南華至理須齊物，生死即應無異同。」曹松《哭陳陶處士》云：「園裡先生塚，鳥啼春更傷。空餘八封樹，尚對一茅堂。白日埋杜甫，皇天無未陽。如何稽古力，報答甚茫茫。」可見陳陶頗為時人器重。

王貞白（874-940年），字有道，信州永豐人，一作信州上饒人。唐昭宗乾寧二年（895年）進士，曾任校書郎，出守邊關。因對混亂的政局不滿，天復年間隱居家鄉，以道學自任，教授為業，專事著述創作，與當時名詩人鄭谷、羅隱、方干、貫休等相互往來，切磋詩藝。王貞白學問精湛，作詩典雅蘊藉，或描繪邊塞軍旅生活，或寫景，或懷人，內容豐富，題材多樣。如《入塞》：「玉殿論兵事，君王詔出征。新除羽林將，曾破月支兵。慣歷塞垣險，能分部落情。從今一戰勝，不使虜塵生。」詩文反映了當時人們亂中求治的願望，一反晚唐邊塞詩低沉悲涼的基調，顯得昂揚激越。如《廬山》：「岳立鎮南楚，雄名天下聞。五老高閣日，九疊翠連雲。夏谷雪猶在，陰岩晝不分。惟應嵩與華，清峻得為群。」僅僅四十個字，就把廬山的雄偉高峻以及代表性的峰巒形象描繪。文字樸素簡潔而深刻雋永。在晚唐詩壇盛行浮麗之風時，如此典雅的詩比較少見。自編詩文集《靈溪集》七卷，《全唐詩》中存詩一卷。

唐代文明程度較高，婦女能詩者眾多，江西地區亦不乏其人。如鄱陽女子程長文，袁州彭伉夫人張氏，即是有名的女詩人。她們的詩作多反映婦女的生活和思想，閨情意味濃郁。如程

文長《春閨怨》：「崎陌香飄柳如線，時光瞬息如流電。良人何處事功名，十載相思不相見！」張氏《寄夫》：「驛使今朝過五湖，殷勤為我報狂夫。從來誇有龍泉劍，試割相思得斷無？」兩詩中對丈夫為求功名久久不歸深感不滿，但寫得十分委婉含蓄而又溫情脈脈。另外，程長文的七古《獄中書情上使君》是一首抒寫自身經歷的感人長詩。全詩有適當的環境渲染，「海燕朝歸衾枕寒，山花夜落階墀濕」；有堅強的抗爭場面，「血濺羅衣終不恨，瘡黏錦袖亦何辭」；有悽楚的心理獨白，「三尺嚴章焉可越，百年心事向誰說？但看洗雪出圜扉，始信白圭無玷缺」。敘事簡潔，抒情強烈，飽含對邪惡的憎恨和對正義必定伸張的嚮往。[60]

隋唐以來，江西地區佛教大盛，高僧大德們文化素養較高，受時代文化的影響，他們中的不少人亦喜吟詠作賦。中唐以後，江西地區有不少著名詩僧活躍文壇。主要活動於唐僖宗朝的袁州僧虛中，少年出家，居玉笥山二十年，多與文人雅士結交，後遊瀟湘，住湘西粟城寺。與齊己、尚顏、棲蟾等為詩友，又與同鄉詩人鄭谷往來唱和。虛中詩作的風格恬淡而悠閒，深得時人贊許。《唐詩紀事》卷七十五載，虛中曾仰慕司空圖的詩名而欲拜師求教，司空圖告老歸隱，虛中為此專門創作了《寄華山司空圖二首》：「門徑放莎垂，往來投刺稀。有時開禊笛，特地掛朝衣。嶽信僧傳去，天香鶴帶歸。他時周召化，無複更衰微。」「逍遙

60　吳海、曾子魯主編：《江西文學史》，江西人民出版社二〇〇五年版，第61頁。

短褐成，一劍動精靈。白晝夢仙島，清晨禮道經。黍苗侵野徑，桑檮汙閒庭。肯要為鄰者，西南太華青。」司空圖讀詩後曾感慨萬分地讚歎道：「十年華嶽山前住，只得盧中一首詩。」其實，在盧中傳世的《碧雲集》中，最能代表其藝術風格的並非《寄華山司空圖二首》，而是《贈屏風岩棲蟾上人》：「岩房高且靜，住此幾寒暄。鹿嗅安禪石，猿啼乞食村。朝陽生樹罅，古路透雲根。獨我閑相覓，淒涼碧洞門。」此詩藝術地再現了禪僧生活的情趣：生活孤苦冷清，情懷空寂而淡寞，已超越世俗的羈絆而進入一種無喜無憂無色無空的澄明世界。在表現上述禪僧生活的過程中，詩人的情感已變得內向幽清。另外，光化年間（898-901年）洪州僧正修睦，與貫休、處默、棲隱為詩友，曾遍游東南，在廬山一帶吟詠尤多，作品或紀交遊，或詠風景，有閑淡從容氣象。如《秋日閒居》：「捲簾當白晝，移榻對青山。」《題僧夢微房》：「雨過閑花落，風來古木聲。」修睦著有《東林集》一卷，《全唐詩》錄存二十七首。

唐代江西詩歌的繁榮，除了體現在文人學士的詩文創作成就非凡上，也表現於整個社會的詩歌水準的上升。杜佑《通典·州郡十二》記，唐代江淮一帶「雖閭閻賤品，處力之際，吟詠不輟」。白居易《與元九書》說：「自長安抵江西三四千里，凡鄉校、佛寺、逆旅、行舟之中，往往有題僕詩者；士庶、僧徒、孀婦、處女之口，每每有詠僕詩者。此誠雕蟲之戲，不足為多，然今時俗所重，正在此耳。」另外，一則文壇軼事也反映了江西的好詩歌之風。貞元年間，詩人李涉途經九江，夜遇強盜。強盜問什麼人，李涉的隨從答曰「李博士」。強盜頭目說：「若是李涉

博士，不用剽奪，久聞詩名，願題一篇足矣。」李涉隨即作《井欄砂宿遇夜客》詩以贈之，詩曰：「暮雨蕭蕭江上村，綠林豪客夜知聞。他時不用逃名姓，世上如今半是君。」又《唐才子傳》卷十記載了袁州詩人王轂憑其詩喝退無賴，使之「慚謝而退」，可知詩文在當地的地位之高。

　　唐朝詩歌創作鼎盛，散文創作成就亦大，成為中國散文興盛時期，一篇篇流芳千古、膾炙人口的文章應時而出。唐中期以來，蕭穎士、李華、元結、賈至、獨孤及、梁肅、柳冕等先後起來反對華而不實的駢體，提倡文道並重的散體，後經韓愈的進一步宣導和柳宗元的大力支持，得到全國廣大社會力量的熱烈響應，蔚然成一場轟轟烈烈的古文運動。江西文人在古文運動中也有所表現與貢獻。貴溪人吳武陵，參與韓柳古文運動，把國事、民生作為散文的主要內容，柳宗元贊其為「直面文章」，著有《吳武陵集》。南昌人來鵠，師法韓、柳，善為文，睹《穆宗實錄》後作頌以諷諫；又著《儉不至說》。所作在《文苑英華》中收錄甚多。舒元輿是中晚唐當時古文運動的代表人物之一。《全唐文》錄存其文一卷共十六篇。舒氏強調文章要有充實積極的內容，作《悲剡溪古藤文》批判那些「綺文妄言」的人「皆夭閼剡溪藤之流也」。和當時其他的古文家一樣，他寫了許多針砭時弊的作品，立論警策，說理透徹，如《上論貢士書》、《問國學記》等。舒氏還善於運用比喻、對比、聯想等多種藝術手法，以細膩的文筆刻畫客觀事物，用生動鮮明的形象描摹物態，寫出了像《長安雪中望月記》、《錄桃源畫記》之類的優美寫景散文和像《養狸記》之類的生動深刻的寓言。

五代時期，社會轉型，江西文壇雖比不上中唐以來的成就，卻依然處於興盛發展的上升階段，與全國其他地區相比，成績突出。牛運震《五代詩話序》曰：「五代之亂極矣，政紀解散，才士淩夷，干戈紛攘，文藝闕如。如詩歌間有之，亦多比於浮靡噍殺，嗷然亡國之音者皆是也，烏睹所謂風雅者乎！」然而，「（南方）割據諸邦，猶能以文學顯。……十國文物，首推南唐」[61]。南唐文學上承唐代之遺風，下啟宋代之繁榮，不僅出現了許多詩人，而且詩文題材亦較豐富。中主李璟，後主李煜是當時詞壇的中心人物；重臣馮延巳也是著名詞人，曾在江西撫州任職三年（948-951 年），對宋代江西詞藝的影響尤大，清人馮煦《宋六十家詞選・例言》就認為晏殊和歐陽修「同出南唐而深致過之」。江西作家中較有成就的是沈彬、劉洞等。

沈彬，字子美，筠州高安人。沈氏生於唐末亂世，自幼刻苦好學，聰穎慧敏，三次去長安應舉不第後，遊歷兩湖，曾以詩投謁楚馬殷，不為所用。入宜春雲陽山隱居學道求仙，不久又游金陵。《釣磯立談》云，時徐知誥鎮金陵，正謀奪楊吳政權，沈揣摩其心意，獻《山水畫障》，詩曰：「須知手筆安排定，不怕山河整頓難。」徐氏聞其名，覽之而喜，遂授秘書郎，入贊世子。南唐中主李璟時，升為尚書郎，不久請歸，回雲陽山隱居十年許。據龍袞《江南野史》載，沈彬「有能詩之譽」。隱居時，「與

61　王士上禎原編，鄭方坤刪補，戴鴻森校點：《五代詩話》，人民文學出版社一九八九年版，第 1-2 頁。

浮屠輩虛中、齊己以詩名互相吹噓，為流輩所慕」。又嘗與孫魴游於李建勳，為詩社。沈氏詩文，句法精美，多寫戰爭題材和邊塞上少數民族與漢族的關係，《唐詩別裁》卷十六收有他的七律《塞下》、《入塞》二首。沈彬著有《沈校書集》一卷，《全唐詩》錄存其詩十九首，《宋史・藝文志》有《閒居集》十卷。

劉洞（？-975 年），廬陵人。自幼好學，少遊廬山，學詩於名士陳貺，精思不懈。劉洞在廬山居住二十年，詩作有成，頗得賈島遺法。因長於五言律詩，自號「五言金城」，著有詩集《五言金城》（今佚）；又因《夜坐》詩深受時人讚譽，人稱「劉夜坐」。可惜全詩沒有留傳下來，只在《全唐詩》中保留著「百骸同草木，萬象人心靈」的殘句。據《江南野史》卷九稱，劉洞詩「格清而意古，語新而理粹」。劉洞為人作詩都深受其師陳貺的影響，抱著經世致用的理想。後主李煜即位，劉洞獻詩百篇，以《石城懷古》冠之：「石頭古岸頭，一望思悠悠。幾許六朝事，不禁長江流！」石城即石頭城，南京西面的屏障。京城難保，南唐將亡，詩人長歎。後主李煜讀到此詩，傷心悲憤不已，不願再見劉洞。劉洞失望而還歸廬陵。開寶七年（974 年），趙宋大將曹彬率十萬大軍圍攻金陵，南唐防守軍隊土崩瓦解，官僚縉紳紛紛逃跑或投降，時劉洞還在城中，憤然賦詩云：「千里長江皆渡馬，十年養士得何人？」[62]南唐滅亡後，他過金陵故宮，徘徊賦詩，多感慨悲愴。當時的文風普遍浮華纖弱，而劉洞則能面對現

62　馬令：《南唐書》卷十四《劉洞傳》。

實，用樸素清朗的語言，抒發憂國憂民的感情。這不但在政治上具有積極意義，而且在表現手法和藝術風格上也獨樹一幟。

夏寶松，盧陵人，活動於五代末期。夏寶松嘗學詩於江為，與劉洞關係很好，兩人常在一起探討詩歌創作的問題。劉以《夜坐》詩稱世，夏以《宿江城》詩著名，時人有「建陽舊傳劉夜坐，螺川新有夏江城」之語[63]。《宿江城》惜遺佚，只在《全唐詩》中留下殘句「雁飛南浦砧初斷，月滿西樓酒半醒」；「曉來羸馳依前去，目斷遙山數點青」等。宋代魏元慶在《詩人玉屑》卷三《唐人句法》中，把這兩句詩，看成是寫「羈旅」的佳句，望後人學習此詩寫法，說明夏寶松的詩不但在南唐時有名氣，且對後世有一定的影響。正因為他的詩寫得好，當時許多年輕學詩者，「多齎金帛，不遠數百里輻輳其門」[64]。此外，九江人李中，南唐中主李璟時曾任下蔡縣令。後主李煜時，歷任吉水縣尉，晉陵、新喻、淦陽縣令，官終水部郎中。其詩集名《碧雲集》，孟賓於作「序」稱，「備多奇句」。家於豫章的鍾蒨，亦工詩，有《賦山》、《別知己》與《新鴻》諸篇，「甚稱於世」[65]。虔化（今寧都）廖氏兄弟，同為詩家。廖融，嘗隱南嶽，與任鵠、淩蟾、王正己、王元共結詩社，著有詩集四卷；廖凝，仕南唐，授彭澤令，遷連州刺史。與昇平、李建勳為詩友，江右學者競造其門。

63　《全唐詩》卷七九五所輯錄佚句。
64　馬令：《南唐書》卷十四《夏寶松傳》。
65　《十國春秋》卷二十七《鍾荷傳》。

詩作中《詠中秋月》與《聞蟬》為絕唱。著有詩集七卷；廖光圖，文學博贍，為時輩所服，有詩集二卷行於世。

唐五代時期，江西史學亦有一定成就。自唐太宗開館修史，一時官修史籍眾多，開後世風氣，史書體例多有突破，然私家修史傳統不衰。江西人所作史籍見於著錄者，有吳武陵《十三代史駁議》十二卷，為史論、史考性質。唐末廬陵人陳岳，曾為南昌觀察判官，著《唐書》一百卷，記高祖至穆宗間事。五代時，其子陳睿仕楊吳，為翰林學士，著《吳錄》二十卷。南唐南昌人塗廙，仿南朝雷次宗《豫章記》體裁與內容，著《補豫章記》三卷，對豫章歷史沿革、風土人情、文化遺產等作了更為詳盡的推介。此書早佚，近人張國淦從《永樂大典》中輯存之。另有廬陵人郭昭慶著《唐春秋》三十卷。這些史學著作，影響儘管有限，但奠定了宋以來江西史學繁盛的基礎。

小說在唐五代的主要形式雖是傳奇故事，卻極為流盛，王定保的《唐摭言》即是其中比較著名的一部。王定保（870-？年），字翊聖，南昌人。唐昭宗光化三年（900 年）進士及第後，南遊湖湘，遭亂後入嶺南，任唐容邕管（今廣西南寧市南）巡官。不久為廣州節度使劉隱幕客。劉龑稱帝，建南漢政權，對定保心存畏懼。後劉龑作南宮，王定保獻《南宮七奇賦》以美之，表明他們的關係趨於融洽。天福五年（940 年）十二月，以寧遠節度使遷南漢中書侍郎，同平章事。王氏嗜好諮訪朝廷典故，廣交天下名士，並將平時各界的資料編成《唐摭言》十五卷一〇三門。該書詳細記載了唐代科舉制度、名士風習及詩人墨客的遺聞逸事，乃至唐代一些詩人的零章斷句，既有很高的史料價值，又是一部

生動的筆記小說，曆為唐史研究者所重視。

　　唐五代江西文壇，呈日益興盛的氣象。以《全唐詩》(含《外編》)所載江西籍詩人而論，初唐○人，盛唐五人，中唐八人，晚唐五代為四十二人，共計五十五人。這一數字，處於全國中等偏上的地位，而上升速度之快為全國之最，表現出一股不可遏止的迅猛勢頭。這預示著到兩宋時期，江西文學將邁進到全國文學的先進行列。唐五代江西文壇的快速成長，大大提高了江西的文化品位，也引起了外人對江西文化的關注。例如：東晉陶淵明在中國古代文壇崇高地位的確定，其實是在唐代，這顯然與唐代江西整體文化水準的上升密不可分。不過，兩《唐書》正史有傳，出身江西的人物極少，《舊唐書》之《儒學傳》、《文苑傳》也難見江西人。雖然這並非意謂江西全無人才，只是本區文化精英尚未被史家認為具有全國知名的水準，這也從一個方面說明本區的文化尚沒有發展到全國一流的水準。

三　區域文化中心的初步形成

　　吳頭楚尾的江西，地理形勢聯結長江流域的兩大人文區域，然長期以來江西的文化發展腳步蹣跚，文化成就少為世人稱道。秦漢之間不過是太湖流域的附庸而已，直至六朝時期獨立的人文品格尚未完全具備，人物上僅有陶淵明寂寞吟詠，地域上僅有廬山以佛學孤標一世。唐初王勃作《滕王閣序》宣稱江西「人傑地靈」，其實不過是順筆寫下的阿諛之詞或對江西文化的期盼而已。然而，唐以來，江西的文化實力已大幅度上升，地域文化面貌已相當分明，區域文化中心逐步形成。

唐代洪州是江西觀察使的駐地，是江西經濟、文化發達之地。隨著南昌經濟文化的發展，不僅擁有「豫章雄鎮」[66]，而且還有文化水準也大為提高。獨孤及記述的一次勝會參與者凡五十九人，「殆九州多士之半」[67]，這是亙古未有的。李端《送路司諫侍從叔赴洪州》：「樓見遠公廬，船經徐稚業。邑人多秉筆，州吏亦負笈。」韋莊在《南昌晚眺》中盛讚南昌地區多「章名客」。科舉考試中舉人數也較多，有唐一代，進士人數達十七人。洪州在安史之亂後還曾作朝廷「南選」的基地。《舊唐書・李峴傳》載，唐代宗時，李峴為吏部尚書，「知江淮舉選，置銓洪州」。同書《劉滋傳》載，德宗興元元年（784年），吏部侍郎劉滋知洪州選事，時「天下蝗旱，穀價翔貴，選人不能赴調，乃命滋江南典選，以便江、嶺之人，時稱舉職」。幾次「南選」定在洪州，除因洪州是江南西道驛傳中心、江淮都會外，還在於洪州文化發展水準較高，在南方諸州中表現突出。

袁州是中唐以來江西的重要文化中心。《唐摭言》卷十二記：「盧肇初舉，先達或問所來。肇曰：某袁民也。或曰：袁州出舉人耶？肇曰：袁州出舉人，亦由沅江出龜甲，九肋者蓋稀矣。」這則故事除了說明當時袁州學子眾多外，還表明文化上開始崛起的袁州在貞元初年尚未引起時人的特別注意。實際上袁州讀書風氣早在開元之際已著，玄宗時彭構就因飽學詩書被薦入

66　《全唐文》卷三六七賈至《授元載豫章防禦使制》。

67　《全唐文》卷三八九獨孤及《豫單冠蓋盛集記》。

京。《太平廣記》卷四〇一《宜春郡民》記，宜春郡有一個崇重教義、數世同居的大家庭，「諸子弟皆好善積書」。到唐中後期，袁州的文化氛圍已是相當濃厚。袁皓《重歸宜春偶成十六韻寄朝中知己》稱：「拙學趨進態，閑思與牧齊。」唐末，詩人韋莊路過袁州有《袁州作》云：「家家生計只琴書，一郡清風似魯儒。⋯⋯煙霞盡入新詩卷，郭邑閑開古畫圖。」《題袁州謝秀才所居》云：「主人年少已能詩，更有松軒掛夕暉。」正是因為袁州舉郡家家以琴書為計，形成重學問、樂教化的好風氣。因而，這裡登科及第的人很多。據光緒《江西通志》卷二十一載，唐代袁州地區的進士二十七名；據陳正祥《唐代後期進士及第圖》所示，袁州多達三十餘人[68]，成為長江中游著名的文化重地。《太平寰宇記》卷一〇九「袁州」條稱，「宜春山水秀麗，鐘於詞人。自唐有舉場，登科者實繁，江南諸郡俱不及之」。中唐五代時期的袁州不僅學子如林，進士輩出，而且還形成了文人群體。據《全唐詩》統計，宜春詩人多至二十二人，如鄭谷、鄭啟、袁皓、黃頗、伍唐珪、鄭史、盧肇、王轂、彭伉、奚賈、湛賁、易重等都是當時著名、至今仍有一定影響的詩人。在一個不太長的時期內，一個地區產生如此眾多的詩人，實不多見。

除洪州、袁州之外，唐中期以來的江西其他地區的文化均有不同程度的發展。如撫州，劉禹錫稱：「無土山，無濁水，民秉

68　陳正祥：《中國文化地理》附圖8，三聯書店一九八三年版。

是氣，往往沮慧而文。」[69]其中臨川，號稱「學富文清，取捨無誤，既狀周道，兼貫魯風」[70]。如江州，白居易稱：「廬山自陶謝泊十八賢以還，儒風綿綿，相續不絕。」[71]權德輿也有「九派潯陽郡」、「才子厭蘭省」贊詩[72]。吉州則「藝術儒術為盛，雖閭閻賤品而處力役之際，吟詠不輟」[73]。南唐時期，廬陵人魯崇範，家境貧寒，卻藏有大量書籍，響應朝廷搜集民間遺書的號召，悉數獻給國家。地方官吏欲賞以重金，魯崇範說：「墳典，天下公器，世亂藏於家，世治藏於國，其實一也。吾非書肆，何酬價為？」[74]謝絕了官府的厚賞。此軼事從一個側面表明了吉州廬陵地區文化的興盛。至於地處贛東北部的饒州早在唐初就已是文化較為發達之地。如前所引《容齋隨筆》卷一《歐率更帖》載唐初大文人歐陽詢遊歷鄱陽時，見到當地人才濟濟的情形就是典型的說明。當地「為父兄者以其子與弟不文為咎；為母妻者以其子與夫不學為辱」[75]。即使是經濟文化最為落後的的虔州，「自唐以來賢士大夫之勳德忠孝儒雅文學稱者」，也是「炳炳乎與山嶽相輝映」[76]。

69 《江西要覽》卷十九《風俗》。
70 《全唐文》卷八一九刁尚能《新創撫州南城羅城記》。
71 《白居易集》卷四十三《代書》。
72 《全唐詩》卷三二四權德輿《送孔汀州》。
73 光緒《江西通志》卷四十八《輿地略》。
74 《十國春秋》卷二十九《魯崇範傳》。
75 《容齋隨筆》卷四引吳孝宗《餘干縣學説》。
76 同治《贛州府志》卷五十。

江西人文長期落後，何以在唐中期後能夠獲得如此迅速的發展，形成一個新的區域文化中心？除了江西文化長期積累及其文化人士的積極努力外，還有以下因素的作用與影響：

六朝以來中原先進文化的積極推動是不可忽視的。《通典》卷一八二記古揚州「風俗」稱：「永嘉之後，帝室東遷，衣冠避難，多所萃止，藝文儒術，斯之為盛。」《隋書‧地理志下》更直接指明江西九江一帶在東晉以來人文之進步。唐人將六朝南方文化的發展歸之於政權南移與衣冠士人的南遷，這在一定程度上也符合江西的歷史實際。六朝江西得力於政權南移、學者衣冠南遷而使人文水準有了較大提高。但在隋統一中國後，「文物衣冠盡入秦，六朝繁盛忽塵埃」[77]。江南地域的「辭人才士，總萃京師」[78]，原先的兩個有利因素失去，江西文化再度居於相對落後的地位。然而，隋唐以來，隨著江西地區的開發，以北方人士為主的外來人口進入本區的日益增多。特別是安史之亂爆發後，南移江西勢如潮流。在遷入江西的外來人口中，即有不少是有較高水準的文化人士、文化家庭。如安史之亂前後居住洪州的權皋、李化、柳識兄弟，居住饒州的盧綸、吉中孚，居住信州的王端，等等。這些文化人士及其家庭由於知識與名望，遷入以後一般都得到遷入地人民的尊敬，在他們的影響下地方上的重文讀書之風和文化水準得到了相應的提高。一個文化人往往就是一個文化傳

---

77 《全唐詩》卷七六七孫元晏《淮水》。
78 《隋書》卷三十五《經籍志》。

播者與推動者，一個家庭（家族）就是一個小的文化中心。這些
南遷士人多於所在州縣習業就讀「投狀情試」，其子孫雖「地望
是數百年之外，而身皆東西南北之人」[79]。隨著這些北方士人的
到來和定居，文化傳統和家學素養自然偕之而來，這對於當地文
化開發的積極影響不言而喻。蘇頌在探討北宋江西文風興盛、士
大夫較多的原因時，追溯到唐末五代，認為：「唐季之亂，四方
豪傑與京都士族往往避地江湖，李氏能招攜安輯之，故當時人物
之盛，不減唐日，而文風施及其後裔，今名顯於朝者多矣。」[80]
這無疑是相當有見地的。事實上，唐五代不少中原世宦為避免兵
亂遷入江西，帶來了先進的中原文化基因，大大加速了贛地文化
提升的進程。史虛白認為「江南稱為文物最盛處」的原因是「天
下瓜裂，中國衣冠多依齊台（指南唐創立者李 ）」[81]。將江南這
一先進區域文化的進步都歸之於北方移民顯然有所誇張，但也並
非毫無根據。

唐代官員大多都是通過科舉文化考試而任職，文化素質總體
上較高。任職江西的官僚之中，有不少就是著名的文化人士，往
往成為地方文化的傳播者與推動者。韓愈、李德裕對於袁州文化
的貢獻已見前述。由於鄉貢多寡影響到地方官的治績，而且這些
舉子們的前途也難以限量，所以地方官一般予以鼓勵。如前引

79　《舊唐書》卷一一九《楊綰傳》。
80　《蘇魏公集》卷五十五《李公墓誌銘》。
81　史虛白：《釣磯立談》，知不足齋叢書本。

《唐摭言》卷十所舉江西觀察使李騭免士人任濤色役事，就是典型的說明。特別值得一提的是，唐末五代天下紛亂之際，鄉貢之制大壞，當時割據江西的鐘傳、危全諷、彭玕等，也十分重視文化教育與人才建設，這在前文已作闡述。五代十國時期，南唐統治者重視文化建設，積極提倡文藝創作，鼓勵文化人才，以至「儒衣書服盛於江南」[82]。統治者大興教育，培養人才，江西範圍內除有「廬山國學」外，還有一批著名的書院。南唐雖是為時不長的過渡歷史時期，但對江西文化的發展卻極富積極意義。

科舉制度的實施，直接激勵了江西文化的勃興。六朝以來，門閥士族把持文化特權，江西地區門閥少見，故而在文化上沒有任何的優勢，也少有傑出的成就。唐承隋制開科取士，對於江西文化的發展有著特殊的意義。眾所周知，隋及唐前期，關隴集團憑其政治軍事地位，山東士族仰仗其文化傳統、家學淵源，在政治文化舞臺上扮演著主角。隋、唐政治中心一直保持在北方，這使得北方得以長期保持經濟、文化雙重優勢。在北人佔有資源優勢的情況下，取士制度則相對有利於北方，南方要在科舉入仕者中佔有固定席位極為困難。南方文化精英在這種情況下，或謹守於南、不入北方仕宦體系，抑或費心加入北方成為其中一分子，同樣對南方人文大幅度進步助益不大，尤其北仕者為數甚少，連引起北方注意都不易。但因科舉制度原則上不論門第高下，只要登科及第，即可得名得官，因而也為南方知識份子和中小地主階

82　馬令：《南唐書》卷十四《術者傳》。

級留下了一條進身途徑。當中唐以後江西文化有所進展之時，金榜題名的錦繡前程誘惑並激勵著更多的讀書人「孜孜學業」，習詩作賦，從而進一步促進了這種發展。加之兄勸妻敦，風氣濡染，袁州科考簡直成了一種社會風尚。儘管進士中舉如時人孫棨《北裡志》所稱：「率多膏粱子弟，平進歲不及三數人」，對於寒門學子來說科舉之途充滿著荊棘與坎坷，如願者寥寥，但它畢竟有利於唐代的社會流動，對於門第觀念是一種衝擊。唐代進士中不乏貧賤之例，如大曆進士南昌熊皦家貧，躬耕為生；會昌三年狀元宜春盧肇出身寒微。科舉制不僅促進了本區各類學校教育事業的發展，而且促進了本區文化的繁榮，如因科舉重視詩歌，促生了江西大批的詩人。江西各州，在詩文兩方面的人數都以洪、袁、吉三州居首，其中又以袁州最為突出，而袁州正好是江西科舉最有成就的地區。洪、吉二州各有其政治經濟優越條件，袁州顯有不及，然而在人文發展上袁州所占比重極高，尤其在進士科舉人數方面拔得頭籌。因此可以說科舉制度的實行，是江西人文蔚起的又一重要契機與條件。

任何文化活動都需要一定的經濟基礎作後盾。唐代地方政府無論是從事學校之類的文化建設，還是舉送科考之士，都需要一定的財力支援。如果地方經濟水準不高，財政用於這方面的費用十分有限，自然就難以促成人文繁榮之況。對於應舉者來說，雖不一定要擁有萬貫家財，卻至少要保證其求學期間的衣食書籍費用。當時及第又極不易，非小康之家不足以提供這筆長期的開支，進京考試及遊學求師之費更為驚人。隋與唐前期，江西地區經濟尚未發達，無以使多餘人口放棄經濟工作專意於仕進。中唐

以後，本區經濟的長足進步可能使更多的家庭具備了這一基礎。如《唐摭言》卷三記，袁州進士黃頗「頗富於產」。同時，地方財政充裕也為良吏們重視教育的仁政提供了經濟條件，江西觀察使李驕實行為優秀士人免役的政策，鍾傳為應舉學子提供相當數量的「獎學金」。

中唐以來江西文化迅速發展與興盛的最根本最深厚的仍是經濟因素。江西儘管開發較早，然而直至六朝時期，其經濟總體水準和實力，不及江浙和兩湖，更不能同經濟基礎雄厚的中原相比，仍處於中下水準。如此的經濟基礎自然不足以支持其文化繁榮。不過，至中唐江西已是經濟較發達地區，從而直接引發了文化的興盛繁榮。江西文化高潮出現在唐後期，進士的大量出現更是在唐末五代之際，文化的發展與經濟開發的總趨勢不斷表現出一致性。前述江西在唐後期湧現出一批土生土長的文化人，這種文化迅速發展在五代時期未曾稍減，當統一的北宋王朝重建於黃河流域以後，江西作為重點人才分布區的地位非但沒有喪失，反而還在加強。唐宋八大家中的宋代六家，一半出自江西。以江西分寧縣人黃庭堅為首、以江西人為中堅的「江西詩派」蜚聲詩壇。南宋人李道傳說，「切觀國朝文章之士，特盛於江西」[83]。這一切說明江西在唐代後期的人文發展並不取決於南渡的衣冠，而植根於自己深厚的土壤之中，表現出一種必然的趨勢，這土壤就是中唐以後江西穩步發展上升的社會經濟。總之，中唐以後江

83　楊萬里：《誠齋集》卷一三三。

西經濟開發的長足進步不僅僅促進了整個經濟重心的南移長江流域，而且改寫了南方人文地理。當然，由於文化發展又有自身的特殊性和相對獨立性，所以經濟對文化的支配作用往往表現得不很一致。一定文化發展必待於一定的經濟開發，但僅僅有經濟條件還是不夠的。唐代江西饒、撫二州富名遠揚，但當地人民似乎更熱衷於種茶、開礦、做生意，而富裕程度不如饒州的袁州卻成為當時著名的詩書禮樂之區。這顯然與當地的社會風尚有一定的關係。不過經濟的發展遲早要帶來文化的繁榮，撫州在兩宋人才之多為人所熟知。

中唐以來，隨著經濟重心的南移，文化重心也呈現出南移的趨勢，中國文化的支撐點已偏倚南方。無論是從文化事業的主體士人，還是從文化基本載體的書籍來看，南方相對於北方漸漸具有優勢。南方文化的發展，不僅體現在總體文化水準上的提高，也體現在各個區域文化的進步，原先比較發達的各個區域更加發達，原先落後的區域開始改變面貌。隋唐以前，江西的文化水準與全國相比處於落後的狀態。中唐五代，江西文化後來者居上，發展之快、成就之大為全國罕見，形成了令人矚目的江西文化區，為宋代江西步入全國文化先進行列奠定了堅實的基礎。江西「物華天寶，人傑地靈」之稱，始於初唐；江西近兩千年來文化史上的第一個高峰，形成於中唐五代。倘若說贛文化，中唐五代是贛文化形成的關鍵時期。毋庸置疑，這一時期江西地區十分顯著的文化進步，對於中國古代文化南移形勢的形成與確立，也具有相當重要的作用與十分積極的意義。

第四節 ▶ 書畫華彩

「江南佳麗地，山水舊難名。」[84]江西錦繡山水之中蘊藉靈氣，自唐以來陶冶著一代又一代的書畫藝術家。儘管江西的書畫藝術起步較晚，卻有後來者居上的功效。唐五代時期，隨著江西文化的大發展，書畫藝術逐漸步入了輝煌。

一　書畫藝術的起步

江西書畫藝術，一開始就深受外來書畫家的影響。就目前所知，影響江西最早的畫家是高宗永徽年間的洪州都督滕王李元嬰。唐代張彥遠《歷代名畫記》說他「亦善畫」；張懷瓘《畫斷》稱他「工於蛺蝶」。宋人郭若虛《圖畫見聞志》則說他「善畫蟬雀、花卉」。據唐詩人王建《宮詞百首》第六十首云：「避暑昭陽不擲盧，井邊含水噴鴉雛。內中數日無呼喚，拓得滕王蛺蝶圖。」畫界一般認為《滕王蛺蝶圖》是其作品。在此前後，擅長寫真的著名畫家、曾官至中書令的雍州萬年（今陝西西安）人閻立本，受貶謫至上饒玉山隱居，或對當時江西畫壇也產生一定的影響。唐中期時，吳道子曾在廬山秀峰寺繪製了令人歎為觀止的鐵線觀音；北方遷入洪州的崔季真，也精繪畫。唐後期，浙江僧人貫休長期活動於南昌。貫休不僅善書法，能書篆、隸、草等，時稱「姜體」（因貫休俗姓姜），還長於水墨，工畫羅漢，所畫第十六尊羅漢即其臨水照影的自畫像。信州僧德正，善畫松、

傳為貫休所畫的《羅漢圖》

石、人物，興至揮毫即成，但權貴求畫則絕不給。總的說來，活躍在唐代江西畫壇的人物不少，成就不凡，但有影響的江西籍畫家罕見。

唐朝重書法，江西人士善書法者不少，如九江僧人雲軻、宜春進士盧肇。不過，在江西書法史上最早享有盛名的是鍾紹京。鍾紹京（659-746年），字大可，虔州人。自幼聰慧好學，成人後仕途通達，唐高宗時即任司農錄事。武周年間，入值鳳閣（中書省）。唐睿宗景雲元年（710年）鍾任宮苑總監。唐中宗復位後，皇后韋氏勾結武三思專擅朝政，景龍四年（710年）毒死中宗，妄圖稱帝。鍾紹京附和李隆基、劉幽求等，發動宮廷政變，鎮壓了韋後，維護了唐朝的政權。鍾紹京一夜之間成了興復李唐皇朝的功臣，「夜拜紹京中書侍郎，參知機務。明日進中書令，越國公，實封二百戶，賚賜與幽求等」。在宮廷政變六十年後唐

德宗稱他的功績可以「銘勳鼎彝，書美青史」。唐宣宗大中初，將鍾紹京像畫在凌煙閣上。不過，政變得利後的鍾紹京當朝用事，「恣情賞罰，甚為時人所惡」，同時又淪為宮廷內部權力爭奪的犧牲品。先是睿宗聽薛稷之言，轉為戶部尚書，出為蜀州刺史，逐出京都。唐玄宗時姚崇奏言，左遷綿州刺史，坐事累貶琰州尉，盡削其階爵及實封，不久又遷溫州別駕。直到開元十五年（727 年）才再度入朝，受過鍾紹京恩惠的唐玄宗看他年邁，心中感到愧疚，授太子右諭德，後轉少詹事。鍾在京城度過晚年，死後歸葬於家鄉。德宗建中初，追贈為太子太傅。鍾紹京是三國時期著名書法家鍾繇的第十七世孫，書學二王，史稱「小鍾」。武則天統治時期，鍾紹京進入鳳閣，即與其書法密切相關，當時的「明堂門額、九鼎之銘，及諸宮殿門榜，皆紹京所題」[85]，可見武則天對他的書法很是欣賞。鍾紹京書法歷來評價很高，如元人陶宗儀《書史會要》評曰：「工正書，行、草，峻利豐秀。」明人董其昌《畫禪室隨筆》稱：「筆法精妙，回腕藏峰。」鍾紹京書法代表作為書於開元二十六年（738 年）的道教寫經《靈飛經》，筆勢圓勁，字體精妙，為著名小楷範本，明代時真跡曾為董其昌所得，後海寧陳元瑞刻入《渤海藏真帖》中。清人楊守敬《學術邇言》評為：「渤海藏真帖皆以墨蹟上石，其中靈飛經一冊，最為精勁，為世所重。」鍾紹京墨蹟《轉輪王經》則有經生書味道，因而有人或認為他是由經生而成為院體書家的代表人

85　《舊唐書》卷九十七《鍾紹京傳》。

· 鍾紹京所書《靈飛經》和《轉輪王經》部分局部

物。鍾紹京對書畫古跡特別愛好，善鑑別書法真偽，收藏王羲之、王獻之以及褚遂良等名家真跡數百卷，成為當時著名的書畫收藏家。此外，唐文宗太和年間的南昌女道士吳彩鸞也是有名的書法家。據《宣和書譜》及《庚子銷夏記》記載，吳彩鸞曾以小楷書《唐韻》一部，其書法「神氣全古，筆力遒勁，出於自然，非古今學人所及」。

唐代江西外來書法名家眾多，他們遊歷江西錦繡山水，足跡所至之處留下了不少精湛的書法藝術。如廬山之地，歐陽詢撰《西林寺碑》，虞世南撰《廬山上大林寺復寺記碑》，李邕撰《東

林寺碑》（現有殘碑存寺），李肇撰《東林寺經藏碑》，柳公權在廬山也有作品留傳。當然，留給江西書法藝術最深刻影響的當數顏真卿。大歷年間，顏真卿因正直得罪朝中權貴，貶於撫州。顏氏是唐朝著名的文學家與書法大家，一生酷愛文章書法，創造「顏體」書法藝術——揚棄了初唐秀媚之風而趨於端莊圓潤，筆法上能把篆隸筆法運用到楷、行、草書中。其楷書寬綽開張，雄渾豐實，有浩大之氣勢；行書則有「天下第一」之美譽。顏真卿在任撫州刺史期間，寫了不少關於江西風物的紀事文章、書法碑刻，如《魏夫人仙壇碑》、《東林寺題名》、《西林寺題名》、《大唐中興頌》、《撫州南城縣麻姑山仙壇記》（簡稱《麻姑仙壇記》）以及在青原山書「祖關」二字等。其中《麻姑山仙壇記》是顏真卿六十二歲時的書作，也正是顏體成熟時期的代表作。其用筆圓潤厚實，形態端莊雄偉，線條極富變化，筆意出自心意。歐陽修《集古錄》稱「魯公諸碑當以此為第一」。《麻姑仙壇記》原刻碑石已散佚，現在南城縣麻姑山樹立的石碑是明朝藩王朱祐檳重刻的。歷代書法家認為，此石刻「書法嚴整，略似顏真卿其他石碑」，比較完好地保存了《麻姑山仙壇記》的原作風貌。顏氏書法引起江西民眾的敬慕，都陽人蔡明遠曾以糧接濟身陷困境的顏真卿，顏以手書以贈，墨蹟盛傳於世。

· 顏真卿手跡

　　五代十國是我國書法史上較為暗

淡的時期，後人稱「書學之廢莫甚於五代」[86]。但是江西書法藝術並未在當時斷絕。馬令《南唐書・宋齊丘傳》載，南唐文人以善書法為榮，「（宋齊丘）書箚不工，亦自矜炫，而嗤鄙歐、虞之徒。馮延巳亦工書，遠勝齊丘，而佯為師授以求媚。齊丘謂之：『子書非不善，然不能精，往往似虞世南，其何堪也。』」這說明宋齊丘愛好書法，且有一定的藝術鑒賞力。此外，南唐虔化（今寧都）袁愉，善草書，稱名一時。

二　董源、巨然與山水畫

　　唐五代時期，中國社會因儒、釋匯合而導致禪宗思想流行，反映在藝術觀念上，以自然山川作為精神的寄託，產生寄情詠懷、物我相通美學旨趣的山水、花鳥畫。南唐君主崇尚繪畫，設立畫院，以畫家為翰林待詔，各地畫家趨之若鶩。畫院中常有題試，「竹鎖橋邊賣酒家」、「野渡無人舟自橫」、「踏花歸去馬蹄香」「嫩綠枝頭紅一點，惱人春色不須多」之類，多取之於江南的清山秀水、靈性花鳥和文人的詩詞佳句，遂使南唐成為文人山水和花鳥寫意畫得以確立的關鍵時期。它也成為江西文人繪畫藝術人才湧現、成就極高的時期，一批江西畫家便在此時脫穎而出，聞名全國。

　　山水畫的審美標準和藝術規範，是從唐代開始的，到五代得到進一步發展。當時的山水畫以江西的董源、巨然為代表。

86　《五代詩話》卷二《中朝・杜荀鶴》。

董源（？-約962年），字叔達，鍾陵（今進賢）縣人，仕南唐，為北苑副使，後世因稱之為董北苑。唐代山水畫家以李思訓、王維的成就最大，分別代表著青綠、水墨兩派。董源水墨學王維，著色學李思訓，但又博採眾長，自成一體，形成了獨特的山水畫風格。宋郭若虛《圖畫見聞志》說董源「所畫山水，下筆雄偉，有嶄絕崢嶸之勢，重巒絕壁，使人觀而壯之」。宋佚名氏《宣和畫譜》稱，唐五代畫壇多「以著色山水譽之，謂景物富麗，宛然有李思訓風格。今考（董）源所畫，信然。蓋當時著色山水未多，能仿思訓者亦少也。」董源畫的是江南人習見的山水，容易產生親切感。宋畫家米芾《畫史》評論說：「董源平淡天真多，唐無此品，在畢宏上。近世神品，格調無與比也。峰巒出沒，雲霧顯晦，不裝巧趣，皆得天真。嵐色鬱蒼，枝幹勁挺，咸有生意。溪橋漁浦，洲渚掩映，一片江南也。」江南氣候雲蒸霞蔚，空氣濕潤，山水景觀朦朧多變，董源為表現這種特徵，在畫法上使用乾濕並用的披麻皴、點子皴，畫面景象於是形成不確定的造型效果。明董其昌《畫眼》稱，董源畫大樹，曲處甚簡，多作勁挺之狀；「畫小樹，不先作樹枝及根，但以筆點成形」；「畫雜樹，只露根，而以點葉高下肥瘦，取其成形……最為高雅，不在斤斤細巧」。這些都表明了董源的技法在前人的基礎上的發展。據《宣和畫譜·山水》所云，董源在構圖方面的特點是「出自胸臆」，「寫山水、江漆、風雨、溪谷，峰巒晦明，林霏煙雲，與夫千岩萬壑，重汀絕岸，使覽者得之，真若寓目於其處也，而足以助騷客詞人之吟思，則有不可形容者」。宋沈括《夢溪筆談·書畫》稱：董源所畫秋嵐遠景、江南真山，「皆宜遠

・董源《瀟湘圖》

觀，其用筆甚草草」，「近視之幾不類物象，遠觀則景物粲然，幽情遠思，如睹異境」。譬如《落照圖》，近看好像沒下工夫，遠觀則縱深處有村落，遙遙的山巔仿佛有夕陽反照的效果。從董源的實踐和作品中可知，他是致力於追求一種超乎真山真水的藝術境界。

董源的藝術趣味和表現手法，開啟了一個新時代。唐岱《繪事發微》說：「唐李思訓、王維始分宗派，摩詰用渲淡，開後世法門，至董北苑則墨法全備，荊浩、關仝、李成、範寬、巨然、郭熙輩，皆稱畫中聖賢。」當時「荊關董巨」四大家，以董的成就最高、名氣最大。董源筆下水墨山水，描繪的都是江南景色，江長而邈遠，雲樹翁鬱，筆墨秀潤，完全擺脫了唐代山水畫裝飾化趣味，也絕無荊浩、關仝等人崇尚險峰怪石、氣勢宏偉的獵奇作風，故他創立的山水畫派被後人稱為「江南畫派」。受董源影響最深的有同時代的巨然、宋代的米芾、元代的黃公望、明代沈周和董其昌、清代四王等等，以各自的傑出成就一步一步把水墨山水畫發揚光大。

董源以山水畫名垂畫史，動物畫亦頗為出色。據《圖畫見聞志》稱，董源「兼工畫牛、虎，肉肌豐混，毛毳輕浮，具足精神，脫略凡格」，有「牛、虎等圖傳於世」。此外，他的人物畫也相當不錯。有一次，後主李煜在碧落宮召見馮延巳，馮已到宮門時逡巡不敢進。李煜久待不到，遣內侍來催，馮對來人說：有宮女著青紅錦袍當門而立，所以不敢進去。內侍聽了頓覺奇怪，馬上和馮一同上前細看，原來是正門放置董源畫的八尺琉璃屏風，畫上的宮女，宛如真人。

據《宣和畫譜》，宋徽宗御府收藏的董源作品共七十八件，其中包括《孔子見虞丘子圖》、《漁父圖》、《寒林鍾馗圖》、《長壽真人像》、《寫孫真人像》、《跨牛圖》、《牧牛圖》、《戲龍圖》、《跨龍圖》、《升龍圖》等，但主要是山水畫。現存傳為董源的作品有《瀟湘圖》、《夏景山口待渡圖》、《夏山圖》、《溪山行旅圖》以及明代畫家董其昌命名的《龍宿郊民圖》。

《瀟湘圖》絹本，水墨淡彩，縱五十釐米、橫一四一點四釐米，北京故宮博物院藏。描繪迤邐平遠的江南山水，當是表現「洞庭張樂地，瀟湘帝子游」的詩意，畫面展現了江南平穩連綿，草木蒙茸的山巒，洲渚迂回，陽光和煦。岸邊數人正在圍網，水面上漁舟蕩漾——遊船正向灘頭駛來，船上一朱衣人物端坐，還有擎傘者、橫篙者、搖櫓者等，沙灘上三女子佇立，五名樂工吹奏，似在歡迎貴客的來到。此圖山巒採用點子皴畫法，疏密相間，蒼茫渾厚，點景人物工細設色，水光山色與人物活動相互映襯，富有濃郁的生活氣息。《夏景山口待渡圖》絹本，水墨淡彩，縱五十釐米、橫三二〇釐米，與《瀟湘圖》的絹質、尺幅

高度和畫法均相同，可能為一幅長卷分斷而成，遼寧省博物館藏。兩件作品中，山巒的畫法均鬆動隨意，用色淡雅，用於點景的小人物則用粉白、藍、紅重彩。《夏山圖》絹本，水墨著色，縱四九點四釐米、橫三一三點二釐米，上海博物藏。章法與畫法同上述兩件有類似之處。描寫了江南多泥披草的山巒丘陵，風雨晦明中平遠景色，通體皆用短條子和小墨點的組合描寫景物，應是董源確立的一種新的風範，是董源畫中最富於創新精神的。《龍宿郊民圖》（或稱《龍袖驕民圖》），

・巨然《秋山問道圖》

絹本，水墨著色，縱一五六釐米、橫一六〇釐米，臺北故宮博物院藏。畫中山岡圓渾，草木豐茂，雜樹丹碧掩映，山麓村民在岸邊張燈結綵，連舟歌舞，是一幅帶有風俗畫意味的山水畫。董其昌認為畫面主題是表現江南人民迎接北宋開國皇帝趙匡胤下江南的故事，畫面奇妙，但有獻媚取寵的意味。此圖雖人物近工筆著色畫法，以山水為水青綠，用披麻皴，山頂作礬石，已自成體貌，並不像前人所稱的「僅是著色如李思訓」，而是對李思訓青山綠水畫風格的繼承與發展。董源的真跡也絕大部分失傳

了，現存的上述幾幅，都堪稱彌足珍貴之國寶。

　　南唐時期，江西擅長山水畫並以此著名的除董源外，還有其同鄉僧人巨然。《圖畫見聞志》記：「鍾陵僧巨然，工畫山水，筆墨秀潤，善為煙嵐氣象，山川高曠之景，但林木非其所長。隨李主至闕下，學士院有畫壁，兼有圖軸傳世。」巨然是董源的直接繼承者，與董源合稱「董、巨」，亦成為江南山水畫的創始人之一。巨然師法董源的同時，在構圖和筆墨技法上又著意創新，賦予畫作更多的道意禪味，創造出一種明潤鬱蔥的風格，深得江南山水風景之佳趣，後世師法者甚眾。米芾《畫史》中多次稱許巨然畫作，如：「巨然師董源，今世多有本，嵐氣清潤，布景得天真多。巨然少年時多礬頭；老年平淡趣高。」、「仲爰收巨然半幅軸，一風雨景，一皖公山天柱峰圖，清潤秀拔，林路縈回，真佳制也。」、「蘇泌家有巨然山水，平淡奇絕。」、「巨然明潤鬱蔥，最有爽氣。礬頭大多。」如果說巨然的山水以清疏取勝，那麼巨然的作品以蔥郁見長，二者同為南派，卻又同中有異。巨然與董源一樣，有著多方面的繪畫才能，山水、人物、禽鳥皆工，又會壁畫。《宣和畫譜》稱其作品：「於峰巒嶺寶之外，下至林麓之間，猶作卵石、松柏、疏筠、蔓草之類，相與映發，而幽溪細路，屈曲縈帶，竹籬茅舍，斷橋危棧，真若山間景趣也。」南唐降宋，巨然隨南唐後主到達汴京後，也將南派山水帶到了北方。在學士院畫了一幅《煙嵐曉景》的壁畫，被時人譽為絕品，於是聲名大振。巨然的作品據《宣和畫譜》載御府所藏一三六幅，現僅有《秋山問道圖》、《層崖叢樹圖》、《山居圖》、《萬壑松風圖》等存世。

鍾陵劉道士，與巨然一同師法董源，一僧一道，並稱於世。米芾《畫史》說：「劉道士與巨然同師，巨然畫則僧在主位，劉畫則道士在主位，以此為別。」可見他們風格相近，成就相當。

三　徐熙與花鳥畫

晚唐五代不僅是山水畫的成熟時期，也是花鳥畫的繁榮階段。江西徐熙正是這一時期花鳥畫的領軍人物之一。徐熙，鍾陵人，生卒年不詳，南唐保大五年（947 年），他的孫子徐崇嗣已參加《賞雪圖》的集體創作，當時徐熙大約六十歲。以此推算，他可能生於唐僖宗年間（885-887 年），開寶末年（975 年）隨李後主歸附宋朝，不久病死，享年約九十歲。徐熙出身於江南名族，因性情豪爽曠達，志節高邁，終身不仕，人稱「江南處士」「江南布衣」。徐熙主要活動在南唐李璟、李煜兩朝，雖不在畫院任職，但藝術地位尊顯。

徐熙善畫花木、蔬果、蟬蝶、禽魚之類，其妙與自然無異。他常遊歷山林園圃，以求情狀，雖蔬菜莖苗，亦入圖畫。郭若虛《圖畫見聞志》認為，正是徐熙勤於對現實生活的觀察，善於發現新鮮的題材，大膽地表現「江湖之間」的事物，所以能夠「學窮造化，意出古今」。徐熙用質樸簡練的手法創立了清新灑脫的「水墨淡粉」風格，注重「落墨」，用筆

・徐熙《石榴圖》（疑為摹本）

不拘泥於精勾細描，而是信筆抒寫，略敷色彩，卻絕有生氣。譬如，徐熙所作《雞竹圖》，竹子的根、莖、節、葉都用濃墨粗筆，用筆密集的地方用石膏、石綠稍加點染，在視覺上有直上雲霄的氣勢；曾畫有《石榴圖》，在一株樹上畫著百多個果實，氣勢奇偉，筆力豪放，擺脫了當時畫院裡柔膩綺麗之風。《宣和畫譜》稱：今之畫花者，往往以色暈淡而成，獨徐熙落墨，以寫其枝葉蕊萼，然後傅色，故骨氣風神，為古今絕筆。畫獨具神妙，繪花在似與不似之間。蘇東坡題徐熙《杏花圖》有「洗出徐熙落墨花」之句，所謂「落墨花」自然是反映這一獨創的風格，也即為後世盛稱的「徐體」。徐熙的畫創造出前所未有的新形式，成為花鳥畫由工筆設色向水墨淡彩過渡的重大轉折，與西蜀畫家黃筌同時開創了我國的花鳥畫藝術，時號「黃徐體」。比較而言，黃筌重形似、重法度，偏於繼承；徐熙重神似、重寫意，富於創造，因而徐熙的繪畫技法影響更大，當時江南的郭乾暉、鐘隱、唐希雅、丘慶餘，甚至後主李煜均屬於徐派陣營的畫家。北宋以來，隨著文人畫興起，徐熙的地位不斷提高。如宋代李薦的《畫品》、米芾的《畫史》及清代徐沁的《明畫錄》等都認為徐熙的成就要大於黃筌。宋代劉道醇《聖朝名畫評》認為徐熙畫達到了「神妙俱完」的境界，「宜乎為天下冠」。蘇東坡稱徐熙畫為「古今之絕筆」，王安石則說「徐熙丹青蓋江左」，等等。

　　徐熙是一位多產畫家，據《宣和畫譜》載，宣和年間宮廷收藏的徐熙作品即有二五九件。其他散見的更難以計數。代表作品有風牡丹、安石榴、鶴竹、魚藻、戲貓、蟬蝶等圖。《聖朝名畫評》載，宋太宗曾面對其中一幅石榴圖，讚不絕口：「花果之

妙，吾獨知有熙矣。」宋太宗還指示畫院以該圖為範本。然而，非常可惜的是，靖康元年（1126 年），金國軍隊攻陷北宋首都汴京，宮中藏畫統統被金軍掠走，後又毀於兵亂。徐熙真跡大抵失傳，至今收藏署名徐熙《雪竹圖》、《玉堂富貴圖》、《雛鴿藥苗圖》皆非真跡，只能從中領略其風格和畫法。

此外，南昌人李頗（或作李坡）也是南唐時期有名的花鳥畫家。李頗善畫竹，氣韻飄舉，落筆有生意，不事小巧，作品有《折竹》、《風竹》、《冒雪》等。

除了山水畫、花鳥畫外，江西的人物畫在五代時期也已有了不小的成就。突出者有如下人物：

鍾陵蔡潤，入南唐畫院，「工畫船水」，其《楚王渡江圖》尤為精備，深得中主李璟讚歎。《聖朝名畫評》將其列為「屋木門」妙品。

豐城曹仲元，以善畫道釋鬼神著名，在南唐後主時為待詔。他工畫佛道鬼神，早年學習唐朝畫家吳道子技法，後轉變畫風，由簡練而細密，自成一家，尤其精於彩繪。他在建業寺畫上下二壁，歷時八年，仍未結束，足見其精密細微。畫師翰林待詔周文矩評議說：「仲元繪上天本樣，非凡工所及，故遲遲如此。」傳世作品有《九曜圖》、《三官像》等近五十件，收錄於《宣和畫譜》。

另外，豐城厲昭慶，工畫人物，與曹仲元同為後主翰林待詔。入北宋，仍為圖畫院祗候。

五代十國時期，全國四大山水畫家荊浩、關仝、董源、巨然。江西有其二；全國兩大花鳥畫家黃筌、徐熙，江西得其一。

後世諸多畫家或宗董源、巨然之山水，或宗徐熙之花鳥，或二者兼祧，造成宋元以下，江南山水、花鳥畫家名家輩出，支派紛繁的繁榮局面。江西畫家對中國書畫藝術的貢獻由此略窺一斑。

江西文庫 A0701A09

江西通史：隋唐卷　中冊

主　　編	鍾啟煌
作　　者	陳金風
責任編輯	楊家瑜
發 行 人	陳滿銘
總 經 理	梁錦興
總 編 輯	陳滿銘
副總編輯	張晏瑞
編 輯 所	萬卷樓圖書股份有限公司
排　　版	菩薩蠻數位文化有限公司
印　　刷	百通科技股份有限公司
封面設計	菩薩蠻數位文化有限公司

出　　版　昌明文化有限公司

桃園市龜山區中原街 32 號

電話 (02)23216565

發　　行　萬卷樓圖書股份有限公司

臺北市羅斯福路二段 41 號 6 樓之 3

電話 (02)23216565

傳真 (02)23218698

電郵 SERVICE@WANJUAN.COM.TW

大陸經銷　廈門外圖臺灣書店有限公司

電郵 JKB188@188.COM

ISBN 978-986-496-329-4

2018 年 1 月初版

定價：新臺幣 340 元

如何購買本書：

1. 轉帳購書，請透過以下帳戶

   合作金庫銀行　古亭分行

   戶名：萬卷樓圖書股份有限公司

   帳號：0877717092596

2. 網路購書，請透過萬卷樓網站

   網址 WWW.WANJUAN.COM.TW

大量購書，請直接聯繫我們，將有專人為您

服務。客服：(02)23216565　分機 610

如有缺頁、破損或裝訂錯誤，請寄回更換

國家圖書館出版品預行編目資料

江西通史 隋唐卷 / 鍾啟煌主編.-- 初版.--

桃園市：昌明文化出版；臺北市：萬卷樓

發行, 2018.01

　冊；　　公分

ISBN 978-986-496-329-4 (中冊：平裝). --

1.歷史 2.江西省

672.41　　　　　　　　　　　107001859

本著作物經廈門墨客知識產權代理有限公司代理，由江西人民出版社授權萬卷樓圖書

股份有限公司出版、發行中文繁體字版版權。

本書為金門大學華語文學系產學合作成果　　　校對：陳裕萱／華語文學系二年級